저항하는 평화

저항하는 평화

초판 1쇄 펴낸날 2015년 1월 12일

엮은이   전쟁없는세상
펴낸이   박재영
편집   양선화 강곤
디자인   나윤영

펴낸곳   도서출판 오월의봄
주소   413-841 경기도 파주시 탄현면 참매미길 194-9
등록   제406-2010-000111호
전화   070-7704-2131
팩스   0505-300-0518

이메일   maybook05@naver.com
트위터   @oohbom
블로그   blog.naver.com/maybook05
페이스북   facebook.com/maybook05

ISBN   978-89-97889-49-5 03300

이 도서의 국립중앙도서관 출판시도서목록(CIP)은 e-CIP홈페이지(http://nl.go.kr/ecip)와
국가자료공동목록시스템(http://www.nl.go.kr/kolisnet)에서 이용하실 수 있습니다.
(CIP 제어번호 : CIP2014036907)

• 책값은 뒤표지에 있습니다. 잘못된 책은 바꾸어 드립니다.

저항하는 평화

전쟁, 국가, 권력에 저항하는 평화주의자들의 대담

전쟁없는세상 엮음

오월의봄

국가의 강제에 맞서는
섬세한 평화의 '결'들

홍세화

젊은 시절, 병역거부라는 말보다 병역기피라는 말이 익숙했던 시절을 살았기 때문일까, 병역기피에도 실패한 나에게 양심적 병역거부는 시대의 변화를 느끼게 했다. 나는 '민주화'와 만나는 이라크 파병의 시기가 아닌, 베트남 파병의 시기를 살았다. 그때 파월 장병을 환송하는 태극기의 물결 앞에서 속으로 절망했던 만큼 지금의 이 변화는 무척 긍정적이지만, 행위는 인간이 하는 것이다. 시대가 바뀌었다고 해도 종교적 이유에 의해서든, 양심에 의해서든, 평화에 대한 감수성에 의해서든, 국가의 강제에 맞서 감옥의 길, 비국민의 길을 선택한다는 건 쉬운 일이 아니다. 그런 변화가 있기 오래전부터 그 길을 묵묵히 걸어갔던 여호와의증인들에게 동시대인으로서 이루 말할 수 없는 부채감과 죄스러움을 느낀다는 전제 아래 이 글을 쓴다.

오늘 한국 땅에서 양심적 병역거부를 행하는 젊은이들에게 특별한 무엇이 있을까? 만약 특별한 무엇이 있다면 그것은 무엇일까? 나는 신념 또는 용기 같은 것보다는 차라리 섬세함이라고 말하고 싶다. 잘 부러지기도 하는 강인한 것과는 오히려 거리가 먼, 딱히 무엇이라고 규정하기 어려운, 그래서 나의 언어 능력으로는 기껏 인간의 어떤 정서라고 말할 수밖에 없는, 유약해 보일 정도로 섬세한 어떤 '결'이라고나 할까. 가령 모임을 마치고 뒤풀이까지 마치고 각자 신발을 신고 집으로 돌아가려고 거리에 나섰을 때, 찬바람이 목덜미를 휘감고 각자의 계급적 처지와 홀로 맞닥뜨리게 될 때, 그 앞에서 잠시 머뭇거리게 하는, 인간 내면에 자리 잡고 있는 어떤 것…… 한마디 덧붙인다면, 이념으로 억압할 수는 있어도 억지로 갖게 할 수는 없는 것.

이 책의 원고를 읽으면서 그 섬세함이 병역거부와 마주칠 수밖에 없는 군대, 교육, 국민, 안보, 평화, 폭력, 종교 등의 주제를 섬세하게 건드리기를 기대했고 실망하지 않았다. 잘 모이지 않는 속살이 드러나기도 했고 주제에 따라 선정된 대담자들의 식견이 얹어져 배움도 많았다. 더불어 징집이라는 국가의 강제 앞에서 시시한 겁쟁이에 지나지 않았던 나 자신을 되돌아보게 되었다는 점도 빼놓을 수 없겠다.

누구에게나 악몽일수록 기억에 오래 남을 테지만, 내 경우도 34개월 동안 군대생활을 했던 기록이 모두 다 없어져서 다시 입대해야 한다는 꿈만큼 끔찍한 악몽이 없었다. 프랑스에서 난민의 처지로 살던 때, 제네바 협정에 의거하여 목적지 란에 "꼬레를 제외한 모든 나라"라고 적힌 여행증명서를 갖고 있던 때의 일이었다. 모든 나라 중에 갈 수 없는 유일한 나라가 한국이었는데 그 국가와 군대가 그렇게 내 안에 자리 잡고 있었다. 나 자신의 모습이 무섭게 느껴질 정도였는데, 그런 악몽에서 완전히 벗어난 건 한참 뒤의 일이었다. 다른 나라에서 오래 살았기 때문인지, 나이가 많아진 탓인지, 아니면 둘 다 작용한 탓인지 잘 모르겠다.

그 훨씬 전에, 내 안의 애국주의가 흔들리기 시작한 것은 스무 살 즈음 선배를 '잘못' 만나면서부터였다. 그렇다고 곧바로 국가를 부정하는 수준에 이른 것은 아니었다. 하지만 군대는 처음부터 가기 싫었다. 두려웠다. 아나키스트였던 아버지가 평화주의자답게 내 이름을 세계 평화를 줄여서 '세화'라고 지었지만 평화에 대한 열망이 작용한 것도 아니었고 종교와는 애당초 인연이 없었다. 난 그저 군대에 가기 싫었다. 인간의 본성이 자유를 지향한다면, 겁쟁이가 된 자신과 치열하게 맞닥뜨렸어야 했는데 그러지도 못한, 국가의 시선으로 볼 때 적당한 수준의 겁쟁이였다고나 할까. 그러니까 이 책은 내게 그 선을 넘지 못한 것이 시대의 한계 때문만은 아니었다고 지적해주었다.

인간의 삶이 몸 자리의 궤적이며, 그것이 처지로 인해 '놓이는' 자리와, 의지 또는 가치관에 따라 '놓는' 자리 사이의 유기적 결합이라고 할 때, 생존 조건을 통해 인간의 존엄성을 훼손하거나 미래에 대한 불안을 통해 인간성의 확장을 가로막는 사회적 강제라는 문제에 우리가 다가가야 한다면, 그전에 필연적으로 국가의 강제와 만날 수밖에 없다. 이를테면, 우리가 피할 수 없는 군대라는 국가의 장치는 그 폭력성을 통하여 우리에게 사회의 모든 강제에 복종하도록 이끈다고 할 수 있다. 예를 들어, 오늘 한국 자본주의의 관철 형태는 학교-군대-기업의 연결구조와 결코 떼놓을 수 없지 않은가.

양심적 병역거부라는 화두로 시작된 이 책은, 청년층 다수가 프레카리아트Precariat('불안정한'을 뜻하는 precarious와 프롤레타리아트proletariat를 합친 조어)의 존재 조건으로 내몰리고 있으며 세월호 사건을 겪은 우리에게 "국가란 무엇인가?"와 함께 "어떻게 할 것인가?"라는 물음에 대해서도 중대한 시사점을 안겨줄 것이다.

철옹성 같은 한국 사회
군사주의에 던지는 첫 질문

《저항하는 평화》는 병역거부자와 병역거부운동 활동가들이, 사회 각 분야에서 오랫동안 연구하거나 활동해온 분들과 함께 여덟 차례에 걸쳐 진행한 대담을 엮은 책이다. 한국의 병역거부운동이 평화주의와 반군사주의의 시선에서 바라본 한국 사회의 모습을 신랄하게 드러내고 있다.

　여러 사회운동이 그렇듯 병역거부운동 또한 여러 오해를 받아왔다. 가장 대표적으로는 '겁쟁이''비겁자'라는 시선이 있다. 그 말들은 절반의 진실을 포함하고 있는데, 병역거부자들은 겁쟁이가 맞는지도 모르기 때문이다. 다만 그들이 오해하는 것처럼 비겁하지는 않다. 한편 병역거부를 적극적으로 지지하는 이들 가운데서는 병역거부자를 아주 강한 신념의 소유자라거나 특별한 용기를 가진 사람들이라고 생각하는 경우가 있다. 이 또한 아주 틀린 말은 아니겠지만, 병역거부자들 가운데 누구도 이 책을 읽고 있는 당신보다 크게 더 특별할 것은 없다고 생각한다. 다만 폭력에 대해 조금 더 예민한 감수성을 가졌고, 자기 삶이 폭력과 가까워지는 것을 아주 무서워하는 '겁쟁이'였을 뿐이다.

전쟁없는세상이 이 책의 바탕이 된 대담을 처음 기획했던 것은, 한국 사회가 바라보는 병역거부자의 모습이 아니라 병역거부운동이 바라보는 한국 사회의 모습을 이야기하고 싶어서였다. 또 중요하게 나눠보고 싶었던 것은 평화에 대한 이야기다. 많은 사람들이 '평화'를 아주 고요하고 정적인 상태로 생각한다. 마찬가지 맥락에서 평화 활동가들을 천성이 착하고 화를 내지 않는 사람으로 생각하기도 한다. 우리가 생각하는 평화는 그것과는 다르다. 우리는 평화를 우리 것으로 만들기 위해, 평화를 방해하는 것들이 무엇인지 다층적으로 파악해야 한다. 폭력이 작동하는 원리를 분석해야 한다. 그리고 우리의 평화를 가로막는 것들에 저항해야 한다. 평화는 그저 주어지는 것이 아니다. 갈등이 없는 것이 평화가 아니라, 갈등을 통해서 폭력과 차별을 극복하는 것이 평화다.

우리나라에 병역거부라는 말이 널리 퍼진 것은 2000년대에 이르러서였지만, 병역거부자는 그 이전에도 있었다. 가장 대표적으로 여호와의증인들은 해방 이후 지금까지 1만 7,000여 명이 병역거부로 수감됐다. 1980~1990년대 양심선언을 한 전경들과 군인들도 병역거부자였다. 퀘이커교도, 불교 신자들 가운데서도 드물게 병역거부자들이 있었다.

한국에서 병역거부가 가장 대중적으로 일어났던 시기는 한국전쟁과 태평양전쟁 때였을 것이다. 원래 병역거부자는 전쟁 때 가장 많이 나타난다. 특별히 평화적인 신념을 가지고 있지 않더라도, 죽고 죽이는 게 훈련이 아니라 실제가 되는 상황을 벗어나고 싶은 사람들은 군대와 전쟁을 피해 도망을 갔다. 병역거부라는 말 자체가 없었던 시기라서 기록으로 남아 있는 것이 많지 않을 뿐이다.

병역거부자들이 스스로의 언어로 말하기 시작한 것은 2000년대 들어서다. 그때까지만 하더라도 병역거부에 대한 인식이 지금보다도 훨씬 더 안 좋았다. 서울 시내에서 캠페인을 하다가 목검을 든 스님한테 위협당하기도 하고, 지나가던 나이 지긋한 할아버지에게 목덜미를 잡히기도 했다. 심지어 진보 진영이 개최한 집회에 가서 서명운동을 벌였을 때도, "남자가 그래도 군대는 다녀와야지"라는 말을 듣기 일쑤였다. 그래서 우리는 부득이하게 병역거부자들에 대한 반감을 줄이는 운동 전략을 택하게 되었다. 감옥에 가야 하는 안타까운 상황을 부각시켰고, 병역거부자들이 겪는 인권 침해에 초점을 맞춰야 했다. 병역거부자들이 품고 있는 생각이나 전쟁없는세상이 갖고 있는 문제의식들은 잠시 속에 담아두어야 했다. 하지만 활동을 계속해나갈수록 우리는 병역거부운동을 평화운동으로 사고했고, 평화운동에 대한 갈증은 점점 더 커져갔다. 그러면서 전쟁없는세상의 관심사와 활동 범위는 점점 넓어졌다. 지금 우리는 병역거부권 인정과 대체복무제도 입법운동을 넘어서, 사회를 바꾸는 비폭력 직접행동을 공부하며 실천하고 있다. 평택미군기지 이전에 저항하여 대추리 주민들과 연대했고, 제주해군기지 건설에 저항하여 강정마을 주민들과 함께 싸웠다. 또한 전쟁을 조장하는 전쟁

수혜자들에게 저항하면서, 확산탄과 최루탄 같은 무기들의 생산과 유통에 제동을 걸기 위한 활동을 해오고 있다.

우리의 오래된, 그러나 새로운 관심사에 대해 이야기를 나누고 싶었다. 그동안 전략적으로 숨겨왔던 이야기들을 이제는 펼쳐놓고 싶었다. 우리의 이야기를 잘 다듬고 생각의 깊이를 더하기 위해서 각 주제마다 여러 분들의 도움을 받기로 했다.

1장 '서바이벌이 된 일상, 군대가 차라리 편하다?'에서는 전쟁없는세상 활동가 여옥과, 인문학자 엄기호가 이야기를 나눈다. 일상이 전쟁과 다를 바 없고, 사회 자체가 군사적인 방식으로 작동하는 이 시대 젊은이들에게 군대란 무엇일지 생각해본다. 2장 '덜 가혹한 군대는 가능할까?'에서는 군사 전문가 김종대와 병역거부자이자 평화 연구자인 임재성이 이야기를 나눈다. 해방 이후 철옹성과도 같았던 한국 징병제도에 대해 날선 비판을 쏟아낸다. 3장 '정의로운 전쟁 vs 정의로운 평화'는 종교학자 강인철과 기독교 신자이자 병역거부자인 박정경수의 대담이다. 한국 교회가 전쟁과 평화, 군대와 병역거부에 대해서 어떤 입장을 취하고 있는지, 그 심각한 문제점을 파고들어간다. 4장 '거부와 기피를 넘어 탈주하라'는 여성학자 정희진과 병역거부자 샤샤, 이길준의 대담이다. 한국의 '남성성'이라는 획일화된 기준에 의해 '병역거부' 아니면 '병역기피'의 틀로 이분화되어버린 다양한 탈주의 가능성들을 모색해본다. 5장 '군대를 안 가면 국민이 아닐까?'는 재일조선인 서경식과 병역거부자 이용석의 대담이다. 국민국가에서 비국민으로 낙인찍힌다는 것, 그리고 낙인을 넘어서 자발적인 비국민으로 살아간다는 것의 의미를 탐구한다. 6장 '폭력을 다스리는 더 큰 폭력의 울타리'는 교사이자 인권 교육 활동가인 조영선과 교사 신분으로 병역을 거부한 김훈태의 대담이다. 폭력을 내면화한 기구로서 제도권 학교가 갖는 한계와, 평화 교육의 가능성을 함께 찾아본다. 7장 '삶을 재구성하고 세상을 바꾸는 직접행동'은 풀뿌리 민주주의와 아나키즘 연구자 하승우와 전쟁없는세상 활동가 오리의 대담이다. 세상을 바꾸는 사회운동으로서 비폭력 직접행동이 갖는 의미와 '우리는 무엇을 할 수 있을까'에 대해 이야기 나눈다. 8장 '평생 몸에 남아 있는 군대라는 상처'는 임상심리전문가 최현정과, 군복무 경험이 있는 윤정화, 이덕현의 대담이다. 직접 경험한 군대에서 피해자로서, 또는 가해자로서 겪은 폭력이 그들의 삶에 어떤 영향을 남겼는지 이야기한다.

　이러한 대담으로 '저항하는 평화'라는 큰 그림을 그리고자 한 것이 어쩌면 조금 무리한 시도였을지도 모른다. 우리는 아직 완결된 논리를 가지고 있지 않다. 뿐만 아니라 애초에 평화란 것은 하나의 정답일 수 없다. 하나의 정답을 강요하는 것은 이미 폭력의 방법론이기 때문이다. 다만 우리는 철옹성 같은 한국 사회의 군사주의에 질문을 던지고 싶다. 손쉬운 대답을 바라지 않는다. 그저 질문에 질문이 꼬리를 물고 이어지기를 바랄 뿐이다. 이 책이 끝없이 이어질 그 질문들의 첫 시작이 되기를 바란다.

2015년 1월, 전쟁없는세상

청년

서바이벌이 된 일상, 군대가 차라리 편하다?

엄기호 ● 문화인류학자
여옥 ● 평화 활동가

청년들에게
군대란 무엇인가

엄기호　'청년들 혹은 대학생들에게 군대란 무엇인가'라는 질문은 쉽게 답하기가 어렵습니다. 1980년대 강제징집이 있었고 그 이후에도 폭력적인 집단으로서 군대라는 공통된 관념을 한 세대가 동시에 공유하고 있었다면, 지금은 학력이나 계급이나 각각의 성향에 따라서 군대에 대한 생각이 너무 다양하게 분화되었기 때문이죠. 예를 들면 여전히 군대라고 하면 치를 떠는, 군대에서 한 경험이 악몽이었던 친구들이 있습니다. 요즘에도 군대문화는 여전히 획일적이고 폭력적이잖아요. 그런 것 때문에 군대를 굉장히 싫어하는 친구들이 있고, 또 다른 한편에는 오히려 과거에는 볼 수 없었던 현상, 군대생활이 아주 편했다는 친구들이 있습니다. 저는 이 현상을 중요하게 봅니다.

　지금은 학생들의 성장 과정을 봤을 때 과거와 달리 초등학교 때부터 거의 계층적으로 분리되어서 성장을 합니다. 자기와 비슷비슷한 사람들만 만나고 비슷한 사람들끼리 살거든요. 고등학교에 가게 되면 완전히 '분리수거'되죠. 공부를 잘하는 애들은 잘하는 애들끼리, 못하는 애들은 못하는 애들끼리. 공부 잘하는 애들은 대부분 중산층 이상입니다. 이렇게 살다가 대학에 들어가고 군대에 갔더니 너무 다양한 사람이 많더라, 20년 동안 못 만나봤던 사람들을 군대에서 만나게 되는 것이죠. 그만큼 우리 사회 계급이 구조화되어버렸다는 거예요. 대학생들은 자신과 비슷한 나이 대에 고졸이나 중졸이 있을 것이라고는 생각조차 안 해본 것입니다. 만나본 적도 없고요. 그런데 군대에 갔더니 정말 다양한 사람들이 있는 거예요. 기가 막힐 일인데, 그렇게 다양한 사람들하고 공존하는 법을 군대에서 배웠다고 말하는 사람도 있어요. 군대가 굉장히 획일적이고 폭력적인 곳인데, 거꾸로 거기서 다양성과 공존의 방법을 배웠다는 이야기를 심심치 않게 많이 듣습니다.

또 어떤 친구들은 정말 돈이 없어서 군대에 가기도 해요. 빈곤한 가정 출신인 경우, 대학을 다니면서 학비 마련이 너무 힘들기 때문에 군대에 가는 것이죠. 그리고 제대를 하면 취업을 해야 하는데 취업은 안 되고, 집안 형편이 어려우니 알바는 해야 하고. 그러니까 학점이 좋을 수 없죠. 그래서 이 친구들은 차라리 군대가 편하다는 생각을 하는 것이죠. 1960~1970년대 군생활 했던 분들, 저희 아버지 세대들이 '군대에 가면 밥은 먹여줬다'는 이야기를 하곤 했거든요. "군대가 제일 편했다", 이건 정말 우리 사회가 얼마나 개판이 되었는지를 적나라하게 보여주는 것이죠. 요즘은 여학생들 중에서도 직업으로서 군인을 생각하는 친구들이 많아요. 워낙 취직이 안 되니까요. 또 보수적인 생각으로 군사주의를 내면화하는 친구들도 있고요. 그래서 대학생, 청년 이런 식으로 묶어서 군대를 어떻게 경험하고 있는가를 말하는 것은 참 어려운 일이죠.

여옥 우리 사회에서 군대 문제를 가장 진지하게 받아들이고 고민할 수밖에 없는 사람들이 바로 청년들일 것입니다. 입영 대상자들에게 군대 문제는 바로 자신의 이야기니까요. 제가 만나는 20대 청년들은 굉장히 제한되어 있습니다. 대부분 군대를 갈까 말까 고민하다가 '전쟁없는세상'이라는 단체를 찾아오는 사람들이니까요. 확실히 예전에 비해 군대에 가고 싶지 않아하는 친구들, 군대를 꼭 가야 하나 생각하는 친구들이 더 늘었어요. 물론 그런 사람들의 고민이 모두 병역거부로 이어지는 것은 아니지만요.

이 친구들이 왜 그런 고민을 시작하게 되었나 지켜보면, 예전처럼 전쟁에 반대한다거나 국가 권력의 폭력에 반대한다는 이유 등으로 시작하기보다는 일단 자신이 군대와 안 맞을 것 같다고 생각하는 경우가 많아졌어요. 군대의 획일적인 문화가 싫다, 집단생활을 하는 것이 싫다, 왜 나라를 위해서 자신의 시간을 뺏겨야 하나, 그런 생각을 하는 친구들이 많아졌더라고요. 예전에 군대는 모두가 무조건 가야 하는 곳이고 나라를 위해서 국방의 의무가 필요하고 일정 정도 희생도 필요하다고 생각했다면, 물론 여전히 그렇기도 하지만, 요즘은 '왜 내가 나라를 위해서 내 시간을 희생해야 돼?' 하는 생각을 한다는 것이죠. 이 생각에서 출발해 좀 더 나아가면 국가가 강제로 부여하는 의무에 대해 고민하게 되죠. 그리고 실제로 자기가 군대에 가서 어떤 일을 하게 될지 그려보기도 하고요. 그러다가 진짜 병역거부를 하는 경우도 있고, 현실적으로 판단해서 군대에 가기도 합니다. 한국에서 병역거부는 군대 대신 감옥에 갈 수밖에 없는 일이라 심각하고 신중하게 고민하게 됩니다. 그렇게 고민을 거듭하다가 입영을 미루는 경우가 많아요.

엄기호　　제 수업을 듣는 학생들 중에서도 병역거부를 고민하는 친구들은 확실히 늘었어요. 예전에는 거의 만날 수 없었는데 요즘은 1년에 한두 명 정도는 고민하는 애들을 만납니다. 정말 많이 늘어난 것이죠. 운동권이라기보다는 그냥 평범한 친구들인데, 그런 고민을 하는 친구들이 많이 늘었다는 것은 병역거부 운동의 성과라고 할 수 있죠. 옛날에 비해서 그렇게 어마어마한 일로 여겨지는 것 같지는 않아요. 물론 여전히 어마어마한 일이죠. 감옥에 가야 하니까요. 그래도 자기 신념이나 종교에 비춰서 어쨌든 고민을 한다는 것이 중요한 것이죠.

여옥　　군대의 여러 문제점들이 예전보다 더 많이 드러나는 것도 작용을 했다고 생각합니다. 정말 바뀌지 않는 군대이긴 하지만, 그렇기 때문에 요즘 같은 세상에 그 폐해가 더 드러나는 것 같아요. 얼마 전 '사람책' 행사에 참여한 적이 있었는데요. 도서관에서 책을 빌려 읽듯이 사람책을 신청하면 그 사람과 만나서 이야기를 하는 것인데, 여군이 되고 싶어 ROTC가 된 분이 저를 신청했더라고요. 그분은 군인 이미지가 멋있고 직업적으로 안정성도 있고 해서 여군이 되고 싶다는 생각을 하던 차에 여자 ROTC를 뽑는다는 소식을 듣고 지원을 했다더군요. 그런데 1~2년 정도 해보니 자기가 생각했던 것과 너무 달랐다고 합니다. 자신이 생각했던 군인은 정직하고 원칙적이고 절제하는 이미지였는데, 지난 대선에 군이 개입했던 문제나 군대 내 비리, 또 말도 안 되는 남녀차별, 대놓고 성적 발언을 하는 문제 같은 것들이 반복되니 너무 회의가 든다는 얘기를 하더라고요.

엄기호 정직, 절제 같은 이미지로 군대를 생각하던 사람들이 군대에 더 크게 실망할 겁니다. 냉소적으로 '군대는 다 썩었잖아', 이렇게 생각하는 사람이 아니라 군인이 되고 싶어하는 사람들이 자기가 생각했던 곳과 너무 다른, 완전히 부조리하고 불합리한 깡패 집단과 비슷한 군대의 모습을 보면 그럴 수밖에 없겠죠. 저는 이것이 오히려 건강하다고 생각합니다. 어떤 조직에서 원래 애정을 갖고 있는 사람이 그 조직의 가장 강한 비판자가 될 수 있잖아요.

반면에 대다수라고 표현할 수 있을지 모르겠지만, 많은 대학생들, 남자 여자 구분할 것 없이 많은 대학생들에게 군대는 억울한 곳이라는 생각이 있어요. 워낙 취업이 안 되는 세상이다보니 여학생들도 남자가 군대에 가는 것에 대해 되게 안됐다고 생각해요. 2년이라는 시간을 아무것도 못하고, 취업 준비를 못하고 보낸다는 것에 대해서 말이죠. 2년을 그렇게 보내고 나면 바보가 된다고 생각하죠. 그래서 수업 시간에 군가산점 문제에 대해 토론해보면 여학생들이 의외로 찬성을 많이 해요. 현실적으로 보상해줘야 한다고 생각하는 것이죠. 이렇게 취직이 힘든데 남학생들에게 그거라도 해줘야 한다는 반응이 나오는 거예요.

이것은 군대가 아니라 청년을 둘러싼 한국 사회 지형이 너무 많이 바뀌었기 때문이에요. 지금은 폭력적이고 획일적인 군대 문화가 문제라기보다는, 2년의 시간을 허송세월하게 하고, 경쟁력을 떨어지게 하는 것을 더 문제로 여기는 거죠. 특히 공대 같은 경우에는 기술이 얼마나 빨리 바뀝니까? 제대를 하면 군대 가기 전에 알던 것으로는 할 수 있는 게 아무것도 없어요. 결국 계속 강조하는 것처럼 군대를 군대 자체가 아니라 자신의 인생이라는 프리즘을 통해 바라볼 수밖에 없잖아요. 이 생애가 너무 기획이 안 되고 공포에 의해 지배되고 있으니 군대에 대한 감정 자체가 많이 달라지는 것이죠.

또 요즘은 군대에 끌려간다고 생각하는 사람도 별로 없어요. 사실 끌려가는 것이 맞긴 하죠. 하지만 옛날에는 공포스럽게 끌려갔다면 지금은 좀 가볍게 생각하는 것 같아요. 가서 죽으면 어떻게 하나, 이런 고민을 하지는 않으니까요. 그것보다는 취직 문제를 중심에 두고 고민을 하는 것이니 입대 문제가 좀 가벼워진 것은 확실해요.

달라진 환경,
달라지지 않은 언어

여옥　　　병역거부를 하는 사람들이 군대를 바라보는 시각에
는 예전과 큰 변화가 있는 것 같지는 않습니다. 기본적으로 군
대의 속성, 본질과 역할 등을 집중해 고민하는 편이어서 병역거
부소견서를 죽 읽어봤을 때 큰 변화가 느껴지지 않거든요. 물론
'출신 성분'이 바뀌기는 했어요(웃음). 예전에는 대학생들 중에
운동권 출신이 많았다면 요즘은 사회운동 경험이 전혀 없는 평
범한 젊은이가 찾아오는 경우들이 있어요. '도대체 너는 병역거
부를 어떻게 알았니?' 이런 질문이 나올 법한 친구들. 이렇게 다
양해진 측면이 있기는 하지만, 그 계기가 무엇이든 군대에 가야
하나 말아야 하나 고민하다 막상 병역거부를 선택해야 하는 순
간에는 진지해질 수밖에 없더라고요. 병역거부를 하겠다고 밝
히는 것 자체가 우리 사회에서는 쉬운 일이 아니기 때문에, 다들
군대에 가는 사회에서 왜 이런 다른 선택을 하게 되었는지 설득
력 있는 대답을 해야 한다는 압박과 고민이 있으니까요. '나는
왜 군대를 안 가려고 하지?' 하는 질문에 그럴듯한 답을 찾는 과
정에서 자신보다 먼저 병역거부를 했던 사람들의 이야기를 찾
아보게 되고, 그 과정에서 병역거부에 대한 언어가 점점 정제되
고 수렴되는 것 같아요. 군대에 가는 사람들에게는 묻지 않는 질
문이지만, 병역거부자들은 앞으로 매순간 대답하고 증명하며
살아야 하는 문제가 되거든요. 그렇기 때문에 군대의 기본적인

속성들, 적을 상대로 군사훈련, 살인훈련을 해서 무찌르고 이겨야 하고, 방어를 위한 군대가 오히려 전쟁을 일으키고 있다는 사실이나 군대가 저지르는 민간인 학살과 같은 문제들, 이런 이야기들을 근거로 내세우면서 병역거부를 선언하게 됩니다. 너무 무서워서 군대에 못 가겠다는 말을, 스스로 감옥행을 선택해서 고통을 감내하는 명분으로 내세우기는 어렵잖아요. 그래서 군대가 어떤 곳이기 때문에 무서운지, 왜 그런 생각을 하게 되었는지 스스로도 납득되고 남도 설득할 수 있는 기존의 언어를 활용하는 경향이 있습니다. 다른 계기에서 고민이 시작되었다고 하더라도 병역거부자들이 군대를 보는 시각은 어떤 공통점이 있을 수밖에 없고, 겉으로 보기에는 그것이 유지되는 것처럼 보입니다. 그런 과정을 거친 언어들이 고민을 막 시작한 청년들에게는 오히려 낯설고 멀게 느껴질 수도 있어요. 그들의 잘못은 아니지만요.

엄기호　　중요한 문제 제기네요. 약간 미안한 말이지만, 병역거부의 언어가 상투적일 수 있어요. 정답 비슷하게 몇 가지 언어로 되어 있는데, 지금은 청년을 둘러싼 조건이 바뀌었고, 그 속에서 군대를 경험한 사람들의 언어가 달라지기도 했으니까요. 오히려 예전에 전형적으로 군대를 미화했던 언어와는 잘 매치가 돼. 마초적이고 전투적이라는 전형성이 있었기 때문에 그것에 대항한다는 의미에서 획일주의와 군사주의에 대한 반대가 있었는데 이제는 바뀌었잖아요. 군대를 엄숙하게 바라보지도 않고, 무시무시한 곳으로 보지도 않고, '원래 그런 거지, 뭐' 정도로 가볍게 받아들이는 경향, 그리고 먹여준다는 것, 직업으로 선택하려는 사람, 심지어 다양성의 공존을 배웠다는 사람까지 있으니까요. 그래서 병역거부의 언어에 대해 고민을 좀 많이 해볼 필요는 있는 것 같아요. 그러려면 병역거부가 좀 더 가벼워져야 하죠. 대체복무제도가 도입된다면 병역거부가 나의 존재를 거는 문제가 아닐 수 있어요. 예를 들어 나는 어렸을 때부터 피는 절대 못 본다, 그래서 의대는 절대 못 간다고 할 수 있는 것처럼 군대도 마찬가지로 거부하고 대체복무를 하겠다고 할 수 있는 것이니까요.

여옥　　그렇지만, 막상 현실에서 병역거부는 감옥에 가야 하고 이후 전과자로 살아야 하는 문제라서 심각할 수밖에 없더라고요. 가벼운 마음으로 병역거부를 하고 싶어도 그러기가 어렵습니다. 스스로 아무리 가벼워지려고 애를 써도, 오히려 그게 더 슬프고 짠해 보여요.

엄기호　　어떤 운동이든 간에 다르게 언어화할 수 있는 가능성이 안 보일 때가 제일 어려울 때인 것이죠. 상황이 변화했거나 운동으로 축적된 것이 있는데 그에 맞는 언어의 변화, 다르게 말할 수 있는 언어를 못 찾으면 참 어렵죠. 병역거부의 언어도 굉장히 사적인 경험 중심으로 이야기를 하거나, 아니면 굉장히 정치적 선언처럼 이야기를 하는데, 그 중간이 되어야 하는 것인지 아니면 이것을 넘어서는 언어여야 하는지는 잘 모르겠어요. 그렇지만 새로운, 다른 언어를 찾지 못했다는 것이 문제죠. 병역 거부운동만이 아니라 소수자운동 대부분이 이런 위기에 봉착해 있는 것이 아닌가 싶어요. 그런데 이것은 그 운동을 탓할 문제만은 아니죠. 그보다는 그런 막힌 지점이 있다는 것을 인식하는 것이 중요하다고 봐요. 한편 현실에서 정책이 바뀌어야 다른 이야기를 하든가 말든가 하는데 정책이 10년, 20년이 지나도 전혀 바뀌지 않으니 답답한 것도 있죠.

군대에 대한
환상과 오해들

여옥　　상황이 많이 바뀌고 군대를 바라보는 청년들의 시각이 다양해졌다고 하지만, 여전히 사회적으로는 군대에 대한 환상이 있고 또 그렇게 만들고자 하는 것 같습니다. TV 프로그램에서도 군대를 미화하는 이야기가 많이 다뤄지고 있으니까요.

엄기호　　군대에 대해서 사람들이 양가적 감정을 갖고 있는 것 같아요. 하나는 한국에서 가장 썩은 집단이라는 생각. 다들 군대에 대한 안 좋은 기억을 하나씩은 가지고 있죠. 부조리한 집단이고 불합리한 집단이라는 것. 군대에 대한 불신이 분명히 있어요. 반면 그럼에도 전우애라고 이름 붙여진 의리라든가 용기,

남성성과는 다른 남성다움의 어떤 공간이라는 로망이 있죠. 이 두 개의 감정이 공존하고 있어요. 이게 가능한 이유를 저는 이렇게 봐요. 예전에는 남성다움의 문화를 마초들이 자신의 권력을 지키기 위해 활용했다면 지금은 사회 전반적으로 남성다움의 문화를 필요로 한다는 것이죠. 지금 우리 사회에는 남성다움이 위기에 처해 있다는 어떤 합의가 있어요. 많은 사람들이, 보수든 진보든, 좌파든 우파든 사내 새끼가 사내답지 않다, 젊은 세대가 유약하고 연약하게 키워졌다고 생각한다는 것이죠. 그래서 애들을 해병대 캠프에 보내는 거예요.

한편 남성들의 지위가 과거에 비해 엄청나게 추락한 것으로 체감되잖아요. 루저 개념이나, 일베 같은 곳에서 여자들을 '보슬아치'라고 비하하는 것도 마찬가지죠. 확실히 하층으로 갈수록 남성들의 지위가 폭락한 것은 사실이에요. 이것을 남성다움의 위기로 받아들이는 것이죠. 남성다움의 위기가 아니라 남성성의 위기인데 이것을 교묘하게 바꿔치기해서 남성다움의 위기인 것처럼 느끼게 하는 것, 이것을 많은 예능 프로그램에서 다루고 있어요.

예를 들어 여자들만 나오는 예능 프로그램은 인기가 없어요. 〈무한도전〉, 〈1박 2일〉, 다 남자들만 나오거나 남자들이 다수인 프로그램이죠. 그런데 여기 나오는 남자들이 다 찌질한 사람들, 평균 이하의 남자들로 등장하고 그럼에도 고군분투하고, 서로 의리를 지키고, 뭔가 성취하고, 이걸 보고 사람들이 카타르시스를 느끼는 것이죠. 문화 연구자들은 이것이 정말 우리 사회가 남성성의 위기 속에서 남성다움을 어떻게 로망하고 있는가를 잘 보여주는 현상이라고 이야기해요. 그렇다보니 어쨌든 군대는 평등한 곳이라고 생각하는 학생들이 많죠. 사회에서처럼 잘살고 못살고를 따지지 않으니까요. 그리고 의리를 중시하고. 이런 것에 대한 로망이 있는 것이죠. 국가가 나서서 군대를 홍보한다거나 미디어가 국가주의, 군사주의 때문에 그런 프로그램을 만든다기보다는 사회 전반적으로 퍼져 있는 남성다움의 위기, 그것이 군대에 대한 정당화를 만드는 것이라고 생각해요.

여옥　　저는 〈진짜 사나이〉라는 프로그램이 금방 폐지될 줄 알았고, 이렇게 인기가 있을 줄은 정말 몰랐어요. 왜 사람들은 그 프로그램에 나오는 군대가 실제 군대 모습이 아니라는 것을 알면서도 좋아할까요? 내부에 문제를 일으키는 사람이 있고 그 사람 때문에 다 같이 고생하는 그런 모습을 보면서, 말씀하신 대로 어떤 의리나 동지애 같은 감정을 느낀다고 하더라고요. 의외로 젊은 여성들에게도 인기가 높고요.

엄기호　　사람들이 정말 외롭거든요. 내 편은 아무도 없고 내 곁에 아무도 없는 거죠. 그런데 군대는 의리의 공간으로 미화되잖아요. 〈푸른 거탑〉(〈하얀 거탑〉을 패러디해 군생활을 코믹하게 그린 케이블방송 시트콤) 같은 프로그램에서도 고참이 신병을 막 갈구다가 결정적인 순간 도와주죠. 제가 쓴 《단속사회》라는 책에서는 그런 것을 '곁'이라고 표현했어요. 살면서 곁을 느껴보지 못하는 사회가 된 것이죠. 그런데 군대에는 전우애라는 판타지가 있으니 그것으로 미화하면 사람들이 굉장히 좋아하죠. 또 완전히 가짜라고 할 수도 없어요. 군대에서 그런 것을 경험하는 순간들이 한 번쯤은 있거든요. 나도 그때 그랬다고 하며 동감하게 되는 거죠. 그래서 저는 군대에 대한 미화, 환상을 군대의 문제가 아니라 우리 사회의 문제라고 생각해요. 이 모든 것이 군대가 좋아져서 벌어지는 것이 아니라 사회가 망해서 벌어지는 문제인 것이죠.

공간으로 비유해보자면 아파트에 사는 것과 달동네에 사는 것으로 이야기해볼 수 있어요. 달동네는 너무 지긋지긋하죠. 옆집에서 뭣 때문에 싸우는지 알고 싶지 않아도 다 알게 되고. 사회과학적 용어로 교류, 상호 호혜성, 사회적인 유대, 이런 게 있거든요. 반면 극단적으로 이야기하자면 아파트는 살기 편한 공간이고 사생활을 지킬 수 있는 공간이지만 '사회적인 것'이 존재할 수 없는 공간이죠. 늘 외로운 곳. 그런데 지금 학생들이 경험하는 한국 사회는 아파트도 달동네도 아니고 고시원이 되어버린 것입니다. 끔찍한 일이죠. 나 혼자 외롭게 고시원에 있으니 저기 달동네, 찌든 삶이지만 그래도 사람이 사는 공간을 바라보면 거기가 낫다 싶어지는 것이죠. 우리의 처지, 우리의 삶이 워낙 형편없다보니까 군대가 더 낫다 싶어지고, 미디어는 그런 그리움을 눈치채고 프로그램을 제작하는 것이라고 봐요.

여옥   사회가 나빠져서라고 말씀하셨는데요. 예전과는 달라진 우리 사회의 군사주의라고 할까요, 어떤 식으로든 군대를 미화하고 향수를 느끼게 하는 문화가 있잖아요. 그런 방식으로 드러나는 군대에 대한 이미지, 군대를 좋은 공간으로 인식하게 만드는 것이 오히려 더 위험하다고 생각합니다. 군대를 다룬 이야기를 우리 일상에서 쉽게 만날 수 있게끔 하고, 그러면서 군대의 존재를 자연스럽고 무비판적으로 받아들이도록 만드는 것.

〈진짜 사나이〉 같은 프로그램도 국방홍보처에서 많은 지원을 한다고 알고 있어요. 사실 엄청난 돈을 국방비로 지출하고, 비싼 무기를 사는 데 세금을 쓴다는 것은 그 외 다른 부분, 특히 복지나 교육의 영역을 포기하는 것일 수밖에 없잖아요. 우리의 삶이 힘들고, 사회적 안전망은 다 망가졌고, 사회가 엉망진창이 되어 먹고살기 어려워도 결국 군대는 필요하고 좋은 무기는 사야 한다는 생각으로 연장되는 것 같아요. 별다른 고민 없이 군대는 당연히 필요한 존재라고 생각하게 되면 그 군대를 유지시키기 위해 비용을 지출하는 것도 자연스러운 것이 되죠. 또 북한의 위협이라며 장난감 같은 무인기가 등장하면, 안보를 핑계로 군사비 지출이 늘어나 사회적으로 필요한 자원이 그쪽으로 들어가게 됩니다. 세월호 사고도 그렇고, 세 모녀 자살 사건도 그렇고, 사회적으로 우리의 삶을 위협하는 위험한 요소들이 너무나 많은데, 왜 우리는 우리 삶을 지키는 데 그렇게 많은 돈을 국방비로 써야 하지? 이런 생각을 사람들이 하지 못하게 만드는 것이 군대에 대한 사회 인식과 맞닿아 있다고 생각합니다. 안보 문제는 언제 어디서나 잘 먹히는 '브랜드'가 되어버렸어요.

엄기호　많은 사람들이 천안함 사건이나 무인기 사건을 보며 한국군이 참 무능하고 찌질하다고 생각하지만, 그래도 군대는 강해져야 한다고 생각하죠. 이렇게 생각하는 가장 큰 이유는 바로 안보, 우리가 안전하지 않다고 느끼는 것 때문이라고 생각해요.

두 가지 면으로 설명할 수 있는데, 첫 번째는 국가의 안전, 남북관계에서 안전하지 않다고 느끼고 있고 두 번째는 삶의 안전, 취업이나 의료 등 생활에서 안전하지 않다고 느끼고 있죠. 안보와 안전이라고 할 수 있는 이 두 가지를 합쳐서 우리 삶, 내 삶을 상시적으로 위협하는 어떤 것이라고 보는 것이죠. 이 불안도가 증가하면 할수록 안전에 대한 욕구가 강해질 수밖에 없어요. 내 안전을 지키기 위해서는 인권 같은 기본적인 부분을 언제든지 반납할 준비를 하게 되는 것이죠. CCTV를 다는 것부터 시작해서 국방비를 증액하는 것까지, 불안에 대한 강박과 안전해지고 싶은 욕구가 일관되게 깔려 있어요. 지그문트 바우만은 이렇게 말하죠. 국가는 오히려 무능하면 무능할수록 폭력적인 부분, 치안이나 안보에 대한 비용을 증액할 수 있다. 옛날에는 국민들이 국가를 공격했는데 요즘은 무능하면 무능할수록 더 불안해지니까 예산을 더 들여서 뭘 더 해라, 이런 식으로 나오게 된다는 것이죠. 통치 권력이 공포와 불안으로 자신의 권력을 더욱 강화하는 데 크게 성공을 거둘 수 있는 가장 큰 이유라고 할 수 있어요. 아이러니죠. 무인기 사건만 봐도 군의 대응, 정부의 대응을 보면 너무 무능한데, 그 무능에 대해 책임자가 처벌받거나 책임을 지는 대신 '무인기를 막으려면 뭐가 필요해?' '레이더를 사야

해' 이렇게 되는 것이죠. 슬픈 악순환이에요. 예전보다 지금 젊은 친구들이 북한에 대해 굉장히 적대적이거든요. 안보와 관련해서 매우 보수적이죠. 결과론적으로 보수적인 주장을 하는데 그 과정이나 논리 전개를 보면 그럴 수밖에 없어요. 한국 사회가 너무 안전하지 못하니까요.

또 군사주의에 대한 비판의식이 사회적으로 무뎌질 수밖에 없다고 봐요. 군대는 적을 섬멸하기 위해 만들어놓은 것이고, 그래서 폭력적이고 전투적일 수밖에 없는 속성이 있어요. 군사독재 정권 시대에는 군대라는 폭력 집단이 우리를 폭력적으로 탄압하고 억압을 했으니 군사주의가 가시적으로 드러났고 그래서 거기에 반대할 수밖에 없었어요. 그리고 문민정부가 들어서면서 '왜 너희는 아직도 그렇게 남아 있냐? 좀 바뀌어야 한다' 이렇게 군사주의를 비판했죠. 그런데 지금은 우리 삶 자체가 전투고 적대에 기초해서 편이 갈라져 있잖아요. 우리 삶 자체, 세상 자체가 이미 군사화된 것이죠. 우리 사회를 초경쟁 사회라고 하는데 사실 우리가 하는 것은 경쟁이 아니라 전쟁이란 말이죠. 경쟁은 내가 잘해서 저 사람을 이기면 되는 것인데 지금은 저 사람을 죽여야 내가 살아남을 수 있어요. 대학에서 상대평가 제도가 도입된 다음부터 내가 저 사람보다 잘해서 되는 문제가 아니라 저 사람이 C를 맞아야 내 성적이 올라간다는 거죠.

이렇게 우리 일상이 전쟁이고, 사회 자체가 군사주의로 작동하고, 그래서 끊임없이 적을 찾아 섬멸해야 하고, 나는 거기에 동원되어 합리적 토론이 아니라 누군가의 편을 들어야 하는 사회에서 살고 있단 말이죠. 어떻게 보면 군대에서는 전쟁을 준비하기는 하지만 실제로 전쟁을 하지는 않잖아요. '총성 없는 전쟁'이라는 표현을 비유적으로 쓰는데, 지금 사회는 실제 총알이 날아다니는 전쟁을 하고 있는 것과 마찬가지예요. 그러니까 늘 전쟁을 치르며 사는 사람에게는 오히려 군대가 편했다는 말이 성립될 수 있는 것이죠. 그래서 지금 필요한 것은 군사주의로 우리 삶이 어떻게 재편되었는가 하는 것을 보는 거예요. 군대를 통해서 군사주의 문화가 확장되는 시대는 끝났다는 것입니다.

일상적으로 대학교 내 체대 같은 곳에서 기합 주는 것은 예전보다 오히려 심해졌어요. 예전에는 학생회가 있고 그런 것을 통제해야 한다는 생각을 하는 사람들이 있었지만, 지금은 학교 안에서 통제할 수 있는 장치가 없어요. 아무도 통제할 수 없죠. 모든 것이 선후배에게 맡겨져 있으니까요. 그러니까 군사 문화를 제어할 방법이 없어요. 고등학교 기숙사도 그렇습니다. 작은 단위든 큰 단위든 폭력을 통제할 수 없다, 아무도 제어할 수 없다는 것에 대해 우리가 절망해버린 것이 가장 문제라고 생각해요. 누군가는 문제 제기를 해야 하고 항의를 해야 하는데 못하고 안 하는 것이죠. 왜냐하면 항의를 하다가 나도 당할 수 있으니까요. 그러니 제어가 안 되고 무한 질주를 해버리면 사고는 반드시 날 수밖에 없죠.

_____ 서바이벌이 된 일상, 군대가 차라리 편하다?

아이들을 강하게
키워야 한다는 신화

여옥　　　다수가 됐든 소수가 됐든 항의하지 않거나 침묵하는 것뿐만이 아니라, 강자의 편에 서는 게 더 큰 문제라고 생각합니다. 병영 체험이나 해병대 캠프에서 서로 연대하고 공존하는 동지애를 배우는 것이 아니라 약육강식, 적자생존을 배우는 것이 아닌가 싶어요. 누가 힘이 있는지 금방 파악하고 편 가르기를 하죠. 친구들마저 내 편 아니면 경쟁 상대, 즉 적으로 생각하게 만들더라고요. 학교에서도 그렇고, 취직해서 기업에서도 그렇고.

엄기호　　　저는 병영 체험이나 해병대 캠프에 아이들을 자꾸 보내는 것, 그 바탕에 무엇이 있는가를 주목해야 한다고 생각해요. 그 바탕이 뭐냐 하면 요즘 애들은 약하다, 유약하다는 생각이죠. 저는 이 신화를 깨야 한다고 봐요. 애들이 약하기 때문에 강하게 키워야 한다는 것은 폭력을 정당화하죠. 기숙사에서 선배가 후배에게 '너희는 약하기 때문에', 해병대 캠프는 '자기 절제를 못하니까 자기 절제를 배우게 하기 위해서'. 이 신화를 통해서 폭력을 정당화하는데 특히 비공식적인 것이 아니라 공식적인 관행처럼 폭력을 제도로 만드는 것이죠.

　사실 아이들을 강하게 키워야 한다는 것은 어느 시대나 있었던 어른들의 강박인데 지금 우리 사회에서는 약간 달라요. 한국에서는 우파들이 제기한 주장이거든요. 첫 번째로는 여성운동의 신장, 페미니즘이 애들을 다 여자로 만들었다는 주장이에요. 두 번째로는 학교에 여교사들이 너무 많아서 애들이 약해졌다는 주장. 세 번째로는 핵가족이 되면서 부모들이 애들을 오냐오냐 키웠다는 주장. 세 가지 다 현상적으로만 보면 맞는 이야기죠. 그러니 우파의 주장이 설득력을 갖고 확산되는 것이고요. 좌파가 여기에 대항해서 아니라고 하기에는 굉장히 애매하고 난처한 지점이 있어요. 그러니 우파가 말하는 남성다움의 위기가 널리 퍼지게 되는 것이죠.

그런데 제가 볼 때는 이 이면에는 다른 것이 있어요. 제가 어렸을 때는 애들이 쓸모 있는 존재였어요. 동생은 언니가 키우고, 시골에서는 농번기 때 아이들이 농사일을 거들었죠. 결국 애들이 유약해지는 것이 아니라 쓸모가 없어지는 것이죠. 애들은 노동 능력도 없다고 하고 부모가 노동을 시키지도 않으면서 걱정만 해요. 아이가 지금은 쓸모가 없는데 미래에 아주 쓸모 있는 인간이 되어야 하니, 그러기 위해서는 아주 전투적으로 공부하고 자기계발을 해야 하는 것이죠.

사실 애들을 '강하게' 키우기 위해서 가장 좋은 것은 지금 우리 사회의 동반자로 여기는 거예요. 가사노동에 적극적으로 동참시키지는 않고 그냥 약하기만 한 존재로 바라보는 것. 그러면서 계속 강하게 키워야 한다고 생각만 하는 거죠. 그래서 애들을 해병대 캠프로 보내요. 엄청나게 유행했던 자기주도학습과 해병대 캠프가 사실 비슷해요. 자기주도학습에서 가장 중요한 것이 자기 통제력이거든요. 자기 통제력이 부족하다 싶으면 해병대 캠프로 보내죠.

여옥　　그 지점에서 병역거부운동이 할 수 있는 게 있을까요? 20세기만 해도 근대 국가가 폭력을 독점하는 것이었으니 국가에 맞서서 불복종운동으로 싸웠던 것인데, 지금은 국가가 폭력을 통제하지 못하는 사회가 되어버렸잖아요. 삶의 모든 영역이 폭력으로 뒤덮였지만 국가는 제 역할을 못하면서, 즉 폭력을 통제하고 그것으로부터 국민을 지키지 못하면서 그 방법을 개개인이 찾아야 하게 됐고, 그러려면 개인이 더 강해지는 방법밖에 없다고 생각하게 되는 것 같아요.

엄기호　　병역거부운동에서 '약한 자들의 운동' 같은 이야기가 나온 적이 있지 않나요?

여옥　　그게 운동이 되기가 어려운 측면이 있더라고요. 어떻게 보면 병역거부자는 강한 폭력에 맞서는 희생자이자 권력에 불복종하는 영웅 이미지가 있잖아요. 그런 것을 깨려고 노력도 많이 하고 약함을 드러내고자 시도도 했습니다. 그런데 약함을 드러낸다는 것이 말처럼 쉽지 않아요. 약함을 드러내려면 용기가 필요한데, 그 용기를 발휘하는 순간, 강한 사람이 되니까요. 그래서 운동으로서 힘든 측면이 있어요. 대신 군사주의 문화에 적응하지 못하는 사람이나 사회 곳곳의 폭력적인 문화를 견디지 못하는 사람들이 모이는 경향은 있어요. 전쟁 같은 세상에 적응하지 못하고 적응하고 싶지도 않은 사람들이 모여서 서로 의지하고 살게 되는 거죠. 병역거부운동이 전쟁없는세상을 중심으로 커뮤니티 성향이 강해진 것도 그런 이유 때문인 것 같습니다.

엄기호　　저는 국가를 상대로 하는 병역거부운동은 그대로 가면서, 약한 자들의 모임 같은 것이 꼭 있었으면 좋겠어요. 반드시 사회운동일 필요는 없죠. 수업 때 대학생들에게서 느껴지는 의미심장한 변화 중 하나가 사회에 만연한 군사주의, 그런 방식으로 나는 못살겠다는 애들이 상당히 많이 늘었다는 거예요. 이 사회에 편입되는 것을 애초에 포기하는 사람들이 많죠. 처음에는 종교적 신념으로 인한 거부가 많았다면, 요즘에는 나는 정말 군대에 가면 못 견디겠다고 거부하는 친구들이 늘어난다고 했잖아요. 대학생들 중에서도 그런 친구들을 많이 만날 수 있어요. 어떤 친구는 자기가 밥을 너무 천천히 먹는다는 거예요. 식사 시간이 20분이 넘고 말도 천천히 해요. 얘는 일찌감치 이 사회에 편입하지 않고 살아갈 방법을 찾고 있어요. 이런 친구들의 커뮤니티가 조금씩 만들어지지 않을까요. 사회운동 단체들 간의 연대가 아니라 부적응자들의 만남과 연대도 생길 수 있겠죠.

　　사실 주변에서 조그만 가게를 하는 이런 친구들을 찾아볼 수 있어요. 테이블 서너 개 있는 가게. 돈을 많이 벌 생각도 없고 결혼하고 애 낳을 생각도 없고, 조그만 가게를 운영하면서, 입에 풀칠이나 하면서 천천히 살겠다는 친구들이 있죠. 이런 이들이 모이다보면 어찌 보면 마을 만들기가 되는 거죠. 저는 그게 필요한 것 같아요. 도저히 사회의 속도를 따라갈 수 없는 사람, 전투적 방식의 사회에 적응할 수 없는 사람들이 모여 살면서 폭력 문제, 군사주의 문제를 제기하면 어떨까? 그러지 않으면 계속 한 명, 한 명이 영웅이 되는 수밖에 없지 않겠어요.

여옥　　일단 병역을 거부하면 감옥에 가야 하는 상황이다보니 약한 사람들은 물론 보통 사람들도 쉽지 않아요. 사람들이 생각하기에 감옥행은 무서운 일이면서 너무 대단한 일이기 때문에 쉽게 선택할 수 있는 곳이 아닙니다. 군대를 못 가겠다는 것까지는 약함일 수 있을지언정 그 이후에 어딘가 숨어 살 수도 없고 피할 방법도 없으니 또 다른 용기, 용기가 없어도 용기를 내는 것처럼 보여야 하는 면이 있어요. 솔직히 군대에 가면 큰일날 것 같은 사람이 찾아오기도 합니다. 군대에 안 가면 감옥에 가야 하는데 감옥에서는 어떻게 버틸 것이며 그 이후 사회생활은 또 어떻게 할까 걱정스러운 사람들도 있습니다. 대인관계가 어렵거나 의사표현을 제대로 못하는 사람들도 많잖아요. 그런 사람들이 자기는 도저히 군대에 못 갈 것 같다고 이야기하면 충분히 이해가 되지만, 그러면 어떻게 할지, 병역거부를 해야 할까 생각해보면 감옥도 만만치 않거든요. 방법이 없어요. 어느 것이 조금이나마 덜 고통스럽고 견딜 수 있을 것인지를 놓고 선택하는 수밖에 없습니다. 약해서는 감옥에서도 제대로 생활할 수가 없거든요. 약한 것이 나쁜 것이 아니라 약해서 힘들어질 것이 너무 뻔하니까. 여러 가지 감정들이 뒤섞이죠. 어떤 병역거부자의 어머니는 자식이 감옥에 갔다 오면 이 문제가 다 끝나는 줄 알았는데, 그때부터가 시작이더라고 말씀하셨어요. 감옥에 다녀와서 계속 정신과 치료를 받는 사람도 있으니까요. 이런 현실이 너무 답답하긴 하지만, 결국 같이 보듬고 살아갈 수밖에 없는 것 같아요.

엄기호　　군대 면제도 약한 사람이 받아야 하는 것인데, 한국에서는 강한 사람, 빽 있고 돈 있는 사람이 면제를 받습니다. 아주 좋은 의미에서 군대라는 존재는 폭력을 독점해서 폭력을 가질 수 없는 사람들, 시민들을 외부의 적으로부터 보호하기 위한 것입니다. 그런데 현실적으로는 힘 있는 사람은 보호받고 힘없는 사람은 아무런 보호도 받지 못해요. 이 군사주의가 사회에서 정말 일관되게 관철되고 있는 것이죠. 세월호와 같은 재난에서까지도 그래요. 그러니 약한 자들의 연대라고 하는 것은 사람들이 보기에 너무 먼 이야기이고, 너라도 강해져야 한다, 너라도 살아남아야 한다, 그러면서 약자가 탈락하고 죽는 것은 어쩔 수 없는 것으로 치부되죠. 전쟁터 같은 삶입니다.

심하게 이야기하면 이것은 사회가 아니에요. 내가 보호받을 수 있다는 어떤 확신, 내가 이 사회의 구성원이라는 것 하나만으로도 보호받을 수 있다는 감각이 있는 것, 이것이 사회거든요. 사회는 만져지는 것, 지각되는 것이어야 하는데 약자는 그런 감각을 찾을 수 없어요. 군대 문제부터 시작해서 재난 문제에 이르기까지요. 그러니 결국은 나 혼자라도 살아남아야 되고 그러려면 내가 무장을 해야 되고. 청년들은 사실 너무 잘 알고 있어요. 어릴 때부터 그렇게 자라왔기 때문이죠. 제가 클 때도 폭력이 있었고 경쟁이 치열했다고 하지만 요즘과 비교해보면 우리가 했던 경쟁은 정말 아무것도 아니에요. 수업 시간에 다 들어오고, 리포트도 다 냈는데도 학점은 C를 받죠. 요즘 같은 세상이라면 저는 대학원을 가지도 못했을 거예요.

우리가 원하는 건
안전보다 평화

여옥　　전쟁 같은 삶을 살아가는 청년들에게 평화운동, 병역 거부운동은 무슨 이야기를 해야 할까요?

엄기호　　할 말이 없죠. 우리 삶을 보호해주는 것이 아무것도 없는 사회에서 살아가면서 서로서로 살아남아줘서 고맙다는 말 말고는 무슨 말을 해야 할지 모르겠어요. 저처럼 학교에서 강의 하는 사람으로서는 정말 무력감이 느껴져요. 글이나 말이 뭘 할 수 있을까라는 고민이 듭니다.

여옥　　진짜 우리 삶을 위협하는 것이 무엇인가, 모두가 불안 하다고 위태롭다고 느끼고 있는데 무엇이 우리 삶을 진짜로 위협하고 있는가, 요즘엔 이런 생각들을 정말 많이 해요. 우리가 안전하게 살고 싶고 위협이 없는 상황에서 살고 싶다는, 어떻게 보면 가장 기본적인 요구가 바로 평화라고 생각하는데, 지금 우리의 삶이 세월호와 비슷하잖아요. 하라는 대로 잘 따라주면 안전하다고 말을 하지만 계속 가라앉고 있는 느낌. 처음부터 이야기를 다시 시작해야 하지 않을까 싶어요. 다시 말 걸기를 시작해야겠다는 생각이 들어요.

엄기호　　무엇을 적으로 지목하고, 적을 무찌르기 위해 이러이러한 무기를 사고, 체계를 만들고, 그러면 안전해질 거라는 식으로 작동하는 것이 현재 우리 사회인데, 우리가 그렇게 다 해주었음에도 불구하고 정말 우리 삶은 안전해졌는가. 전혀 안전해지지 않고 더 위험해졌잖아요.

　그렇기 때문에 평화운동이 정말 할 일이 많다고 생각해요. 그런 식으로 평화는 찾아오지 않는다, 한국에서 작동하고 있는 이런 군사주의적 방식으로 우리 삶의 평화는 찾아오지 않는다고 이야기해야죠. 평화의 문제를 안전의 문제로 연결해서 이야기하는 것이 필요하다고 생각해요. 우리 삶에서 적은 다른 데 있고 평화는 그런 방식이 아니라 전혀 다른 방식으로 작동해야 되는 것이다, 그것이 바로 평화라고 이야기해야 한다고 봐요. 평화의 의미를 확장해야 한다는 것이죠. 사실 약한 사람일수록 평화롭지 못한 삶을 살 수밖에 없잖아요. 평화의 의미와 평화의 가치를 정말 확장시켰으면 좋겠어요. 사람들이 정말 지쳤기 때문에 확장을 해야 될 때이기도 하고요. 그래서 사람들이 평화를 말하게 해야 해요. 우리가 원하는 것은 안전이 아니라 평화다, 안전하기 위해서 안달복달하고 안전해지기 위해 누군가를 경계하는 것이 아니라 그러지 않고도 살 수 있는 삶을 평화라고 하는 것 아니겠느냐고요.

여옥

어렴사리 대담의 일정을 잡아둔 날은 마침 세월호 사건이
일어난 다음날이었다. 그 많은 사람들이 세월호의 침몰과
함께 바다 아래로 사라지는 모습과, 아무런 구조 능력도
없이 그들의 죽음을 방관한 국가의 모습을 생중계로 지켜본
충격에서 헤어나오지 못한 날이었다. 만나서 대담을 하기 전과
후, 어쩌면 대담 도중에도 나는 그저 운이 좋아서 살아 있을
뿐이라는 생각을 떨쳐내기 힘들었고, 이토록 불안한 사회에서
어떻게 살아가야 하는지에 대한 한탄이 계속되었다. 무엇이
우리의 삶을 위협하고 불안하게 하는지에 대한 이야기를 많이
나누었다.

엄기호 씨는 먹고사는 것 자체가 너무 어려워졌고, 계층적으로
분리되어 전쟁하듯 경쟁하며 살아가다보니 '밥은 먹여주는'
군대가 차라리 편하고 쉽다고 느끼는 사람들이 늘어났다고
분석했다. 여전히 군대에 대해 양가적인 감정을 갖고 있지만,
즉 부조리하고 불합리하고 억울하지만, 전우애나 남성다움이
존재하기도 하는 공간이라고 느끼지만, 경쟁에 지친 외로운

사회가 전우애라는 판타지를 미화하고 연약하고 약해진
남성성의 위기 속에서 남성다움을 로망하는 것은 군대의
문제라기보다는 사회의 문제라고 보았다. 이미 우리 사회가
너무 많이 변해버렸기 때문에, 군대는 변하지 않았지만 군대를
바라보는 시각이나 관점이 달라졌다고 평가한 것이다.
대담을 진행하면서 군사주의가 우리의 삶, 우리 사회를 어떻게
재편했는지 좀 더 구체적으로 고민해볼 수 있었다. 삶의 모든
영역이 폭력으로 가득하지만 국가는 통제력을 상실한 시대에
우리는 살고 있다. 군대라는 집단은 폭력을 독점해서, 폭력을
가질 수 없는 사람들을 외부의 적으로부터 보호하기 위해
존재하는 것이다. 그런데 현실에서는 힘 있는 사람은 보호받고
힘없는 사람은 아무런 보호도 받지 못한다. 살아남아야 하는
책임은 개개인에게 돌아가고 살아남기 위해 각자 더 강해지는
방법밖에 없다고 생각할수록, 상대방과 경쟁하고 끊임없이
적을 찾아 이겨야 하고 더욱 외로워지는 악순환이 반복된다.
그래서 아이들을 더욱 강하게 키우려는 병영 체험이 등장하고
폭력을 정당화하는 관행이 이어진다. 이러한 군사주의는
세월호 사건과 같은 재난에서조차도 한결같이 작동하고 있다.
삶이 불안할수록 안전에 대한 욕구가 강해지지만,
아이러니하게도 그럴수록 '안보 논리'는 더 잘 먹힌다. 우리의
삶이 이렇게 무너지고 있는데도, 외부의 적으로부터 우리를
지키기 위해 엄청나게 비싼 무기들을 세금으로 계속 사들인다.
위기 상황일수록 기본적인 인권은 포기해도 되는 것처럼

여기고, 이는 권력을 강화하는 방향으로 진행되며 사회의
보수화는 가속화된다.

약자가 탈락하고 죽는 것을 어쩔 수 없는 것으로 여기는
전쟁터 같은 사회에서, 이런 체제에 편입되기를 애초에 포기한
사람들이 있다. 치열한 경쟁 시스템에 적응하지 못하거나
적응하려고 하지 않는 사람들, 폭력의 체제에 어울리지 못하는
약한 자들이 서로 보듬고 어울려 살 수 있는 연대와 공간을
만들어내는 것이 살아남기 위한 하나의 대안이 되지 않을까
싶다. 진짜 우리 삶을 위협하는 것이 무엇인지 이야기하고,
지금의 사회와 같은 군사주의적 방식으로는 우리 삶에 평화가
찾아오지 않는다고 계속 말을 걸어야 한다.

징병제

'덜' 가혹한 군대는 가능할까?

김종대 ● 국방 평론가

임재성 ● 병역거부자, 평화 연구자

군대는 민주 사회의
예외 영역

임재성　　저는 평화 연구를 하면서 김종대 편집장님이 만들던 《디앤디포커스》라는 잡지(《디펜스21+》의 전신)를 무척 관심 있게 읽어봤습니다. 국방이나 안보라고 하는 분야는 여전히 폐쇄적이고, 시민사회운동은 물론이고 언론조차 접근하기 어려운 영역입니다. 국방일보와 같은 관변 매체를 통해 제한적인 정보를 알 수 있는 정도였지요. 그러한 상황에서 편집장님이 창간하신 매체는 비판적 시각을 유지하면서도 수준 높은 '내부' 정보들을 분석하고 있다는 것이 놀라웠습니다.

　이렇게 폐쇄된 영역에 개입하기 위해서는 일정한 전문성이 요구됩니다. 물론 전문성이란 명분으로 민주주의의 예외가 인정되어서는 안 되겠지만, 현실적인 문턱이 존재하는 것은 분명합니다. 꽤 높은 문턱이지요. 그래서 국방 안보 분야를 공론의 장으로 끄집어내려면, 그 문턱을 넘어설 수 있는 대안 전문가가 필요하다는 생각을 하고 있었는데 편집장님이 우리 사회에서 그런 역할을, 매우 희소하면서도 중요한 역할을 하고 계시다고 봅니다.

어떤 계기로 민간인 출신 '비판적' 국방 전문가가 되셨는지요? 그리고 국방 안보 영역을 다루는 매체를 만든 계기는 무엇이었는지요?

김종대　군대는 민주 사회에서 예외 영역이라고 표현하는 것이 적절할 것 같습니다. 저는 25년여 동안 평화 안보라는 주제에서 떠나본 적이 없습니다. 원래 대학에서는 경제학을 전공했습니다. 전혀 관계가 없는 분야인데 이쪽 일을 하게 된 계기는 군대에서 한 경험 때문이었습니다. 1987년 6월항쟁 당시 저는 서울 수도권에 있는 부대의 상병이었습니다. 제가 있던 부대는 17사단이었는데 12·12쿠데타의 선봉 부대였고 지휘관이 하나회 조직원이었습니다. 물론 한참 뒤에 알게 된 사실이죠. 저는 1987년 당시 계엄이 선포될 줄 알았습니다. 분위기가 그랬죠. 저희 부대가 출동하는 지역이 인하대라고 알고 있었는데 막판에 차량 탑승 훈련까지 했습니다. 그전에는 계속 시위 진압 훈련을 했고요. 계엄이 선포되면 바로 제2의 광주가 되는 것이 아닌가, 그런 생각을 했죠. 다시 피바다가 되는 것은 아닌가. 대학 2학년을 마치고 군대에 왔으니, 광주학살의 야만성, 폭력성을 잘 알고 있었거든요.

결과적으로는 많은 우여곡절 끝에 계엄 사태가 없이 평화롭게, 창조적으로 87년이 마무리되었죠. 정말 믿지도 않는 하느님께 감사드릴 일이었습니다. 계엄이 선포된다면 어떻게 할 것인가, 저는 세 가지를 생각해봤습니다. 첫째, 탈영. 무조건 튀자. 둘째는 출동은 하되 마음에 맞는 병사들 몇 명을 모아서 광주학살 이야기를 해주면서 조금 더 의식 있는 행동을 하자. 세 번째는 그냥 명령에 복종하자. 이렇게 세 가지 길밖에 없더라고요. 그런데 어떤 길도 자신이 없었습니다. 그저 절벽 같고, 암흑 같은 시대라는 생각만 들었죠. 그런데 평화롭고 창조적으로 6월항쟁이 마무리되는 것을 보면서, 그 비극을 다시 겪지 않아도 된다는 것에 대해 우리 세대가 복 받은 세대구나 싶었죠. 나중에서야 6월항쟁에서 학교 후배 이한열이 죽었다는 것을 알게 되었고, 6월항쟁이 왜, 어떻게 일어나게 되었는지도 알게 되었죠. 아, 이래서 우리가 죽을 뻔하다 살았구나. 그때 학교로 돌아가면 평화나 군사 분야의 활동을 꼭 해보고 싶다고 생각했습니다. 민주화운동이나 사회변혁운동을 한다고 하지만 결과적으로 총칼을 가진 사람들이 정치에 개입하고, 군인들이 정치화되어 있으면 언제든 광주와 같은 비극이 일어날 수 있고 민주주의가 무너지고 붕괴할 수밖에 없다고 생각했죠.

제대를 하고 학교에 돌아와 복학생협의회를 결성하고 활동했습니다. 당시에는 군대에서 탈영을 하고 양심선언을 하는 학생들이 많았습니다. 이런 학생들의 양심선언, 기자회견을 조직하고 이후 뒷바라지를 하는 일을 복학생협의회가 맡아서 했습니다. 그러다가 그때 재야 단체라고 부르던 것들 중에, 대중적인 평화운동을 하는 단체를 만들자고 해서 반핵평화운동연합이라는 단체를 만들었습니다. 그런데 1992년 공안정국에서 남조선 노동당 중부지역당 사건이 터지고 저희가 대표로 모셨던 김낙중, 손병선이 잡혀갔어요. 저와 같이 일하던 김삼석 씨도 남매 간첩단사건으로 잡혀가고, 저는 도피 생활을 했습니다. 그러던 중에 육사 출신의 임복진 장군이란 분이 목숨 걸고 입당한다며 야당인 민주당에 들어갔다는 신문 기사를 보게 되었습니다. 평화를 이야기한 것밖에 없는데 간첩이 되어버리는 상황에서 뭔가 합법적, 제도적 공간에서 활동을 해야겠구나 생각하던 차에 그 기사를 보고 저 사람과 일해보고 싶다는 마음이 생겼죠. 바로 임복진 장군을 찾아갔더니 와서 일을 하라고 하더군요. 며칠 뒤에 안기부 서열 3위 되는 사람이 임복진 장군을 찾아와서 김종대는 우리가 관찰하는 친구니 쓰지 말라고 했다고 해요. 그런데 임 장군이 기성세대가 잘못한 것이고 젊은이들 잘못이 아니라고, 김종대는 건드리지 말라고 하며 막아주었습니다. 그 신세로 8년 동안 임복진 장군을 따라 국회 국방위원회, 정보위원회 등에서 일을 하면서 자연스럽게 국방 안보 분야에서 활동을 하게 되었죠.

이후 문민정부가 들어서고 군사 쿠데타나 계엄의 위험은 사라지게 되었죠. 하지만 여전히 평화와 안보가 제자리를 찾지 못하고 정치적으로 악용되는 상황이어서 제 역할은 남아 있다고 생각했어요. 이쪽 분야는 99퍼센트가 극우 보수고, 중도만 되어도 빨갱이 소리를 듣죠. 그런 곳에서 25년 동안 있다보니 많이 지치기도 하지만 지금도 나름의 역할이 있다고 생각합니다.

김종대 + 임재성

임재성　편집장님의 계기를 듣고 나니, 저 역시 왜 평화에 대해 고민하고, 또 연구하고 있는지를 말씀드려야 할 것 같습니다. 사회적 현상이든, 개인적 결정이든 시간이 지날수록 그것에 대한 기억과 평가는 조금씩 바뀌기도 하고 새롭게 구성되기도 하죠. 정작 병역거부를 고민하고 선택할 당시에는 여러 설명들, 이야기들을 꺼내놓았지만 지금 생각해보면 시대적 '세례'가 큰 요인이 아니었나 싶습니다.

저는 1990년대 후반에 대학생활을 했고 학생운동을 했습니다. 그때 학생운동은 노동자 투쟁에 연대도 했지만 다양한 소수자운동이 등장하던 시기여서 장애인운동, 이주노동자 인권운동 등에도 결합을 했죠. 그러다 2001년 9·11 테러 이후 아프가니스탄 폭격, 이라크 전쟁이 시작되었습니다. 2000년대 초반 한국 사회의 '평화'에 대한 고민과 운동 속에서 저 역시 학생운동가로서 지금 여기에서 무엇을 해야 하는지 고민했습니다.

이런 고민을 나누면서 제가 활동했던 조직에서 평화운동을 전면적으로 해보자는 이야기가 나왔습니다. 그때 F-15 전투기 도입 문제가 사회적 이슈였는데, 이것부터 '평화'의 언어로 풀어보기로 했습니다. 사실 그때 주류 담론은 F-15 전투기가 경쟁 기종이었던 '라팔 전투기보다 성능이 떨어진다'는 실용주의, 또는 '오노에게 빼앗긴 금메달 때문에 미국산 전투기는 싫다' 같은 민족주의적인 것이었습니다. 저희는 무기 도입 자체에 대한 문제 제기를 했지요. 지금 생각해보면 너무 원론적인 이야기였지만, 그래도 말을 꺼내는 것 자체가 쉽지는 않았습니다. 과연 무기로 평화를 살 수 있느냐? 모두가 점점 더 무장을 하는 사회가 과연 안전한 사회일 수 있겠느냐? 말하는 우리도 군축이나 비무장-저무장 등의 개념 자체가 낯설었기 때문에 선언적인 운동을 넘어서기는 힘들었죠.

그때 병역거부라는 이슈가 등장했습니다. 어떻게 보면 청년들이 병역의 문제와 제일 맞닿아 있는 사람들인데 거기에 대한 논의 자체가 전혀 없는 상황이었죠. 그냥 '누구나 가는 것' '고생하는 것' 정도였죠. 그만큼 병역거부란 이슈는 충격적이었습니다. 병역거부를 하는 사람들은 어떤 신념을 갖고 있는지, 왜 감옥에 가는지, 그리고 왜 이 사람들을 처벌해야 하는지 등을 고민하다가 병역거부자들을 만나면서 저 스스로 병역의 문제에 대해 진지하게 고민하게 되었죠. 운동권이었던 저는 군대나 국가 폭력, 전쟁에 대해 비판적 의식이 있었지만 나 자신의 군 입대에 대해서는 한 번도 의구심을 가져보지 못했습니다. 그런데 저와 다르지 않은 생각을 하는 이들이 과연 자신이 살인 훈련을 받을 수 있을 것인지, 상명하복을 본질로 하는 조직에 들어갈 수 있을 것인지, 자신이 행할 폭력의 본질이 무엇인지 고민하는 모습을 보면서 놀라웠고, 또 부끄러웠습니다.

그러던 중 2003년 이라크전쟁 파병반대운동에 참여하게 되었습니다. 아직도 기억나는 것이 2003년 4월 2일 국회에서 파병동의안이 통과될 때입니다. 이 말도 안 되는 전쟁에, 국익이라는 이름으로 우리나라 군대가 파병이 되는구나. 전쟁은 이렇게 시작되고, 이렇게 연루되는구나. 국회의원들의 점잖은 표결 행위로 폭력과 살인은 정당화되겠구나. 그런 좌절 속에서 병역거부에 대한 선택을 내렸습니다. 누군가는 바보 같더라도 먼저 손을 내밀어야 하지 않을까 하는 생각이었죠. 주변에서 '나중에 후회할 것'이라는 이야기를 많이 들었지만, 아직까지는 매순간 그때의 선택에 감사하고 있는 중입니다(웃음).

대학을 졸업하고 전쟁없는세상 활동을 하다가 감옥을 갔다온 뒤에는 '평화 연구'라는 이름을 스스로 붙여놓고 공부를 하고 있습니다. 사실 출소하고 사회에 나와서는 기자가 될 생각이었어요. 그런데 감옥 안에서 책을 읽으면서 평화에 대한 연구가 너무 부족하다는 생각이 들더라고요. 중요한 분야인데, 나 같은 사람이 평화 연구를 하면 괜찮겠다는 생각이 들어서 평화에 대한 연구를 시작하게 되었고, 또 부족하지만 이어가고 있습니다.

제 이야기가 너무 길었네요. 편집장님 매체 이야기를 다시 이어가면,《디앤디포커스》에서 전쟁없는세상에 원고 청탁을 해서 놀라워했던 경험이 있습니다. 국방 전문 잡지가 병역거부자, 병역거부운동을 하는 단체에 우호적 입장이어서 그랬던 것이죠. 심지어 고정적으로 글을 써주기를 부탁했다고도 들었습니다. 전쟁없는세상 소식지를 보고 청탁하셨다고 했는데 병역거부에 대한 첫인상이 어떠했는지요?

김종대 당시 전쟁없는세상 소식지를 상당히 감명 깊게 읽었습니다. 만만치 않은 주제를 다루고 있는데 그 주제를 좀 더 확장시키기 위해 우리 잡지에 글을 써주면 좋겠다는 생각을 한 것이죠. 우리 잡지 독자야 다 병역거부를 반대하는 입장이겠지만 그럼에도 다룰 가치가 있다고 봤어요. 병역거부는 전혀 낯설지 않았습니다. 말씀드렸듯이 제가 복학생협의회를 하면서 했던 일이 양심선언을 하고 병역을 거부한 학생들 뒷바라지였으니까요.

제2의 광주를 막기 위한
양심선언

임재성　1991년 강경대 열사 사건 직후 전투경찰로서 양심선언을 했던 박석진 씨는, 당시에는 병역거부라는 말이 없었기 때문에 양심선언이란 이름으로 불렸지만 지금 생각해보면 병역거부의 한 형태였다고 말합니다. 백골단으로서 더 이상 군사정권의 도구가 될 수 없다고 복무를 거부했던 박석진 씨의 양심선언은 2008년 촛불집회에서 "진압의 도구에서 양심의 주체로"라며 병역거부를 선언했던 의경 이길준의 선언과 맞닿아 있지요.

　이런 관점에서 그동안 병역거부의 역사를 너무 고정적이고 단선적으로 사고했다는 생각이 듭니다. 2000년대 이전까지 여호와의증인들의 고난, 그리고 2000년 이후 사회운동과 여호와의증인이 아닌 병역거부자들의 등장. 그러나 병역거부라는 것이 군사적인 것에 대한 저항이며, 또한 억압적인 명령과 폭력에 대한 저항이라고 했을 때 훨씬 더 많은 저항들을 병역거부의 역사 속에서 논의할 수 있게 되겠지요. 특히 군사정권에 저항하며

1980년대 후반부터 1990년대 초반까지 이어졌던 양심선언은 민주화운동이라는 일반적 평가보다는, 병역거부라는 틀에서 접근할 필요가 있다고 봅니다.

김종대   우리가 병역을 대하는 태도와 관점은 어떻게 보면 통일되어 있지 않습니다. 어떤 면에서 저는 병역을 거부하거나 양심선언을 하거나, 아니면 거창한 논리가 아니더라도 단지 억압에 저항하는 단순한 행위까지 다 평화운동의 하나로 봐야 한다고 봅니다. 저는 입대 예정인 후배들에게 적극적으로 군대 진출을 해서 군대생활을 잘할 수 있는 방식으로 도움을 주기도 했죠. 개인적으로 '애국적 군대진출 운동'이라고 불렀어요. 양심에 따라 병역을 거부할 수도 있지만, 객관적으로 군대를 갈 수밖에 없는 사람들이 더 많기 때문에 이왕 간다면 병역을 잘 마칠 수 있도록 말이죠. 군대가 아무리 억압적인 곳이라고 하더라도 거기도 사람이 사는 곳이고, 그 안에서 한 개인이 민주적으로 의식 있게 군대생활을 하면 좋겠다고 생각했습니다. 이렇게 복학생협의회는 두 가지 상이한 관점을 모두 갖고 있었습니다.

임재성   말씀하신 것을 상이한 관점이라고 할 수도 있겠지만, 그 근저에는 공유되는 중요한 지점이 존재합니다. 그것은 바로 군대라는 것을 절대적 무엇이 아닌 상대적 존재로서 사고하는 것입니다. 군대가 가야 할 곳이라면 준비하고 잘 갈 수도 있지만, 또 거부해야 할 곳이라면 양심선언의 방식이든 다른 방식이든 거부할 수도 있다는 상대적 사고를 통해서만 훨씬 더 많은 이야기를 할 수 있죠. 그래야 변화를 위한 개입도 가능하고요. '신성한 국방의 의무'라는 규정은 그 어떤 이야기도 차단하게 만들어버리는 효과가 있습니다.

김종대   그래서 군생활에 대한 매뉴얼도 만들고, 학교 내에 병영학교라는 것을 열어 입대 상담도 했습니다. 1989년에 장교들 5명이 명예선언이라는 것을 했어요. 일반 사병과 신분이 다르다는 점에서 양심선언이라고 하지 않고 명예선언이라고 한 것이죠. 군대의 민주화 선언을 한 것인데 그분들을 모셔서 대학 도서관 앞에 책상을 놓고 병영 상담소를 차렸죠. 법전을 옆에 놓고 입대 연기하는 법도 상담했습니다. 우리는 복학생으로서 후배들이 두려움을 느낀다면 두려움을 제거해주고 싶었고 저항하고 싶어한다면 그 저항이 밖으로 알려질 수 있도록 기자회견을 열고 그랬던 것이죠.

당시 양심선언의 주된 이유가 '나는 병역의 의무를 하려고 군대에 간 것이지, 내 친구들과 학우들을 적대하면서 시위 진압을 하기 위해 군대에 간 것이 아니다'라는 것이었습니다. 또 군대의 정치적 중립에 대한 요구도 많았고요. 개중에는 군대에 가서 정보기관으로부터 부당한 대우, 가혹 행위를 당한 사람들도 있었죠. 그런 이들이 '민주군대 쟁취 투쟁위원회'를 만들어서 같이 생활하고 학습하고 생계를 위한 아르바이트도 함께했습니다. 그러다가 너무 장기화되어서 김영삼 정부 들어 당사자와 당사자 가족들을 포함해서 함께 회의를 했죠. 회의 결과, 단체로 기자회견을 하고 군대에 연락해서 집단으로 자진 출두하는 것으로 결정되었습니다. 문민정부가 되어서 시위대에 대한 군대의 무력 진압이나 쿠데타에 대한 위협이 줄었고, 군인들의 정치 개입도 확연히 줄었다는 것도 중요한 이유가 되었죠. 기독교회관에서 기자회견을 하고 헌병대로 들어가면서 자연스럽게 해산되었습니다.

저는 학습하는 과정에서 세계 여러 나라의 사례를 접하게 되었습니다. 러시아 수병 반란, 사보타지, 군과 관련된 일종의 방위산업 노동자들의 파업과 같은 것이 사회변혁의 결정적 순간에 어느 나라에서든 어김없이 나타난다는 것을 알았죠.

그런 것을 보면 한국의 운동권은 엉터리라는 생각이 들었습니다. 군대에 대한 아무 대책도 없고, 말로는 평화와 통일을 이야기하지만 슬로건일 뿐이지 아무런 실행 계획도 없었죠. 물론 요즘 이런 이야기를 하면 국가 전복 세력이 아닌가 하고 오해받을 수 있죠. 그러나 그때 우리는 더 절박했습니다. 제2의 광주가 일어날 수도 있는 상황이라고 판단했으니까요. 그때 한동안 군대를 제대한 예비역 중에서 선임하사를 뽑는 제도가 있었습니다. 예비역들을 모아서 선임하사로 다시 군대에 들어가자는 이야기도 했지요. 왜냐하면 선임하사로 군대에 가면 우리가 병사들을 지휘할 수 있고, 병사는 선택권이 없지만 직업군인이라면 많은 재량권을 가질 수 있을 테니까요. 만약 시위 현장에 진압을 나갔을 때 내가 그 부대에서 병사들을 잘 관리하면 누군가 피를 안 흘릴 수도 있다는 생각에서였습니다. 1980년 광주에 비해 1979년 부마사태에서는 해병대가 정말 대응을 잘해서 한 사람도 죽지 않았잖아요. 시위의 과격성 면에서 광주는 부산과 마산에 비해 훨씬 평화로웠습니다. 그런데도 공수부대를 투입해서 강압적으로 진압한 결과, 피바다가 되었죠. 그 차이가 바로 독재정부의 정치적 의지와 함께 군대의 태도, 군 지휘관의 태도인 것이죠.

부마사태 당시 해병대가 워낙 시민 친화적으로 나가니까 박정희가 다음번에는 자기가 직접 발포 명령을 내리겠다고 했다가 10·26사태가 나서 죽은 거잖아요. 당시 해병대 중위는 자신이 출동한 진지가 부산역 광장인데, 그 부산역 매표소 아가씨와 결혼을 하기도 했어요. 시민들이 해병대에게 빵과 우유를 가져다주고, 돌이 날아오면 군인이 다 맞고 머리가 다치고 그러면서도 시민들에게 폭력을 행사하지 않았죠.

반면 광주는 전남대 대학생들이 계엄 해제하라, 김대중 석방하라, 이 정도의 구호를 평화롭게 외친 것일 뿐인데 공수부대가 투입되어 개 패듯 패고, 시민을 학살했잖아요. 그래서 선임하사로 군대에 다시 들어가려는 팀을 만들어서 시험 준비도 하고 그랬는데, 얼마 안 가서 제도 자체가 없어지더라고요. 그때 군 보안사가 알았다면 기절초풍할 일이었겠죠.

군대는 시민이 아니라
식민을 양성하는 곳

임재성　　병역거부까지 한 저인데도 말씀을 들으니까 이렇게 다 이야기하셔도 되나 싶네요.(웃음).

　또 다른 광주를 만들지 않기 위해서, 재량권이 있는 지휘관을 통해 불법한 명령을 자르고 생명과 인권을 옹호하는 상황을 만드는 것이 현실적인 선택항이고, 또 가능한 목표일 수 있겠지만 병역거부는 조금 더 많은 것을 욕심내고 싶습니다. 말씀 중에서 '선택권이 없는 병사'라는 말에 마음이 가네요. 칸트는 군대 속 병사를 노예라 표현하기도 했지만, 또한 현실에서 일개 사병이 명령을 거부하는 경우를 상정하기 쉽지 않지만, 결국 노예를 해방시켜야 하지 않을까 싶어요. 총을 내리는 결정을 할 수 있어야 결국 광주, 그리고 학살을 막을 수 있지 않을까요? 병역거부는 그런 의미에서 살인을 거부할 수 있는 권리라고 말할 수 있을 것입니다. 실제 제도적으로도 병역거부는 명령거부와 밀접하게 연관되어 있기도 하구요.

　실제 현장 군인들의 대응이 중요하다, 더 나아가 그것이 결정적 변수였다는 말씀을 들으면서, 편집장님이 쓴 《서해전쟁》이란 책에서 NLL(서해북방한계선) 문제에 접근하는 방식이 생각났습니다. 말하자면 현장을 종속변수가 아닌 독립변수로 사고하는 방식이지요. 상층 권력부인 청와대나 군사령부의 의지가 중요하지만 실제로 구체적인 사건에 대응할 때는 현장의 다른 논리가 있으며 그 논리를 파악하는 것이 대단히 중요하다는 것입니다. 낭떠러지에서 사람이 떨어졌다면 실제로 떨어지기 직전 발을 헛딛게 되는 그 순간, 그 순간에 대한 판단이 굉장히 중요한데 많은 사람들이 그 부분을 간과하고 사람이 낭떠러지에서 떨어져 죽어 있다는 것만 본다는 비판이랄까요? 결국 왜 마지막에 어떤 이유로 발을 헛딛게 되었는지는 놓치게 되는 것이지요.

이런 현장성을 염두에 두고 본격적으로 징병제에 대한 이야기를 해봤으면 합니다.

김종대 맞습니다. 제가 가진 접근법의 핵심은 현장성입니다. 제가 대학원에서 위기관리론을 강의하는데, 학생들에게 첫 시간에 이야기하죠. "진짜 위기관리는 이 강의실에서 나한테 배울 수 없다. 위기관리는 현장에서 배워야 한다." 백령도, 연평도를 가봐야 하고 소방방재청, 합동참모본부를 가봐야 배울 수 있다는 것이죠. 징병제 문제 또한 미시적이면서 거시적으로 봐야 하지만 무엇보다 현장에 기초해서 접근해야 한다고 봅니다. 우리나라의 군사 안보, 군사 제도의 많은 문제는 징병제에서 비롯되었죠. 저는 징병제를 몇 가지 관점으로 나눠 봐야 한다고 생각합니다.

첫 번째는 징병제에 대한 군사적 관점이죠. 우리 육군 병력이 54만 명인데 그중에 35만 명이 휴전선 인근 전방에 배치되어 있습니다. 손에 손을 잡고 일렬로 휴전선을 지키고 있죠. 전 세계에 이런 나라는 없습니다. 전쟁이 일어나면 남북 간 화력이 초전에 가장 많이 발사됩니다. 우리 작전 계획에 따르면 전방 35만 명 중에서 40퍼센트가 초기 방어에서 손실됩니다. 군사 용어로 손실이지만 사실 죽거나 다치는 것이죠. 실제 지휘관들의 체감으로는 70퍼센트 정도가 손실될 것으로 봅니다. 한국전쟁 이후 이런 병력 배치가 전혀 변하지 않고 있습니다. 그런데 그사이 무기가 얼마나 좋아졌습니까? 병력을 뒤로 빼서 싸워도 되죠. 2방위선으로 병력을 빼고 멀리서 포를 가지고 싸워도 되는데, 그렇게 하면 손실률을 17퍼센트까지 줄일 수 있습니다. 하지만 고정관념 때문에 총알받이로 내몬 우리 아이들을 뒤로 뺄 수가 없는 겁니다. 북한도 마찬가지예요. 군인은 마땅히 적을 보면 물러서지 말아야 하고, 내 진지는 내가 지켜야 한다고 생각하죠. 하지만 한편으로는 이것이 엄청나게 비합리적이에요. 후퇴하면서 손실을 줄이면 훨씬 더 잘 싸울 수도 있으니까요.

한편 개개인 전투원을 보호하는 개인 장구나 무기와 같은 장비에 대한 국방 예산의 순위는 매우 낮습니다. 인본주의와는 참으로 거리가 먼 이런 체제를 유지시키는 것이 바로 징병제입니다. 어찌 되었건 병력이 많아야 이길 수 있다는 군사전략 체제죠. 여기서 징병제가 흔들려서는 안 된다는 군사적 필요와 관점이 나오는 겁니다.

두 번째는 우리 사회의 특징이죠. 우리나라는 근대화되면서 군대를 국민 자격증을 부여하는 기관으로 활용하고 있습니다. 말하자면 국가가 군대를 통해 '시민'이 아니라 '식민'을 양성하는 것이죠. 국가적 규율에 복종하는 기재로서 군대가 작동합니다. 군대에 갔다 와야 남자가 된다는 속설이 대표적이죠. 병역법시행령을 보면 예전에는 무정자증인 남자는 군대를 못 갔고, 지금은 바뀌어서 3급 판정을 받고 군대를 갑니다. 정상적인 남자여야 군대를 갈 수 있고, 군대를 갔다 오면 정상적인 남자 어른이 된다는 것이 병역법 초기 설계자의 사고방식이었던 겁니다. 사실 무정자증으로 면제되는 사람도 거의 없고 검사도 하지 않음에도 아직 이 조항이 살아 있습니다. 군대를 병영국가로서 국민을 식민화하는 기제, 통과의례, 절차로 여겼고, 그로 인해 징병제가 국가 체제의 근간을 이루었다는 것입니다.

세 번째는 사회적 관점입니다. 이것은 산업화를 하려면 양질의 노동력이 필요한데 그것을 군대가 생산했다든가, 그러면서 군사문화가 사회로 확장되어 전 사회가 군대와 비슷해졌다는 측면이죠. 개발 독재 시대에 징병제는 사회에 산업예비군을 배출하는 중요한 통로였습니다.

이렇게 보면 징병제라는 제도는 타당성과 실효성의 문제가 아니라 우리가 지양해야 하는 신성한 존재로서의 국가, 그리고 그 국가의 중요한 구성 요인으로서 굳어진 우리의 관념이자 체계로 봐야 합니다. 그러니 함부로 못 건드립니다. 왜냐하면 국가와 국방의 의무는 신성하니까요. 징병제가 여러 가지 지점에서 자리매김이 되어 있기 때문에 이 부분이 흔들리면 전체가 와르르 무너질 수도 있죠. 언젠가는 합리적으로 국가 안보를 해야 하고 현대전을 준비해야 하는데, 또한 저출산 문제 때문에 더 이상 지금처럼 군대가 존립할 수 없기 때문에 바뀌어야 하는데 군대가 저항을 하고 있죠. 군은 과거의 군사전략, 제도를 유지하려고 끊임없이 노력합니다. 그것이 비합리적이라는 것을 알면서도 말이죠. 애들을 죽이지 말고 살려놓고 싸우면 더 잘 싸울수 있다는 말을 3성 장군이나 4성 장군이 합참의장이나 참모총장에게 말하지 못합니다. 그런 면에서 징병제를 하나의 군사 제도로 볼 것이 아니라, 사회문화이자 국가의 통치 기제로 봐야 합니다.

임재성   그러한 중층적인 규정에도 불구하고 군사 제도, 사회문화, 국가의 통치 기제 그 어떤 측면에서도 만족할 만한 분석이나 연구는 전무합니다. 그러다보니 비판적 담론이 만들어질 기회도 내용도 없습니다. 오히려 그 '부재'의 이유를 설명하는 것이 연구 주제가 되어야지요. 사실 단순히 숫자로만 봐도 그렇습니다. 1년에 20만 명이 넘는 사람들이 징집되고 또 그만큼의 사람들이 다시 사회로 나옵니다. 대한민국에서 가장 거대한 사회화 기관이라 할 수 있죠. 2년 정도의 긴 시간 동안 대규모 집단에게 주어지는 경험은 대한민국을 설명하는 중요한 기제가 될 수밖에 없습니다. 그럼에도 여전히 담론의 공백 상태입니다.

　군가산점제나 양심적 병역거부 등을 통해 논쟁이 촉발되기는 했지만, 징병제에 대한 본질적 문제를 토론하기도 전에 운동의 주체들이 지쳐버린 상태입니다. 해당 이슈만 감당하기에도 벅찬 상황이죠. 2000년을 전후해서 여성주의 활동가와 연구자들이 군대와 남성성에 대한 논의를 꺼내면서 그나마 일정한 공간이 열렸지만, 이후 평화주의 운동이 그 공간을 더 확장시키고 있지는 못하고 있는 상황이랄까요.

김종대　묻는 것 자체가 불온시되는 것이죠. 묻지도 않고 답하지도 말아야 하는 존재가 된 겁니다. 육군본부에서 나온 정신교육 교재를 보면 사회는 오염되어 있다는 전제에서 출발합니다. 그 오염을 군대가 개선하고 교정해야 한다는 것이죠. 실제로 "입대 전 오염된 사상과 안보관을 군대에서 지속적으로 대적관을 주입함으로써"라고, '주입'이라는 표현을 쓰죠. 정신교육에서 가장 중요한 것이 국가관, 그리고 안보관, 그다음에 대적관입니다. 사회는 자유주의 사상에 오염되어 있고, 전교조 교사가 오염을 시켰고, 그래서 군대에 오기 전까지는 불안정하고 미성숙한 존재이며, 그렇기 때문에 군대의 역할은 국민교육의 도장이라고 보는 것이죠. 태권도 도장, 유도 도장 할 때 그 '도장' 말이에요. 이것은 마치 학교, 군대, 감옥은 기본권의 예외적 공간이라는, 나치 시대 때 발전한 특수권력관계 이론과 유사하죠. 이 예외적 공간에서 자기의 소임이 뭔지, 군 지휘관은 잘 깨닫고 있습니다. 바로 오염된 국민을 깨끗하게 하는 것, 미성숙된 것을 성숙하게 하고, 비정상적인 것을 정상화하는 것이 바로 군대의 소임이라는 것이죠.

임재성　그렇기 때문에 징병제는 군사 제도이면서 동시에 사회제도라 할 것입니다. 군대는 성역이기 때문에 질문 자체가 불가능하고, 징병제에 대한 검토는 신성모독이니 할 수 없다는 말씀을 해주셨는데, 신성화된 징병제에 도전했던 사회적 이슈를 떠올려보면 병역거부와 군가산점 문제 등이 있습니다. 한 발 떨어져서 보면 이 둘 모두, 심각한 안보 문제나 이념의 대립이 아닌 작은 제도 개선으로 쉽게 해결될 수 있었던 쟁점이었죠. 그러나 둘 모두에서 징병제가 은폐하고 있던 사회적 적대 관계가 엉뚱한 대상을 향해 폭발하게 되면서 큰 사회적 이슈가 되었습니다. 예비군이 늘 느끼고 있던 박탈감과 울분이 감옥에 가는 병역거부자, 차별받는 여성에 대한 증오의 공격으로 이어졌던 것이죠. 상대적으로 이슈화되지는 못했지만 여성 징병제 논쟁도 있었습니다.

병역거부에 초점을 맞춰보면 '병역' 뒤에 '거부'가 붙는 것 자체가 사람들에게 큰 충격이었다고 봅니다. 병역이란 것을 '거부'한다니? 그 행위에 대한 논쟁 이전에 언어 자체에서 상상력의 한계를 넘어선 것이지요. 그 내용 면에서도 그랬을 것입니다. 비록 병역에 대한 거부감이 보편적이었다지만, 국가를 방위한다는 신성성은 단 한 번도 흔들리지 않은 상황에서 그 행위를 거부한다는 것이었으니까요. 전 그렇기 때문에, 비록 병역거부가 대체복무제 개선과 같은 제도적 성과를 아직 내지는 못했지만, 운동 주체들조차 감당하지 못했던 많은 질문들을 사회에 던지는 역할은 했다고 생각합니다.

"나는 총을 들 수 없다" "전쟁 훈련이라는 것이 결국 더 많은 사람들을 더 확실하게 죽이려고 하는 것이므로 나는 그 행위를 거부하겠다" 이런 이야기를 공개적으로 하면서 자신을 드러냈다는 것 자체가 징병제라는 이름으로 작동하는 회로의 핵심을 흔드는 운동은 아니었을까요?

김종대 동의합니다. 물론 병역거부가 사회적 반향을 크게 일으킨 것은 아니지만 그 자체로 인간 본성을 건드린 측면이 있었습니다. 미 육군의 마셜 준장이라는 사람의 흥미로운 연구가 있습니다. 미국의 독립전쟁, 남북전쟁부터 2차 세계대전까지를 분석했는데, 거기서 발견된 일관된 특징은 실전에서 적을 정확히 조준사격하는 병사의 비율이 50퍼센트밖에 안 된다는 것입니다. 일단 전투에서 내가 죽을지도 모른다는 공포 때문에 그렇죠. 하지만 이 연구는 너무나 당연한 이 공포와 함께, 조준사격을 하지 못한 중요한 이유로 '누군가를 죽일 수도 있다는 공포'를 지적합니다. 2차대전까지 군대의 모든 지휘관의 고민은 어떻게 하면 병사들이 제대로 사격하게 만들 것인가 하는 것이었습니다. 물론 현대전에서야 공중에서 폭격을 하니까 별 문제가 없지만 여전히 근접전투를 할 때 가장 중요하게 강조되는 것이 '과감히 쏘라'는 겁니다. 그런데 같은 인간을 살해한다는 것에 대한 본능적인 거부감이 어느 전쟁에서든 다 나타나죠. 남북전쟁 때 쓰인 머스캣 총은 쇠꼬챙이로 탄약을 장전한 다음 발포를 하지 않고 다시 장전을 하면 총이 고장납니다. 그런데 놀랍게도 총의 50퍼센트가 남북전쟁 이후 고장이 난 상태였다는 것을 알게 되죠. 장전만 하고 쏘는 척한 뒤에 뒷줄로 간 겁니다. 쐈다고 해도 엉뚱한 데로 쐈거나요. 결국 누구를 죽여야 한다는 마음을 갖게 만들려면 적어도 몇 년이 걸리고, 또 망설이면 총구가 흔들려 정확성이 떨어지죠. 결국 적개심을 주입해야만 이 문제가 해결되니 군대 정신교육이 대적관 주입에 초점이 맞춰질 수밖에 없는 거죠.

이런 상황에서 병역거부, 양심의 자유를 군 지휘관의 입장에서는 자기들에 대한 정면 도전으로 받아들일 수밖에 없었겠죠. 그래서 절대적으로 이를 불온시해야만 했습니다. 한편 군 지휘관들은 부대에서 병사들을 대상으로 자신들의 임무를 충실히 하면 되는데, 그것을 사회로까지 확장시키는 문제가 있죠. 오랜 기간 싸우는 전문가, 전사로 양산되어온 직업군인의 입장에서 병역거부를 위협이라고 받아들이는 것은 당연하지만, 이를 북한의 위협 못지않게 심각한 것이라고 주장하는 것은 문제였죠. 왜냐하면 그것은 국가와 군대의 관계, 군사 조직의 본질과 관련된 문제에서 선을 넘는 것이니까요. 당시 참여정부의 타협책은 양심에 따라 병역을 거부한 사람들은 다른 선택을 하게 해주고, 군대에 가는 사람은 제대로 된 군인을 만들자는 것이었습니다. 그러면서 병력을 감축하고 현대적으로 군대를 개선하자는 것인데 결국 이후 보수정권에서 다 무너지고 말았죠.

임재성　1차 세계대전을 다룬 《리브 앤 렛 리브Live and Let Live》라는 책이 생각나네요. 제목을 우리말로 옮기면 "살고 살리다"인데, 좀 풀어보면 "나도 살고 너도 살자" 정도 되겠지요. 아시는 것처럼 1차 세계대전은 참호를 파고 참호 안에서 서로 지루한 총격전을 벌이는 경우가 많았습니다. 전선이 고착되면서 참호를 파고 대립하는 양상이 지속되었는데, 이때 양쪽 군인들은 허공에 총을 쏘면서 시간을 보내는 경우가 많았다고 합니다. 자신도 살고, 상대방도 살리면서 전쟁이 끝나기를 기다리는 거죠. 이 시기 참호전의 기억이 1차대전 이후 유럽을 휩쓴 반전사상에 중요한 경험적 배경이 됩니다. 전쟁의 무의미성, 살인의 무의미성을 참호 속 병사들의 행동을 통해 드러낸 책이지요.

거의 모든 인류 역사에서, 그리고 거의 모든 사회에서 살인은 금기시되는 행위이지만 특정 시기, 특히 전쟁 시기에는 전면적으로 허용되게 됩니다. 도덕적, 양심적 갈등은 당연한 것이지요. 때문에 이 갈등을 없애기 위해 정신교육 등을 통해서 적개심을 고취하고, 살인에 대한 두려움을 없애는 노력을 하는 것이라고 봅니다. 이런 맥락에서 본다면 병역거부는 전쟁과 군대가 없애려고 하는 그 두려움을 담아내는 목소리, 그 두려움을 전달하는 목소리가 아닌가 싶습니다.

김종대　1차대전에서는 같이 크리스마스 캐럴도 부르고, 서로 약속한 시간에만 총을 쏘고 그랬다고 합니다. 지휘관이 현장에 와서 이를 보고 경악을 금치 못했죠. 그래서 많은 부대 지휘관이 교체되기도 했습니다. 역시 마셜 장군의 연구에 따르면, 자기가 죽을 위협을 무릅쓰고 환자나 탄약을 운반하는 작전은 성공률이 매우 높았다고 합니다. 그런데 적을 죽이는 임무는 성공률이

50퍼센트에도 못 미친다는 것이죠. 결국 인간의 본성을 신뢰하고 긍정적으로 보게 되는 것이기도 한데, 자신이 죽을 위험보다도 사람을 살려야 한다는 마음, 사람을 죽이기 싫다는 마음이 앞선다는 것을 보여주는 것이죠. 그것을 바꾸려고 군대는 많은 심리학자와 의사를 동원해서 심리기법 등으로 조작을 하죠.

군대는 합법적인 살인 조직입니다. 어느 나라 군대이건 그 본질은 똑같죠. 다만 한국 상황에서 다른 점은 그런 군대에 갈 수도 있고, 가지 않을 수도 있는 선택권 자체가 없다는 점이죠. 전 세계 민주주의 국가 중에서 징병제가 남아 있는 나라는 거의 없죠. 그런데 한국은 굉장히 강한 징병제입니다. 개인의 선택을 물어보지 않고 국가가 미리 결정한다는 점에서 강도가 매우 높은 것이죠. 또 하나의 특징은 북한과 대치한다는 급박한 안보 현실이 굉장히 정치화되어 있기 때문에, 이 문제가 군대라는 울타리 내에서 벌어지지 않고 전 사회적으로 확산되어 마치 국가가 죽고 사는 문제인 것처럼 과잉된다는 거죠. 안보가 정치화된 정도가 너무 심하다는 점이 특징입니다.

군대는 시민의 명령에
따라야 한다

임재성　병역거부는 국가에 대한 병역의 의무를 거부하는 맥락도 있지만 살인이라는 폭력 자체를 거부하는 것이라고 할 수도 있습니다. 병역거부권은 살인을 거부할 수 있는 권리라고 이야기하기도 합니다. 국가 권력이 내 생명을 빼앗을 수 없다는 생명권에서 더 나아가 국가 권력이 내게 누군가를 죽이게 할 권리도 없다는 거부권이죠. 그러므로 병역거부는 누군가를 죽여야 하는 조직으로서 군대의 논리와 대척점에 있습니다. 그 크기만 따진다면 한 국가에서 가장 큰 조직과 부딪히는 극소수의 목소리이지만, 논리적으로는 가장 첨예한 대척점을 만들고 있죠.

편집장님 말씀대로 징병제라는 제도의 개선 필요성은 분명하고 더 나아가 군대의 민주화, 군사 문제에 대한 시민사회의 통제라는 목표 역시 중요합니다. 그러나 구체적 쟁점으로 내려가기 전에 과연 군대가 아무리 민주화된다고 해도 궁극적으로 이 조직의 본질이 변할 수 있을까라는 논의를 먼저 해보고 싶습니다. 답이 뻔할 수도 있겠지만, 이런 전제를 단단히 나누고 나서야 좀 더 깊은 논의가 가능할 것이란 생각이 드네요.

김종대　　군대는 민주화될 수 없습니다. 군대가 민주화된다는 것은 마치 군대가 군대이기를 포기하는 것과 같은 느낌입니다. 철학자 루소의 말처럼 군대는 합리적 이성과 가장 거리가 먼 곳이죠. 흔히 하는 말로 군대는 제정신이 아니라고도 합니다. 살인을 주된 직업으로 하는 조직은 인간의 본성을 그 논리에 맞게 재구성해야 하기 때문에 민주적일 수 없지 않나 싶어요. 지시와 복종, 여기에 두 가지 전제가 있죠. 바로 합법성과 정당성입니다. 먼저 그 명령이 민주주의 헌정에 맞는 합법적인 명령인가 하는 겁니다. 합법적이지 않은 명령은 거부할 수 있죠. 민주국가에서는 명령 불복종이라도 합법성이 결여된 명령이었다면 무죄입니다.

그런데 어려운 부분은 정당성의 문제입니다. 잘못된 지시이지만 합법적일 수 있죠. 내용은 정당하지 못하지만 절차가 합법적이라면 그 명령에 복종해야 합니다. 복종하는 척이라도 해야하죠. 그러지 않으면 지휘 체계가 무너지니까요. 결국 군대의 민주화 문제는 문민 통제, 국민의 위임을 받은 정치권력자의 의지에 맞게, 그 범위 내에서 행위를 했는가가 중요합니다. 합법성이 결국 군대가 민주적으로 운영되는가를 따질 수 있는 유일한 논거라고 볼 수 있죠. 정당성은 지휘관에게 맡긴 겁니다. 왜냐하면 지휘관은 부하의 생사여탈을 쥐고 있고, 부하가 지휘관의 명령에 따르지 않으면 군대 조직은 붕괴되기 때문이죠.

현대사회에서 군대가 합법성과 정당성을 다 같이 지향해야하는데, 그런 점에서 군대의 상위 개념이라고 할 수 있는 정치에 군인이 자발적으로 예속되지 않으면 안 됩니다. 결국 시민의 명령에 군대가 따라야 한다는 것이죠. 그래서 독일에서는 군인을 '제복 입은 시민'이라고 하죠. 반면 한국은 민에 의한 군의 통제, 민과 군의 윤리적 규범이 탄탄하지 않은, 대단히 취약한 상태인데 자칫 여기서 군인이 자신들의 정치적 목소리를 내는 날이면 국가가 개판이 되기 십상입니다. 지금 비슷한 현상을 보고 있잖아요.

_____ '덜' 가혹한 군대는 가능할까?

임재성　합법성과 정당성을 구현하기 위해서는 군대의 구성원들이 더 '중요한' 사람이 되어야 한다고 봅니다. 인권이라는 개념이 탄생할 수 있었던 바탕에는 계몽주의 시기, 사람 개개인의 중요성이 높아졌던 것이 있습니다. 마찬가지로 합법성을 판단하고, 정당성을 요구하기 위해서는 외부의 감시와 통제도 중요하지만 그 주체들이 지금처럼 존재해선 안 될 것입니다. 존중을 누리는 주체만이 '자발적'으로 예속될 수 있기 때문입니다.

　전 한국 사회의 징병제하에서 사람값이 너무 쌌기 때문에 많은 문제가 비롯되었다고 봅니다. 단순히 비용의 문제가 아니라 존재의 무게감에 대한 것입니다. 복무 기간을 줄이자고 하면 당장 안보 논쟁이 이어집니다. 거기까진 좋습니다. 그런데 정작 이 논쟁 속에서 수십만 군인들의 시간은, 그들의 삶은 고려 대상이 아닙니다. 그 존재들은 중요한 변수가 아닌 것입니다. '국방개혁 2020'에 근거해 참여정부 시절부터 복무 기간을 18개월로 줄여나가다 천안함 사건이 벌어지자 동결되었는데, 설득력 있는 그 어떤 근거도 없이 안보 상황이 안 좋으니 더 이상 줄일 수 없다고 했습니다. 만약 정부가 선거 시기에 내건 복지 공약을 후퇴하거나 백지화하면 야당과 시민사회가 엄청난 비판을 할 텐데, 복무 기간 문제는 유야무야 넘어가지요.

김종대　어떤 자원이 공짜로 주어지면 반드시 낭비한다고 생각합니다. 여태까지 사람이라는 자원, 그 귀한 생명을 거의 공짜로 주니까 낭비했죠. 군대에서 우리 전투원의 생명 가치가 꿍장히 폄하되고 존중을 받지 못하고 있습니다. 생명 가치의 총체적인 저평가죠. 하다못해 먹고 입고 자고, 그다음 싸우는 방법까지 병력에 대한 대량 소모전 방식을 채택하고 있죠. 우리 작전 계획을 보면 지상군 위주로 5단계 작전을 하는데 일선 육군의 지휘관들, 주로 군단장들이 자기 앞의 표적 수백 개를 깨부수면서 90일 내지 120일 동안 한반도에서 전쟁을 수행한다는 이야기입니다. 전 세계에 이렇게 전쟁을 하겠다고 하는 나라는 없습니다. 이렇게 어리석은 전쟁 계획을 갖고 있는 나라는 없어요. 랜드연구소 연구 결과에 따르면, 그러한 작전 계획에 따랐을 때 예상되는 손실이 6,000~7,000조 원, 사망자가 100만 명입니다. 연세대 문정인 교수의 연구에 따르면, 총 피해액이 7조 800억 원에 사망자가 500만 명입니다. 베트남전쟁 이후 전 세계에서 100만 명이 죽은 전쟁이 어디 있었습니까? 이제 그런 전쟁을 수행할 수 있는 국가는 없습니다. 그렇게 전쟁을 해서 이긴다고 한들 뭐가 남습니까? 미스터리한 것은 이겨도 지는 전쟁 방식이 왜 우리나라에서는 하나의 신앙처럼 보존되고 용인되며, 거기에 부합하는 방식으로 일선의 지상군 병력이 배치되고 편재, 운영되는지 이해할 길이 없다는 겁니다. 군사 전문가 입장에서 도저히 이해할 수 없는 일입니다. 제가 알기로 베트남전을 끝으로 이런 전쟁 계획은 지구상에서 사라졌는데 유달리 한국에만 있다는 것이죠. 심지어 현대전의 표준을 만들어내는 미군이지만, 주한 미군은 지상군이 주축이고 미 육군 4성 장군이 주한미군을 지휘하다보니 한국의 육군과 유착되어 같이 가고 있어요. 전 세계 미군의 해외 사령부에서 재래식 전투 계획이 이렇게 완벽하게 보존되어 있는 곳은 한국밖에 없습니다. 이미 바꿀 수 없는 관념이자 관습이 되어버렸죠.

더 황당한 것은 전쟁과는 별 상관도 없는 부분들입니다. 예를 들면 군대 교도소를 봅시다. 장호원 육군 교도소에는 죄수가 130명인데 근무자가 300명입니다. 민간 교도소는 죄수 10명당 근무자가 1명인데 말이죠. 그런데 육군 교도소가 없어지면 육군 헌병 요직이 하나 없어지니까 어떻게든 죄수를 채우려고 난리가 나죠. 민간 교도소로 이관해도 충분합니다. 한국군은 사회에 있는 것을 다 따로 갖고 있습니다. 미군의 원정군을 모방했기 때문이죠. 원정군은 본토가 아닌 먼 곳에서 전쟁을 해야 하니 다 가지고 가야 합니다. 병원, 학교, 법원. 현지에 그런 것이 없으면 군대가 운영이 안 되니까요. 그런데 우리나라는 그럴 필요가 없죠. 그런데 미군을 모방하다보니 군이 하나의 작은 국가가 되어버렸죠. 입법, 사법, 행정이 다 있습니다. 역시 병역 자원이 공짜니까 군대의 각종 복지시설, 골프장, 휴양소, PX에 현역병 5,000명이 투입되어 있고 취사병만 6,000명이고, 병원 입원 환자가 연간 2~3만 명, 군 범죄자가 연간 6,000명. 육군 30만 명이 전방을 지킨다고 하지만 나머지 24만 명은 지원행정기능, 병원, 학교 등에서 복무하죠. 없어도 군대를 유지하는 데 아무런 이상이 없는데 장군들의 보직과 연결되니 없앨 수 없습니다. 군대가 국가 안보만이 아니라 일자리 안보까지 맡고 있는 겁니다. 왜 군대에 그런 게 다 필요하냐고 하면 '우리는 특별한 집단이니 민간에

맡길 수 없다, 아웃소싱을 할 수 없다'고 답하죠.

그런데 이제 공급이 줄어들고 있습니다. 저출산으로 인구가 줄고 있지만 수요는 완강하게 버티고 있습니다. 이 밸런스가 무너지는 시점이 대략 2018년에서 2020년 즈음이라고 보고, 그때가 되면 이런 군대는 유지 자체가 불가능하게 될 겁니다. 지금이 변화를 앞두고 있는 아주 중요한 시기라고 할 수 있죠. 이러한 비합리성을 다 떠받치고 있는 것이 바로 징병제입니다. 그러니 모병제, 지원병제로 바꾼 뒤 군대가 본연의 임무로 되돌아가서 적은 병력으로 효율적으로 자기 임무를 수행하는 체제로 가야만 합니다.

하지만 참여정부에서도 모병제로 전환하지 못했습니다. 끝까지 밀어붙이지 못하고 중간 정도에서 멈춘 것이 '국방개혁 2020'이라고 볼 수 있죠. 한국이 전시작전권을 가져오면 단독으로 작전을 지휘해야 하는데 그러려면 효율성이 높아져야 하고 그래서 작지만 강한 군대가 되어야 한다는 점이 '국방개혁 2020'의 한 가지 이유였습니다. 또 하나는 사회적으로 우리나라 청년들의 사회 진출 연령이 굉장히 늦죠. 외국은 20대 초반에 진출해서 60세 넘어서까지 일을 하는데 우리는 30세가 다 되어서 진출하고 정년도 짧아지니 경제활동을 하는 인적자원의 활용률이 OECD 국가들 중 낮은 편이죠. 국가의 성장 동력인 인적자원을 제대로 활용을 못하니 여러 가지 사회문제가 생깁니다. 거기에 저출산까지 고려한 겁니다. 이렇게 단순한 군사 논리라기보다는 국가적 상황을 봐가면서 계획한 것인데 이게 좌파의 산물이라고 공격받고 다 무효화된 거죠.

징병제냐, 모병제냐

임재성　　평화주의자들, 병역거부운동이 많이 받는 질문이 '징병제냐, 모병제냐' 하는 것입니다. 저희가 징병제에 대한 이야기, 비판을 꺼내놓으면 이야기를 듣던 분들이 중간쯤 이야기를 자르고 물으시죠. 그래서 모병제를 하면 되냐고 말입니다. 사실 징병제에 대한 보편적 반감, 거부감은 빈번하게 확인됩니다. 징집이라고 하는 단어 자체에서부터 억압적인 느낌이 있지요. 반면 모병제는 자발적, 선진적, 더 나아가 진보적이라는 느낌까지 줍니다. 예전에 여성학자 권인숙 교수가 전쟁없는세상과의 대화 자리에서 한국 사회의 군사주의를 비판하며 '양심적 병역거부자들을 인정하자는 구호보다 모병제를 도입하자는 구호가 훨씬 더 많은 사람들에게 호응을 얻을 것'이라고 이야기하신 적이 있습니다. 모병제는 사람들을 불편하게 만들지 않기 때문이죠. 대체복무는 말도 안 된다고 말하는 사람들도 모병제는 당장은 아니지만 달성해야 할 목표라고 보기도 합니다.

　그러나 평화운동 내에서는 모병제에 대한 입장이 통일되어 있지 않습니다. 모병제가 과연 진보적일까요? 모병제에는 대안적 측면이 분명 있지만, 한편 다양한 사회에서 확인되고 있는 문제점도 분명히 존재합니다. 한쪽에는 모병제가 가장 현실적인 대안이며, 그 과정에서 군 인권 상향과 군축도 이루어질 수 있다는 입장이 있습니다. 또 다른 쪽에는 군대라는 집단의 폐쇄성이 강화되고 이로 인해 사회적 통제에서 멀어지게 되기 때문에 모병제는 평화운동의 요구가 될 수 없다는 입장도 있습니다. 후자는 징병제, 모병제의 이항 대립이 아니라 어떤 징병제인가, 어떤 모병제인가가 중요하다고 보는 입장입니다. 저도 후자를 지지하는데요. 이렇게 이야기를 하면 청자들이 기운 빠져하며 묻습니다. 그럼 징병제를 계속하자는 것이냐고 말이죠.

김종대   모병제, 징병제 문제는 나라마다 처한 역사적, 시대적 상황에 따라 접근하는 방식이 다 다릅니다. 미국의 모병제는 베트남전 반전운동의 산물입니다. 국민들이 징병되어 갔던 베트남전이 실패하면서 반전운동이 일어나니 그 반전운동을 무마하기 위한 타협책으로 모병제, 지원병제가 도입된 것이죠. 또 미국은 자유주의 전통이 워낙 강해서 연방군은 매우 소규모입니다. 주방위군 중심의 체제인데 연방군이 너무 강하면 민주주의가 위협받는다는 것이 '건국의 아버지' 시절부터 내려온 생각이죠. 그래서 상비군 제도에 대한 반발이 굉장히 강합니다. 실제로 독립전쟁이나 남북전쟁 모두 정규군이 아닌 의용군이 치른 전쟁이죠. 그런 역사적 맥락에서 모병제라는 제도가 만들어진 것입니다.

우리는 60년 넘는 기간 동안 굳어진 징병제에 대해 이제 막 현재와 미래에 부합되는 군사 제도, 병역제도가 무엇인가 논의를 시작하는 단계죠. 한 가지 난처한 문제는 한국 사회 특수성 때문에 교육이나 병역에서 평등의 기제가 무너졌을 때 이것이 또 다른 차별로 악용될 수 있는 소지가 많다는 것이죠. 하지만 군사적 효율성 측면에서만 보면 모병제가 맞습니다. 억지로 끌려온 사람에게 아무리 대적관을 주입시켜봤자 잘 안 됩니다. 징병된 군인들이 수행하는 군사적 성과, 효율성 측면에서는 기대 이하일 수밖에 없으니 차라리 자발적인 지원을 통해 전문가 집단으로 군대를 구성하는 것이 맞다고 봅니다. 한편 경제가 안 좋고 좋은 일자리가 부족하다보니 직장으로서 군대를 선택하는 사람들이 점차 늘고 있습니다. 이미 한국 사회는 모병제를 할 만큼 시기적으로 성숙했다고 보는데 오로지 군대가 저항하고 있죠.

문제는 모병제 전환의 논의를 촉발시킬 수 있는 기회를 어떻게 포착할 것인가 하는 것입니다. 저는 이 점을 징병제에서 드러난 많은 부작용과 모순에서 찾아야 한다고 봅니다. 걸핏하면 전방에서 총기 사고가 일어나서 많은 사람들이 죽고, 휴전선을 지키라고 했더니 '노크 귀순' 같은 사건이 일어나고. 징병제로는 뭔가 안보가 제대로 되지 않는구나, 큰 틀에서 혁신이 필요하구나. 징병제 때문에 생긴 문제를 마치 징병제가 아닌 다른 문제 때문인 것으로 호도를 하고 있는데 많은 문제의 핵심은 사실 징병제란 말이죠. 원인과 결과를 계속 바꿔치기하는데, 저는 잘못된 원인 진단에 대한 데이터를 축적하고 진정성 있게 기회를 포착해서 모병제가 공론화될 수 있게 해야 한다고 봅니다.

김종대 + 임재성

임재성　말씀하신 내용에는 모병제에 대한 두 가지 측면이 중첩되어 있는 것 같습니다. 그걸 분별해야만 평화운동의 관점에서 어떤 입장을 취할 수 있을지에 대한 논의가 가능할 것이라고 봅니다.

하나는 군사적 측면입니다. 이 점은 사실 이론의 여지가 없다고 생각합니다. 수가 많은 군대가 높은 전투력을 의미하는 시대는 지났고, 그러한 전쟁의 양상 역시 사라진 지 오래입니다. 주한미군 수뇌부가 공공연하게 인정하는 것처럼 한반도에서 전면전의 가능성은 매우 희박한데, 앞서 말씀하신 것처럼 손에 손잡고 병력 과반수를 휴전선에 배치하는 것은 그야말로 사람 목숨을 흩뿌리는 것입니다.

노무현 정부 시절에 발표한 '국방개혁 2020'이 2020년까지 50만 명으로 병력을 감축하고, 대신 무기 시스템 등을 첨단화하겠다고 말했죠. 저비용 다병주의에서 고비용 정예주의로 가는 것은 세계적 추세이며, 필연적인 변화입니다. 그런데 이러한 변화는 엄청난 무기 첨단화를 동반합니다. 병역 숫자가 줄어들어 군축처럼 보일 수도 있지만, 사실은 정예화인 것이죠. 지난 대선 때 문재인 후보가 참여정부는 진짜 '친'안보적이었다며 노무현 정부 시절 국방비 인상액이 이명박 정부 시절보다 훨씬 높았음을 지적했는데, 정확한 자기 고백이었습니다.

물론 모병제를 통해서 전근대적인 군대가 근대적인 군대로 바뀌는 효과는 분명히 있을 것입니다. 말씀하신 것처럼 모병제가 취직난에서 하나의 대책이 될 수 있고, 이후 혜택을 많이 주면서 예비역의 차별 의식을 없앨 수 있다는 점에도 동의합니다. 병역거부 문제도 어느 정도 해결될 수 있겠고요. 그러나 이것은 더 강한 군대가 만들어지는 과정에서 부수적으로 발생하는 반사적 효과들입니다. 이러한 효과가 있다고 해서, 더 많은 무장과 더 강한 군대를 추구하는 것은 자기모순이죠.

사실 모병제 논의에서 더 집중해야 할 부분은 그 제도의 고유한 작동 양상이며, 이 양상이 직접적으로 만들 변화입니다. 지금까지 군대 문제는 어쨌든 모두의 문제였지요. 그래서 병역 비리에 대한 사회적 적대감도, 입영에 대한 기피심도 보편적일 수 있었습니다. 그런데 모병제가 시작되면, 외형적으로는 '자발적'인 모집이 되겠지만 실제 이 사회의 여러 선택의 기회에서 배제된 사람에게 군인이란 선택지가 구조적으로 강요될 우려가 있습니다.

김종대　저는 평화운동을 하면서 어려운 점 중 하나가 평화라는 것이 쉽게 손에 잡히지 않는다는 점이라고 생각합니다. 적극적 평화와 소극적 평화도 보는 관점에 따라 다를 수 있습니다. 한반도 평화라는 것도 평화협정이 체결되면 되는 것인가, 뭔가 모호하죠. 반면 급박한 전쟁 위협이 닥치면 전쟁을 하지 않는 것이 곧 평화니까 구체적인 평화운동이 활성화됩니다. 요즘 남북관계가 썩 좋지는 않지만 전쟁이 일어날 것이라고 생각하는 사람은 거의 없습니다. 이런 상황에서 평화를 이야기한다는 것이 뭔가 추상적일 수밖에 없죠.

징병제든 모병제든 이 모든 문제의 본질은 우리의 안전과 평화를 가장 좋은 방법으로 구현하고자 하는 목적에서 벗어날 수 없습니다. 징병제와 모병제 논의가 평화롭고 안전하고 번영된 한반도를 만들어나간다는 데서 조금만 벗어나도 도대체 무슨 이야기인지 모르게 되죠.

그런데 지금 한반도가 얼마나 황당한 상황인가 하면, 인류가 생긴 이래 전쟁 한복판에 이렇게 많은 사람들이 모여 살던 적은 없었어요. 인간이 전쟁을 발명한 이래 전쟁터 한복판의 인구밀도가 이렇게 높았던 때는 없었죠. 이 비좁아터진 한반도에서, 서울에서 평양까지 전투기가 날아가는 데 2분밖에 안 걸립니다. 서울에 1,300만 명, 수도권에 2,300만 명이 살아요. 북한이 조준도 할 필요가 없죠. 대충 쏴도 대도시의 한복판에 떨어집니다. 불과 북쪽으로 40킬로미터만 가면 전 세계에서 가장 위력적인 화력들, 포가 즐비하게 우리를 겨누고 있습니다. 북한도 평양, 개성, 남포, 모두 휴전선에서 가깝죠. 이런 전쟁터에서 좀 더 빨리 상대방을 때린다고 한들 달라질 게 전혀 없습니다. 인류 역사상 유례가 없이 특이한 전쟁터이고, 전쟁을 하고 싶어도 그 피해가 너무 치명적이어서 말로만 전쟁을 하고 있는 것이죠. 군사무기 이전에 민간인이 몸으로 방어를 하고 있다고 볼 수도 있습니다. 1990년대 클린턴이 연변을 폭격하려고 했을 때 당시 서울에 외국인이 7만 명이었는데 마땅히 이들을 탈출시킬 대책이 없다는 것이 폭격을 하지 않은 중요한 이유였습니다. 그런데 지금 서울에만 외국인이 70만 명, 전국에 170만 명으로 10배가 늘었습니다. 한국에 사는 외국인 중 중국인이 가장 많습니다. 할아버지가 한국전쟁에 참여했던 중국인들이 한국에 살고 있는데 김정은이 여기에 포를 쏜다?

그럼에도 우리나라 국제정치, 안보 전문가들은 서구에서 개발한 전쟁 패러다임, 억지, 봉쇄, 제거, 정밀타격, 이런 개념들을 이야기합니다. 이런 개념들은 미국과 소련 등 서로 수천 킬로미터 떨어져 있는 국가들 사이에서 만든 핵전략에서 나온 거예요. 이걸 한반도에 적용하려다보니 안 되는 거죠. 그런데 우리 군대가 무기를 사거나 배치할 때 다 이 개념에 따라서 하고 있습니다.

이렇게 비합리적이고 황당한 전쟁 상황에서 장기간 평화가 유지되면서, 언론이 전쟁 위기라고 떠들어도 국민들 사이에선 사재기가 일어나지 않죠. 정부의 비상행동요령에는 식료품 등을 다 사놓게 되어 있는데 말입니다. 군 당국도 마찬가지로 대치 상황이 변하지 않을 것으로 보고 버티면 된다고 판단하는 것이 사실입니다. 이러한 상황에 기초해서 징병제와 모병제 논의를 시작해야 하지 않을까요?

전쟁 가능성을 없애는 게 진짜 안보

임재성　　저 또한 앞서 말씀드린 것처럼 전면전이 발생할 가능성은 극히 낮다고 봅니다. 물론 이런 이야기를 꺼내면 군은 최악의 상황에 대비하는 조직이라는, 매우 원칙적으로 보이는 답변이 나오겠지만 그러한 논리라면 북한 미사일의 타격 대상이 될 수도 있는 핵발전소도 건설하면 안 되겠죠.

평화는 원칙이기도 하지만 실제이기도 합니다. '현실주의'라는 이름으로 가장 보수적인 정책이 집행되고 있는 상황에서 평화는 이상주의적이고, 또 원칙주의적인 것처럼 보이기도 합니다. 평화적 수단에 의한 평화를 일관되게 주장하는 모습은 더욱 그렇지요. 그러나 이 원칙은 수많은 역사 속에서 증명된 사실이기도 합니다. 현재 한반도의 상황에서 본다면 여전히 전면전을 가정하고 있는 군대, 이를 유지하기 위한 국방비, 이를 위한 사회적 비용, 합리화하는 군사주의 문화, 이런 것을 줄여나가고, 이 줄여나가는 과정에서 장애물이 되는 것과 끊임없이 논쟁하는 것이 평화가 아닐까요. 전쟁이 일어날지도 모른다는 이데올로기를 통해 만들어진 피해들을 줄여나가는 것이죠. 이렇게 본다면 평화는 매우 구체적인 것이기도 합니다.

모병제에 접근할 때에도 징병제보다 어떤 장점이 있는가보다 평화에 적합한 제도인가를 따져야 한다고 봅니다. 만약 그렇지 않다면, 무엇이 더 평화에 적합한 제도인지 고민해봐야 하겠죠.

김종대 (국방과 안보에 대한) 논점을 명확히 할 필요가 있는데요. 북은 핵과 장거리, 단거리 미사일을 다 갖고 있죠. 핵도 전략화가 멀지 않다고 봅니다. 핵과 미사일, 대규모 재래식 무기가 최고의 밀도를 자랑하는 한반도에서 우리의 적은 누구인가? 다들 북한이 적이라고 합니다. 그러나 우리의 적은 전쟁 가능성 그 자체입니다. 이런 황당한 전쟁터에서 전쟁이 일어난다면 그 피해가 예측이 불가능하므로 재래식 전쟁도 핵전쟁이나 마찬가지죠. 이런 상황에서는 전쟁 가능성 그 자체가 우리의 적이라고 생각해요. 왜냐하면 승자도 없고 패자도 없으니까요.

이런 현실에서 국가는 무엇보다도 안보가 중요하죠. 그런데 그 안보에 따르는 여러 가지 위협, 위험을 성숙하고 안전하게 관리하고 통제하면서 전쟁 위협 자체를 줄여나가는 것이 사실 최고의 안보라고 할 수 있죠. 그런데 지금의 안보 논리는 북한은 원래 사악한 집단이고 비정상적 집단이니 힘으로 눌러서 굴욕을 강요하고 양보를 받아내는 것이라고 되어 있어요. 이처럼 어리석은 것이 없습니다. 산에서 독사를 만났다면 알아서 조심하고 피하고 만약의 상황에 잘 대처를 해야 하는데, 독사에게 물리고 와서 그 독사가 살 수 있게끔 환경을 보호하자고 했던 환경운동가들을 탓하고 그들이 우리 적이라고 주장하는 것이 바로 종복 논란이죠. 군사적으로 대치하고 있는 현장에서 북한군은 분명한 적이지만 그 적 앞에서, NLL에 죽 늘어서서 이상한 작전을 하다가 우리가 얻어맞았단 말이에요. 그럼 그걸 개선하고 대책을 세워야 하는데, 웬 종북몰이입니까? 내부의 적을 만들어 자신들의 무능을 몽땅 전가하려는 것입니다. 지금과 같은 안보담론은 전쟁을 관리하는 일선 전투원의 생명가치를 존중하는 자세가 아닙니다. 일종의 화풀이 내지는 자기 논리를 동어반복하기 위한 구실 찾기에 불과하죠. 전쟁 가능성 자체가 적이라고 한

_____ 김종대 + 임재성

다면 그런 불행한 사건의 원인 자체를 해소해야 합니다. 우리가 강압적으로 했을 때 더 큰 반발이 온다면 다른 방식도 생각해봐야 하죠. 공동어로구역처럼 창조적이고 평화적인 방향을 찾는 것, 이런 게 안보란 말이죠.

안보와 국방은 다른 개념입니다. 대통령, 국가의 정치, 경제, 정보, 군사력을 다 합쳐서 하는 것이 안보이고, 군인은 전투를 하는 것입니다. 즉 군사적 업무에 정통한 실무자들이라는 이야기입니다. 그런데 그들이 안보 정책을 다 하겠다고 합니다.

임재성　　국가 안보라는 개념은 오랜 반공주의 속에서 오염되어서 모든 인권을 억압할 수 있는 만능 면허로 느껴지는 것도 사실입니다. 국가 안보라기보다는 정권 안보, 권력 안보의 측면에서 늘 사용되어왔죠. 그래서 본래 안보라는 개념에 들어 있는 내용을 긍정하면서도, 다른 방식의 정의 혹은 구성이 필요하다는 생각을 합니다. 공동체 구성원들의 안전과 자유를 보장하는 것. 인간 안보나 사회적 방위라는 개념이 대표적일 것 같습니다. 특히 탈냉전 이후 후기 산업사회에서는 위험이 국경에 갇히지 않고 편재하는 특징이 있죠. 위험 사회에 대한 개념도 등장한 바 있고요.

김종대　　요즘은 포괄 안보란 말도 유행하죠. 포괄 안보는 국민의 불안을 해소해주는 것을 말합니다. 국가는 실패를 할 수 있죠. 안보를 수행하는 사람의 기본은 부정적 사고입니다. 예를 들어 내가 시험을 봐야 한다면 그 시험에 떨어졌다고 가정해보는 식이죠. 왜 떨어졌을까 상상해보면 원인이 빨리 발견됩니다. 일단 실패를 가정하고 보면 내가 보완하고 개선해야 할 점들이 눈에 더 잘 보입니다. 마찬가지로 국가는 실패한다, 국가의 안전은 무너질 수 있다고 가정해봤을 때 무엇을 보완할 것인가 하는 것이 보이죠. 안보에는 위기관리가 1번이고 그다음에는 군사정보, 다임DIME, 디플로머시diplomacy, 인포메이션information, 맨 마지막이 밀리터리military입니다. 복합 전략, 이것을 안보라고 하는 것이죠. 위기관리는 절체절명의 순간에 그 고비를 넘기는 기술을 말합니다. 맨 나중에 군사력이 있는 것이고요.

그렇지만 지금의 안보는 이데올로기화되어 있어 군사적 안보가 맨 앞으로 나옵니다. 우리의 신성한 군대, 우리가 당연히 밀어주고 응원해줘야 할 우리의 영웅으로 치켜세워지는 군대가 맨 앞으로 나오면 다른 기능은 당연히 위축됩니다. 실제로 천안함, 연평도 사건은 정부 차원에서 국방 정책을 통제하지 못한 결과죠. 강압적 군사 정책을 먼저 발표하니 그게 마치 국가의 전체 입장인 것처럼 북한에 시그널이 간 겁니다. 그것이 특정 해역에서 부딪쳐버린 것이죠. 이런 것들은 안보의 실패 사례죠. 안보가 이렇게 실패할 수 있다는 것을 보여준 결과예요. 그런데 그 길로 계속 가겠다는 겁니다. 우리가 이렇게 교훈을 엉뚱하게 도출하면 우리의 자녀들, 그 친구들, 조카들이 또 죽을 수 있습니다. 잘못된 교훈은 현장에서 피로 돌아오죠. 천안함 사건에 대해서 정부나 군대나 보수 단체에서 세미나하는 것을 한 번이라도 본 적 있나요? 학술대회 한번 하나요? 누구도 묻지 않습니다. 심지어 군대 자체에서도 묻지 않아요. 묻지도 따지지도 않고 무조건 영웅화합니다. 그러니 연평도 사건이 또 일어나는 것이죠. 이건 독사 앞으로 가서 맨손을 흔들고 되돌아와서 환경주의자와 한판 붙겠다는 것밖에 안 됩니다.

평화 군축은 가능할까

임재성 지금까지는 약하면 공격받는다는 논리로 군사력을 사고했습니다. 우리가 어느 정도 압도적인 군사력을 가지면 전쟁이 일어나지 않는다는 것은 군비경쟁의 핵심적인 논리입니다.

평화주의가 서 있는 지점은 이 주류적 논리의 반대편이라 할 것입니다. 더 적은 군대로도 충분히 안전할 수 있다, 우리가 먼저 내려놓는 것이 더 안전할 수 있는 길이다. 이 원칙에 대한 공유 없이는 '징병제냐, 모병제냐' 논쟁이 더욱 평화로운 사회를 만드는 방식으로서 기능할 수 없지요. 편집장님 말씀처럼 전쟁 가능성을 낮추는 방식에 대해서 평화주의자들은 신뢰와 외교, 상호 공동적인 계획을 가장 앞서서 만들어야 하며, 밀리터리는 가장 나중에 위치시켜야 한다고 봅니다.

김종대 군비 축소, 한반도 평화 군축 주장이 많이 약화된 이유는 실제로 국방비가 계속 낮아지고 복지 지출이 높아지면서 국방비에 의한 피해의식들이 많이 줄었기 때문이죠. 1980년대 말부터 1990년대 초까지는 정부 재정의 3분의 1이 국방 예산이었습니다. 여기에 전의경, 안기부 예산까지 합치면 40퍼센트가 됩니다. 정부가 돈을 걷어서 다 안보에 썼죠. 행정안전부 예산을 다 빼고도 이랬는데 지금은 16~17퍼센트 정도이니 군에 대해 국민이 갖고 있는 박탈감 내지는 상대적 피해의식이 무마된 측면이 있습니다. 또한 북한에 대한 최소한의 억지력으로서 일정한 군사력이 필요하다는 국민들의 우호적 시선이 늘어난 측면도 있죠. 그래서 요즘 군축이라는 말을 어디서 듣기 힘든 게 실상입니다.

그렇다고 우리가 군축 자체를 폐기해서는 안 되죠. 변화된 상황에 맞게 진화해야 합니다. 1980년대 말에 리영희 선생과 국방부의 논쟁은 남과 북 중에 누가 더 세냐는 것이었습니다. 그런데 지금으로서는 그 논쟁이 의미가 없어요. 전면전이 아니라 국지전이라면 국가 전체의 국방력은 전혀 별개 문제거든요. 국지전에서 군사력 비교가 의미가 없어졌고, 또 군사력이 비대칭적인 양상이 되었죠. 똑같은 무기로 싸우는 것이 아니라 다른 무기로 싸운다는 겁니다. 아프가니스탄은 휴대폰으로 폭탄을 폭파시키죠. 무엇이 무기이고 무엇이 무기가 아닌지 경계가 모호해졌습니다. 이렇게 시대가 변화하니까 군비경쟁이 물론 없지는 않지만, 사람들이 보기에는 그런 것과 무관하게 남북 간에 위험이 초래되니 이야기가 복잡해진 것이죠. 그러다보면 평화를 달성하는 방법이 군축이냐, 선뜻 대답하기 어렵죠.

그래서 이 문제를 해결하기 위해서는 군사력과 군사력의 대치, 군비경쟁 담론에 너무 끌려가기보다는 어떤 데서 위협이 초래되는지 살피면서 현대적인 위협에 주목하는 것이 설득력 있습니다. 현대적 위협이 비대칭적이고 새로운 문화적 양상을 보인다고 할 때, 클라우제비츠가 이야기한 세 가지 차원이 있습니다. 첫 번째는 집단적 폭력성으로, 적대를 어떻게 관리하는가, 두 번째는 우연성으로, 아무도 예기치 못한 상황에서 예기치 못한 원인으로 누구도 통제하지 못하는 충돌이 벌어지는 것, 세 번째는 합리성으로, 군사적 긴장을 고조시켜야 상대방에게 양보를 받아내고 유리한 협상을 할 수 있다는 국가 이성으로 관리한다는 것입니다. 이 세 가지 차원에서 위협을 어떻게 관리하고 해소할 것인가, 하나씩 원인을 제거하고 줄이는 게 전쟁 위협을 낮추는 것이죠. 사실 군사력 자체를 어떻게 배치할 것인가는 전쟁 위협을 줄이는 데 큰 영향을 못 미칩니다.

임재성　저는 오히려 한국 사회에서 제대로 된 군축운동이 없었던 것이 아닌가 하는 생각을 해봅니다. 불가능하기도 했고요. 군축에 대한 논의가 시작되려면 포괄적인 담론이 나와야 하는데, 단순히 국방비를 낮춰야 한다는 당위나 특정 무기에 대한 찬반 논쟁만 있었던 것 같습니다. 시민사회의 개입이 극도로 어려운 상황에서 예산을 쥐고 있는 의회가 군축 담론을 주도할 수도 있었는데 국방위에 장성 출신 의원들이 즐비한 상황에서 온전한 개입이 이루어지지 못했지요.

반복되는 부분이지만, 평화를 지키는 것은 평화적 수단으로 해야 한다는 원칙은 현실적으로 군사력을 어떻게 줄여나갈 것인가에 대한 고민으로 이어질 수밖에 없습니다. 그 방법은 민주주의적 통제와 개입이 가능해야 한다는 원칙도 있습니다. 그러나 이 고민과 원칙을 구체화하는 지점, 계기를 찾지 못하는 상황에서 평화운동이 자신의 역할을 잡지 못하고 있는 것도 사실입니다.

박근혜 대통령 시대에 평화운동은 어떤 역할을 할 수 있을까요? 이명박 정권 내내 막혀 있었던 남북관계를 적극적으로 개선하면서 정권의 성과로 남길 것이라는 전망이 우세하지만, 정권 초기부터 종북 담론이 사회를 가득 채우는 모습을 보면서 정권 내내 사회적 적대감을 강력하게 조장할 것이라는 예상도 있습니다.

김종대　　보수 진영에는 경제가 우선이라고 하는 호모에코노미쿠스, 오로지 안보가 중요하다고 보는 호모밀리터리쿠스가 있습니다. 이명박 정부는 경제 중심으로 가려고 했다가 천안함과 연평도로 입장이 바뀌었죠. 박근혜 정부는 어떨까요? 복지 공약을 많이 내걸었지만 돈이 없다는 것이 가장 큰 걱정이죠. 산업연구원 보고서에 따르면 앞으로 5년간 국방비를 7조 원 줄여야 한다, 그러지 않으면 복지가 안 된다고 합니다. 저는 정부 보고서에서 이런 이야기가 나오는 것에 큰 충격을 받았어요. 경제를 앞세우는 보수의 논리를 지경학이라고 부르죠. 안보를 앞세

　　　　_____ 김종대 + 임재성

우는 보수의 논리는 지정학이라고 하고요. 프리드먼 같은 학자는 세계가 평평한 세계, 자유롭게 소통하는 세계로 간다고 했습니다. 결국 자본을 앞세우느냐 군대를 앞세우느냐 하는 방법론의 차이지만 그래도 눈길이 가는 것은 지경학적 사고, 그럼으로써 세계가 상호의존하고 협력을 하면 전쟁을 하고 싶어도 불가능해진다는 논리죠. '골든 아치Golden Arches' 이론입니다. 맥도널드의 노란색 마크가 골든 아치죠. 이것이 들어와 있는 국가들끼리는 전쟁을 하지 않는다는 겁니다. 민주주의 국가와 독재국가가 전쟁을 한 적은 있지만 민주주의 국가들끼리 전쟁을 한 사례는 거의 찾아볼 수 없기 때문에, 이제 군대와 전쟁의 문제는 국가적 담론의 문제가 아니라 그 체제 속성의 문제입니다. 전쟁 지향적, 군국주의적 속성의 국가인가, 아니면 개방적이고 협력할수 있는 체제인가. 이런 자유주의 물결이 1980년대부터 시작되면서 군비경쟁보다는 그 국가와의 관계, 그 국가가 우리와 얼마나 유사한 체제인가가 중요해진 것이죠.

평화에 대한 이야기가 공허해지지 않으려면 당면한 전쟁 위협에 대한 이야기만으로는 부족하다는 생각이 듭니다. 어떤 것으로 인한 평화 관계인가, 평화 상태로 어떻게 이행할 수 있는가에 대한 적극적인 경로가 제시되고 방법론이 나와야 하지 않을까 싶어요. 그게 평화학의 주류가 되어야 하겠죠. 평화의 길은 하나가 아니라 다양하고 또 새로운 사상이 무수히 나올 것이라고 봅니다.

1980~1990년대에는 남북이 군사적 균형을 어떻게 맞출 것인

가를 고민했다면 이제는 북한과 어떻게 친구가 될 것인가를 고민해야 합니다. 지금 남북관계가 그나마 평온한 것은 경제 때문이죠. 금강산 관광과 개성공단 때문입니다. 개성공단으로 매월 북한에 1,000억 원 정도를 주는데 F-15 전투기 한 대 값도 안 됩니다. 북한이 개성공단에 머리 숙이고 들어오는 것을 보세요. 얼마나 비용 대비 효과가 큽니까. 전투기 100대로 못하는 것을 한 대 값으로 했죠. 또 중국과의 외교, 유엔을 활용하는 것, 이런 것들을 종합해서 평화라고 해야지, 단순히 불가침조약, 평화협정을 맺었다고 평화라고 하는 것은 냉전식 사고죠. 냉전 때는 그러한 전략 목표 하나에 다 몰려갔어요. 그래서 군대를 뒤로 조금씩 물러나게 하고, 서로의 물리력을 조정하고 협정을 체결하면 다 된다고 봤어요. 그러나 현대전에서는 그렇지 않죠.

임재성　말씀하신 부분에서 민주국가 사이에는 전쟁이 없다는 논의에 대해 저는 강한 반대 의견을 가지고 있습니다. 이 논의는 미국이 제3세계에 민주주의를 이식하면서 내세운 명분이었죠. 전쟁을 없애기 위한 전쟁이 명분인 것입니다. 의도의 측면도 문제가 있지만 실제 경험적으로도 틀린 이야기입니다. 많은 비판자들은 이 논의가 '숨은 전쟁'을 의도적으로 배제하고 있다고 말합니다. 미국이 CIA 등을 통해서 은밀하게 개입한 전 세계 수많은 전쟁들을 고려하지 않고 있다는 것이지요. 더 나아가 민주주의 국가 간의 전쟁이 없어진 것이 아니라, 전쟁의 양상 자체가 국가 간 전쟁에서 내전이나 테러의 형태로 전화했다고 보는 것이 정확할 것입니다. 이 논의가 주된 주제는 아니기에 이 정도의 언급으로 마무리하는 것이 좋을 것 같네요.

군사주의를 다양하게 정의할 수 있지만, 한 사회에서 군사적 해결 수단이 쉽게 용인되고 칭송되고 특정한 갈등이나 문제를 해결할 때 가장 먼저 군사적 해결 방식을 선택하는 경향을 군사주의라고 할 수 있죠. 그런 관점에서 한국이 국방력, 군사력을 대하는 것을 보면 분명 군사주의가 널리 확고하게 자리 잡고 있다고 봅니다. 그런데 그런 방식으로는 이미 위기를 관리할 수 없다는 것이 명확합니다.

편집장님 말씀 중에서 궁금함이 해소되지 않는 부분이 있습니다. 국가 예산 중 국방비가 압도적이었을 때에는 군축 논의의 동력이 존재했지만, 지금은 그렇지 않다고 하셨습니다. 그러나 이러한 객관적 상황보다 더욱 중요한 것은 이 상황을 비판적으로 인식하고 사회운동을 만들어내는 인식과 주체의 문제가 아닐까 합니다. 국가 예산의 3분의 1을 국방비로 사용하였을 때에는 과연 군축운동이 활발했을까요? 그렇지 않았던 것으로 알고 있습니다. 그 비중은 낮아졌지만, 현재 한국군이 과잉군사화되어 있다는 인식과 운동이 만들어진다면 군축은 오늘날에도 분명 필요한 것, 아니 절박한 것이라 말할 수 있을 것입니다.

김종대　예전 국방부에 군비통제국이란 곳이 있었어요. 장교들 사이에서는 이곳을 아주 냉소적으로 봤죠. 군대의 이익을 침해하는 부서가 국방부에 있으니까요. 그러나 군비통제국 소속 장교들의 신념은 이런 겁니다. 언젠가 경제적 군 운용을 위해서 장비를 줄여야 하는 상황이 반드시 온다는 것이죠. 노후 장비를 없애야 하는데 한국군은 쓸모없는 노후 장비를 다 갖고 있어요. 이데올로기 때문이죠. 북한 전차가 몇 개인데, 대포가 몇 개인데. 오래된 포는 수리하고, 부속 갈아주고 하느라 운영비가 많이 들죠. 언젠가 북한과 군축협상이 있을 때 무엇부터 없앨 것인가 그 순서를 미리 정해놓아야 골치 아픈 군살을 떼놓을 수 있다고 보는 것이죠. 그 말이 맞습니다. 군축을 하더라도 자기한테 불리한 군축을 하려는 것이 아니라 군축의 결과가 자기에게 유리하도록 유도하겠죠. 그것 자체도 의미가 없다고는 할 수 없죠. 그런 점에서 군비 관리, 군비 통제, 군축 부분에서 국가는 굉장히 전략적으로 접근할 수밖에 없습니다.

우리가 미래를 전망해볼 때, 지금 남북한에 쓸 수도 없는 노후 무기가 너무 많다, 적어도 반은 쓸 수 없는 무기라고 봐요. 그런데 서로 줄일 수 있는 용기가 없으니, 어떤 계기를 만들어주는 것이 중요합니다. 지금 북한 군대가 110만 명이라고 하지만 50만 명이 건설 현장에 나가 있죠. 실제로는 경제적 활동을 하지만 선군정치 아래서 북한이 군인의 숫자를 줄이기 쉽지 않죠. 이렇게 실수와 허수가 혼재되어 있으니 이것을 정리하면서 정상적인 체제로 가는 상황이 바로 군사 전략가에 의해 군축이 활용되는 시기가 될 수도 있습니다. 그때 시민적 요구가 개입하고 남북 간 평화 지향적인 흐름이 부합하고 군도 자체적으로 합리화되는 좋은 모델이 나올 수도 있다고 봅니다. 역시 이 문제를 논하는 전제도 국가 간의 신뢰죠. 유럽에서는 굉장히 성공적으로 이뤄졌습니다. 그런데 아시아에서는 신뢰가 형성되어 있지 않죠. 첫째, 다자안보체제가 부재하기 때문이고, 둘째, 국제적이고 지역 차원에서 관리할 수 있는 규범, 성공 사례가 부족하기 때문이죠. 예전의 6자 회담은 동북아시아에서 안보를 주제로 열린 최초의 다자안보 테이블이었어요. 이런 것을 발전시켰다면 한반도 평화 체제, 한반도 문제의 규범 창출이 가능했겠죠.

임재성 저도 6자 회담을 보면서 지역 안보 체제, 지역 공동체에 밑거름이 되었으면 좋겠다는 생각을 많이 했습니다. 참여정부에서는 동북아균형자론이 있었죠. 사실 지정학적으로 강대국들 사이에 한국이 위치해 있고 안보라는 것이 관계 속에서 이뤄져야 하는 것이라면 한국, 북한, 일본까지 포함해서 이 국가들이 군사 안보에 대해 내려놓을 수 있는 좋은 계기였다는 아쉬움이 있네요.

김종대 사실 경제적으로는 이미 그렇게 가고 있는데 안보적으로는 오히려 역행하고 있죠. 그래서 이중적입니다. 그래도 냉전에서 지금까지 장기적인 과정을 보면, 느리기는 하지만 상호의존과 평화로 가고 있는 것은 분명한 사실이죠.

　유럽에는 아시아 번영에 대한 연구 모임이 굉장히 많습니다. 왜 아시아는 1980년대 갑자기 전쟁이 사라지고 전 세계에서 가장 역동적인 경제발전을 성취했는가, 이유가 무엇인가. 이를 연구하는 지역학이 생겨나고 있습니다만, 무엇보다 분명한 사실은 1980년대부터 전쟁이 없어졌다는 것이죠. 아시아 국가들의 첫 만남은 전부 전쟁이었습니다. 아시아 국가들 어디에도 전쟁이 없는 곳이 없었는데 어느 날 갑자기 사라졌습니다. 중국만 해도 내전의 요인이 거의 없습니다. 16개 나라와 국경을 맞대고 있지만 국경 분쟁도 거의 없고 일부 소수민족의 자치 문제만 있을 뿐이죠. 육지의 문제를 다 해결하고 이제 해양의 문제를 해결하려는 단계에 있죠. 이렇게 된 첫 번째 이유는 각 국가들의 주권 문제가 해결되었다는 데 있습니다. 대부분 자주독립을 확립했죠. 두 번째는 주권 확립기에 있었던 분쟁, 전쟁이 해결되었다는 겁니다. 세 번째는 그 뒤에 아시아 특유의 성장, 역동적인 경제 성장이 있었다는 것. 남아 있는 예외가 바로 북한이죠. 북한이 이러한 지역 질서에 들어올 수 있느냐, 없느냐? 마지막 몇 가지 문제만 해결된다면 바야흐로 지경학의 하나의 전형이 동아시아에서 창출될 수 있죠.

임재성   사실 아시아, 특히 동아시아는 2차 세계대전 이후 뿌리 깊은 역사적 갈등이 존재했고 미국의 봉쇄 전략이 일정 부분 영향을 미쳤는데 오히려 잘된 것이라고 보고 계신다면, 저는 북한을 매개로 한 일본의 보수화 문제, 일본과 중국이 원만한 질서 속에서 동등한 구성원으로 존재할 수 있을까 하는 문제도 생각해봐야 한다고 봅니다. 동아시아가 번영을 누려왔지만 전쟁 가능성도 여전히 분명하게 존재하는 것 아닌가요?

김종대　근세 이래로 숙명적 관계는 중국과 일본의 관계였습니다. 그 하위 체제로서 러시아 문제, 미국 문제가 있었죠. 동북아는 근세부터 그렇게 형성되어왔고 지금도 그 유산이 남아 있는 건 분명합니다. 그렇지만 냉전 시기와는 비교할 수 없을 정도로 바뀌었죠. 냉전 시대에서는 결코 오지 않을 것 같은 세상이었습니다.

　여기서 국가주의, 전쟁 가능성이란 것도 유심히 보면 대부분 국내 정치의 연장입니다. 일본의 우경화도 아베를 필두로 한 국내 정치에서 필요 없이 영토 갈등을 부추기고 헌법을 개정하려고 하고, 그럼으로써 얻는 정치적 이익이 크죠. 그런가 하면 대만 같은 나라는 국제사회에서 제대로 대접받으려고 센카쿠 열도에 끼어들죠. 그래서 총통의 인기가 올라가고요. 우리나라에서도 안보 논쟁은 주로 선거 때 나옵니다. 이게 꼬리가 몸통을 흔든다는 겁니다. 옛날에 외교 안보는 국민적인 참여 영역이 아니라 국가의 고유 기능이었죠. 그런데 지금 외교 안보는 국내 정치의 연장입니다. 그러니까 내셔널리즘이라는 것도 대단히 정략적으로 제기되는 것이지, 장기적 안목에서 나오는 지정학적 결론은 아닙니다. 이제는 외교도 국내 정치의 연장이 되는 시대다보니까 생명력, 일관성, 준비 정도가 과거에 비해 미흡하고 그 과정에서 자본은 확대되고 침투하고 상호의존하는 관계를 순식간에 만들어버리니, 그런 점에서 상호의존성이 강화되는 것은 분명한 사실이라고 봅니다. 이것이 전쟁을 예방하는 장치도 되죠.

시민사회는 군대에
어떻게 개입해야 할까

임재성　앞서 징병제, 대체복무제 이야기도 했지만 예비군이 정말 불필요한 제도라는 것을 누구나 알고 있지 않나요. 정치인이 예비군 폐지를 공약으로 전면에 세우면 큰 이슈가 될 것이란 이야기를 하기도 했습니다. 사실 박정희 정권에서 김신조 사건 이후 예비군 제도가 처음 논의되었을 때 야당의 반대도 강력했고, 이후 김대중이 박정희와 맞서 대통령 선거를 치를 때 폐지 공약을 내세운 바도 있습니다. 그러나 한번 도입이 되자 지금까지 이어지고 있습니다. 여담이지만 이명박 정권 시절 안보 위기를 고취하며 예비군 스나이퍼 부대를 만들겠다는 이야기가 나오기도 해서 여론의 비웃음을 샀지요.

　예비군이 유지되는 것 자체가 어떻게 보면 군의 비합리성을 상징하는 모습이 아닐까 싶습니다. 또 이런 비합리적 제도가 국가 안보라는 명분 때문에 제대로 논의되지 않는다는 것이, 우리 사회에서 군사적인 것들을 다루는 모습을 단적으로 보여주고 있다고 봅니다.

김종대　예비군 제도는 우선 실효성이 낮죠. 지금 300만 명 가까이 되는 예비군 병력을 동원하기 전에 전쟁은 이미 끝나버립니다. 워낙 빠른 속도로 전개되니 실효성이 없습니다만 사회적으로 병영국가적인 분위기를 만드는 데 필요하다는 가치 부여는 되겠죠. 사실 더 분석적으로 접근해보면, 전쟁이 났을 때 70만 명 이상을 동원하면 국가 경제가 붕괴됩니다. 전쟁을 하면서도 경제활동을 해야죠. 우리 산업 체계가 그렇게 300만 명을 동원해줄 여력이 없어요. 반도체 공장, 국가 핵심 제조업 등은 전쟁을 계속 수행하기 위해서라도 공장이 돌아가야 하는데 왜 저런 과거의 유물이 변함없이 유지되느냐. 징병제가 유지되는 이유와 흡사하죠. 여전히 수가 중요하고, 북한은 노농적위대, 청년근위대, 합치면 700만 명 돼요. 과거의 전쟁은 군수 전쟁이었습니다. 누가 오래 물자와 인력을 동원할 수 있는가. 그런 쪽의 전문가는 예비 병력을 상정해야 되는 습관이 있죠. 그러나 현대전에서는 거의 의미가 없습니다.

또 한편으로는 군사문화를 확산시키고 보호하는 저수지처럼 악용되어 유지되고 있는 것이죠. 예비군도 주안점을 정신교육에 두고 있고, 선거 때 종북 세력 논란과 연장선상에 있죠. 민방위 교육, 공무원이 참가하는 을지연습, 다 형식적인 것이죠.

임재성　그것에 균열을 내는 데는 대안적 전문가도 필요하지만 외부적 충격도 필요하지 않나 싶습니다. 총기 난사 사건, 인분 사건이 일어나고 나서야 군 인권 문제가 대두되었고, 군대가 약간 변화할 수 있었습니다. 누군가 죽고 다쳐야 조금이나마 움직였거든요.

김종대　어쩔 수 없는 경로 의존성이 있죠. 그러한 계기가 없으면 사실 바뀌기가 힘들죠.

임재성　유럽의 병역거부운동 관련 논의에서 중요한 화두 중 하나가 징병제의 종말입니다. 징병제로 유지되는 국민군 시대가 끝나고 해외파병 임무를 주로 수행하는 정예군의 시대, 그리고 최첨단 무기로 수행하는 무인전쟁의 시대가 된 것이지요. 징병제가 유지되는 국가들에서도 실제 전투를 수행하는 이들은 대부분 직업군인들입니다. 그런 상황에서 평화운동을 어떻게 할 것인가를 고민하게 됩니다. 군인의 전문화, 전쟁의 무인화 시대에는 시민사회가 개입할 수 있는 여지가 줄어들고 전쟁과 파병에 대한 반대 동력도 줄어들게 될 수밖에 없습니다. 내가, 우리 자식들이 이 전쟁에 휩쓸리게 된다는 느낌에서 멀어지게 됩니다. 그나마 징병제가 갖는 보편성이 사회적 개입을 가능하게 했다면, 그것이 없어진 상황에서 시민사회는 어떻게 군대에 개입할 수 있을까요?

김종대　군대에 시민이 직접 개입한다는 말은 좀 이상하게 들립니다. 어떤 우회 경로로 영향을 미칠 것인가가 더 적합하겠죠. 그런 경로에 대해서라면 네덜란드나 스위스, 스웨덴, 노르웨이의 방식이 맞다고 봅니다. 오늘날 모든 평화회의가 스웨덴 오슬로에서 열리죠. 노벨상 시상식도 거기서 열리고요. 국제 포럼, 평화 외교, 국제사회에 대한 기여, 똘레랑스, 관용과 포용, 인정으로 국가의 매력도를 확 높여놓았죠.

군사적 방법도 아니고 경제적으로 크지도 않은 나라지만 세계인의 매력과 존경을 받는 것, 이것이 평화 국가 모델이라고 생각합니다. 지금 우리가 당장 그렇게 갈 수 없다면 궁극적으로 그렇게 가기 위해 우선 사회적 관용과 포용의 정신 속에서 평화 사상이 싹터야 하겠죠. 그래서 평화에 대한 가치 있는 산물, 공공재를 내놓아야죠. 그렇다고 해서 북유럽 나라들이 안보를 전부 팽개치고 있다는 것은 오해입니다. 나름대로 국가와 시민의 안전을 지키기 위한 조치도 빈틈없이 하고 있습니다. 문제는 안보 전략과 평화 전략의 균형입니다. 안보 전략이 평화 전략을 압도하고 짓누르는 불균형이 있어서는 안 된다는 것입니다. 그런 점에서 이들 국가들은 귀감이 됩니다.

이것이 첫 번째이고, 두 번째로 시민이 안보 문제에 개입하기 위해서는 일단은 국가 규범이 재정비되지 않으면 안 되죠. 미국은 군 출신이 국방부 장관이 될 수 없게 법으로 막아놓았죠. 의회와 대통령이 권력을 다 나누었고요. 우리 같은 경우 민주주의 국가와 군국주의 국가의 중간 정도 제도화입니다. 군인 정원을 책정할 때 어떤 법적 검토도 받지 않고 제재도 없습니다. 단지 장관이 대통령에게 A4 서류를 들고 가서 사인받으면 끝입니다. 그게 절차의 전부입니다. 중요한 군사작전 계획에서도 어떨 때는 청와대 보고조차 없으니, 통제 장치가 전혀 없습니다.

세 번째는 국방 계획에 대한 것인데, 무기 도입 계획은 대통령 승인만 받고 경제 부처나 의회에 설명할 의무가 없습니다. 장교 인원, 주요 군사 계획, 무기 도입, 이런 것 모두 정부 통제에서 벗어나 있는 것이죠. 헌법에 따르면 우리나라는 강력한 문민통제를 표방하고 있고 모든 대통령의 통치 행위는 적법해야 하고 문서로 해야 한다고 하지만 지켜지지 않고 있습니다. 헌법이 유린되고 있는 겁니다. 정부 통제를 안 받는 군대가 있다면 우리는 그걸 군국주의라고 정의하죠. 정부 위에 군이 있거나 정부의 통제를 받지 않는다. 지금 보면 중요 계획, 군 운용에 관한 사항이 대부분 그렇게 움직이죠. 앞으로 어떻게 해야 할까 생각해본다면, 군부가 따로 놀고 정치 집단처럼 행동하면 헌법대로 하자, 장교 정원을 행정안전부가 통제하겠다, 이렇게 가야죠. 공무원 정원을 행안부가 정하니까요. 국가재정법에 따르면, 다년간 예산이 소요되는 국책 사업은 예비타당성 조사를 경제 부처에서 하게 되어 있는데 군은 예외죠. 이거 법대로 하자, 군사 계획, 이 헌법적 사안, 전쟁이 날지도 모르는 것이니 정부 차원의 NSC나 각종 자문회의, 그것 하라고 만들어놓은 기구가 많으니 거기서 심의하겠다, 군은 복종만 해라. 이게 원래 정상적인 민주국가이죠. 모든 것을 법대로, 헌법 정신대로 하면 문제가 없죠.

예를 들어 비상대비자원관리법이라고, 우리나라 전시 계획이 있어요. 정보를 어떻게 유지하고 군사동원을 어떻게 하는지 매년 국회의장에게 보고하게 되어 있습니다. 그런데 실제로 보고하지도 받지도 않습니다. 법에 나와 있는데도요. 우선 있는 법이라도 제대로 지키고 시민들은 선거라는 과정에서 대통령을 뽑고 대표를 뽑는 것과 함께 시민단체를 통해 여러 의견을 만들어서 국회나 대통령이 움직이도록 압력을 넣는 역할을 해야겠

_____ 김종대 + 임재성

죠. 그런데 제도적 수준이 너무 낮기 때문에 길이 없는 것처럼 보이는 것이죠.

시민적 개입도 중요하지만 우선은 국가 법 제도의 정상화가 먼저이고 그것을 시민들이 요구하는 것이 지금 단계에서는 중요합니다.

임재성
———

대담은 2014년 초에 있었다. 대담에 참여할 때만 하더라도,
군대 문제가 한 해를 가득 채울 줄은 몰랐다. 제대를 3개월
앞두고 총기 난사를 벌인 임 병장, 동료 부대원들에게 사실상
고문을 당해 비통하게 죽은 윤 일병. 비참한 군대의 현실이
떠오르자 권력자들은 다시 위원회를 꾸리고 개혁을 말했다.
보수 언론까지 입을 모아 군대 인권을 언급하며, 외국 사례들을
꺼내들었다. 거대한 군대의 문은 이렇게 젊은이들이 죽어 나올
때만 잠시 열린다. 매번 기대를 하지만, 요란하기만 할 뿐 결국
문은 다시 닫혀버린다.
김종대 선생은 새로 꾸려진 병영혁신위원회에 민간 위원으로
포함되었다. 몇 안 되는 '비판적' 민간 전문가로서 참여했다.
외로워 보였다. 참여하면서부터 그는 들러리만 될 것이라면
사퇴하겠다며 결기를 보였다. 위원으로 활동하며 그는 자기가
보고 들을 것을 글로 썼고, 또 말을 했다. 기대하며 그를
지켜보지만, 그도 우리도 쉽게 무언가가 바뀔 수 없다는 것을 안다.
반복되는 개혁 실패에 대해 군대의 폐쇄성이나 정권의 의지

부족을 비판하는 것으로는 충분하지 않다. 군대 개혁 문제에서 저 둘은 고정된 상수에 가깝다. 개혁의 대상이 스스로를 개혁하는 법은 없기 때문이다. 오히려 실패 원인을 군대 문제에 대한 '운동'의 부재에서 찾는 편이 정확할 수도 있다. 이슈가 커졌을 때에만 몇 마디 외치고 말았던 것은 아닌지, 군대의 닫힌 문을 다시 열기 위해 집요하게 그 문을 두드렸는지 성찰해보아야 한다.

늦었지만, 다행히도 조금씩 운동이 만들어지고 있다. 윤 일병 사건을 세상에 알리는 데 결정적 역할을 한 군인권센터를 비롯하여, 병역거부운동을 주로 했던 전쟁없는세상도 활동의 폭을 군사주의 일반으로 넓히고 있다. 뿐만 아니라 다양한 활동가들이 군대 문제를 자신의 영역으로 고민하기 시작했다. 이 흐름에서 본다면 김종대 선생은 전문가로서 물꼬를 튼 역할을 했다고 할 수 있다.

김종대 선생을 만난다고 했을 때 주변에서 "드문 민간 군사 전문가이긴 하지만 평화주의랑은 지향이 다르지 않을까"라는 반응이 지배적이었다. 평화주의를 어떻게 정의하느냐에 따라 다르겠지만, 내가 만난 그는 평화주의 운동과 공통분모가 훨씬 많은 사람이었다. 돌아보면 한국의 평화주의 운동은 원칙만 있었지, 구체적인 개입의 지점이나 내용을 가지고 있지 못했다. 신생 운동이라는 이유로 그 앙상한 원칙주의가 합리화될 수는 없다. 그의 구체성과 풍부함을 평화주의 운동이 나눌 수 있기를 바란다.

종교

정의로운
전쟁
vs
정의로운
평화

강인철 ● 한신대 종교문화학과 교수
박정경수 ● 평화 활동가

여호와의증인과 재림교회의 병역거부

박정경수　먼저 제 개인적인 경험에서부터 이야기를 시작해봤으면 좋겠습니다. 제가 대학을 다닌 시기는 2000년대입니다. 제 또래들에게 2001년 아프간전쟁과 2003년 이라크전쟁은 충격적인 사건이었습니다. 전쟁이라고 부르는 것도 망설여지는 일방적인 침공이었지요. 전쟁은 당연히 나쁜 것이란 생각을 하고 있었지만 과거 한국의 베트남 파병도 경험해보지 않은 세대에게 전쟁과 파병은 그때까지 그저 머릿속에만 있던 생각이었죠. 그렇지만 2003년 아프가니스탄에서 전쟁이 일어나고, 곧 2004년 한국군 파병에 대한 찬반 논란이 일자 군대에 가야 할 저나 제 또래의 친구들은 바로 이 문제를 진지하게 고민할 수밖에 없었습니다. 군대를 간다는 것이 무엇인지, 그리고 파병 국가의 군인이 된다는 것은 또 무엇인지. 다양한 대안 매체를 통해 뉴스 이면에 숨어 있던 진짜 전쟁의 끔찍함을 조금씩 알게 되면서 자연스럽게 파병과 전쟁에 대한 반대를 고민하게 되었습니다.

_____ 정의로운 전쟁 VS 정의로운 평화

저는 그즈음 교회에 출석하고 있었습니다. 제가 나가던 교회는 한국의 교회 지형에서는 굉장히 독특한, 나름대로 대안적인 교회를 지향하는 들꽃향린교회라는 작은 교회였습니다. 교회 안에서도 평화에 대한 특별한 고민이 있었기 때문에 제가 병역거부를 선언했을 때도 "고생해라" "수고한다"는 격려와 위로를 받을 수 있었습니다. 물론 교회에서 주변 사람들이 그렇게 이야기한 거지, 교회를 넘어서 개신교 교단 차원에서는 특별한 관심이나 언급이 없었습니다. 그런데 제가 개신교 신자라는 것이 알려지자 오히려 교단 밖에서 많은 분들이 연락을 해 왔습니다. 특히 메노나이트나 퀘이커와 같은 역사적 평화교회라고 부르는 교회들, 또는 재림교회(제칠일안식일예수재림교회) 같은 소수 교단의 사람들이었죠. 그분들의 이야기를 들으면서 '개신교 병역거부에 이런 역사와 고민들이 있었구나'를 거꾸로 알게 되었습니다. 제 신앙생활에서 굉장히 중요하게 여겼던 것은 예수에 대한 관심과 존경이었는데, 병역거부의 과정에서 교회의 역사가 차지하는 의미와 중요성을 다시 배우고 또 깨닫게 된 것이죠.

또한 저나 제 또래는 안티조선운동 같은 비판적 분위기의 영향을 강하게 받은 세대라고도 볼 수 있습니다. 그전까지 한 번도 비판받지 않던 권력들인 조선일보, 사법 권력, 국가 권력, 종교 권력들에 대한 비판이 많던 시기에 저는 오히려 교회를 다니기 시작한 것이었죠. 그중에서도 가장 많은 비판의 대상이 되었던 곳이 개신교였습니다. 제 주위 사람들은 제가 교회에 다니기 시작했다는 말에 많이 놀라기도 했죠. 진보적 가치와 개신교가 양립할 수 있나 하는 것이 대부분의 반응이었습니다. 그런 반응에 저도 적잖게 충격을 받았습니다. 불교든 기독교든 저는 원론적으로는 크게 다르지 않다고 생각했는데 이미 사회에서는 교회 권력에 대한 날선 비판적 시선이 존재하고 있었고, 여러 가지 비판들 중에 교회 세습과 함께 특히 전쟁, 남북관계 등 평화와 관련된 비판은 저에게 깊은 신앙적 고민을 주기도 했습니다.

지금도 저는 자유롭게 교회를 다니고 있고 요즘에는 교회 밖에서 다소 보수적인 교단의 친구들도 제법 만나고 있습니다. 병역거부 문제가 대단히 민감한 주제라고 생각했는데, 교회에서 활동하는 친구들을 만나다보니 의외로 그렇지 않다는 사실도 알게 되었습니다. 나이 드신 분들이야 물론 그렇지 않겠지만 제 또래들 사이에서는 원론적으로 전쟁은 나쁜 것, 반대해야 하는 것 아닌가라는 반응도 쉽게 접할 수 있고, 제가 교인으로서 병역거부를 고민했다는 말에 쉽게 동의하는 친구들을 만날 수 있었습니다. 교회도 조금씩 변화되고 있는 것은 아닌가 하는 생각도 한편으로는 해봅니다.

강인철　　교회 내부에도 어느 정도 편차가 존재하겠지요. 이 문제에 대해서는 다양한 접근이 가능할 겁니다. 말씀하신 대로 병역거부를 선언했을 때 가까운 주변 사람들의 반응이 어떠했는가에 주목하는 미시적-일상적인 접근도 가능할 것이고, 교단 차원의 공식적인 입장 표명이 어떠했는가의 문제로 좀 더 거시적-제도적인 접근을 할 수도 있겠죠. 병역거부자와 주변 사람들의 일상적 상호작용을 미시적으로 관찰해보면 병역거부의 등장이나 지속에 기여하는 요인들을 더 정확히 알 수 있을 거예요.

여기선 사회학에서 통용되는 '중요한 타자'나 '준거집단' 같은 개념을 활용해보면 좋을 것 같아요. 예를 들어 현재 출석하고 있는 교회의 목회자, 부모님, 아주 친한 친구, 자신의 신앙적 멘토 등 평소 중요한 타자나 준거집단이라고 여길 만한 분들이 자기가 병역거부의 결심을 밝혔을 때 따뜻하게 격려하고 지지하고 위로해준다면 병역거부를 결행한 후 여러 어려움에도 불구하고 계속 고수할 확률이 높겠죠. 반면에 그렇지 못하면 병역거부는 훨씬 더 어렵고, 버티기 힘들고, 너무나 고통스러운 일이 될 겁니다.

국내에도 비교적 잘 알려진 피터 버거라는 미국 사회학자는 신념의 설득력 내지 신빙성에 대한 사회적 지지를 의미하는 '설득력 구조plausibility structure'라는 개념을 사용하는데요, 이것은 "각각의 세계가 거기에 자리 잡고 있는 사람들에게 실재적인 세계로서 계속 존속하기 위해서 요청되는 사회적 토대"(피터 버거, 《종교와 사회》, 이양구 옮김, 종로서적, 1981, 57쪽)로 정의됩니다. 우리 역사에서 보면, 1970년대에 재림교회와 여호와의증인 교단에서 각각 병역거부자가 나왔을 때, 설득력 구조가 아주 판이하게 작동하는 모습을 확인할 수 있습니다.

재림교회의 경우 1976년에 마지막 병역거부자가 나온 뒤 더 이상 병역거부를 하지 않고 있습니다. 그 직전인 1975년에 삼육대학교의 신학과 학생이던 오정채라는 분이 집총 훈련을 금지

강인철 + 박정경수

하는 재림교회의 교리를 내세우면서 필수과목인 교련을 거부했어요. 그 당시는 대학에서 교련을 거부하면 바로 강제 입영을 시키던 때였죠. 그분이 교련을 거부해서 훈련소로 끌려갔고 거기서도 집총을 거부하고 있는데 이때 정말 존경하던 신학과 은사님이 면회를 와서 격려와 위로는커녕 집총거부를 그만두라고 강하게 설득을 하는 거예요. 가족들도 마찬가지였고. 오정채 씨는 비슷한 시기에 여호와의증인 교단의 병역거부자와 자신의 처지를 비교하면서 자신이 겪었던 외로움, 고립무원의 처지를 회고록에서 토로한 바 있습니다. 해당 대목을 잠시 인용해볼게요.

"나의 마음속을 강하게 엄습하는 생각은 내가 너무 외롭다고 하는 것이었다. 한국 재림교회 안에 나의 길을 같이 걷고 있는 형제들이 또 있는 것도 아니고 나를 가르치셨던 교수님들마저 나의 가는 길에 회의를 표시하고 계시니 나는 천지간에 홀로 처하는 사람처럼 몹시도 외롭다는 생각이 들었다. 내가 당시 들은 이야기는 집총을 거부한 한 여호와의증인 병사에게 그 부모가 면회 왔기에 헌병대에서 허락을 주었더니 그 부모는 아들을 만나자마자 '아이구 내 아들 장하다. 믿음으로 끝까지 승리해라' 하고 아들을 격려하는 바람에 다시는 여호와의증인들은 면회를 시켜주지 못하게 했다는 것이다. 적어도 여호와의증인 집총거부자들은 가족들과 교우들과 교단의 지지를 받고 있었던 것이다."(오정채, "내가 겪은 군복무: 집총 문제를 중심으로", 오만규 엮음,《집총거부와 안식일 준수의 신앙양심》, 삼육대학교 선교와사회문제연구소, 2002, 545쪽)

여호와의증인 병역거부자들은 재판을 받을 때도 신자들이 방청석을 가득 메운 채 응원해주고, 감옥에 있을 때도 가족, 친지, 교우들이 계속 면회를 와서 외롭지 않게 해줌과 동시에 용기를 불어넣어주고, 출소한 이후에도 신자 공동체가 환대하고 따뜻하게 품어주면서 역경을 이겨낸 것을 치하해주죠. 반면에 재림교회는 이미 집총거부운동을 지탱해주던 설득력 구조가 거의 완전히 해체된 상태였죠. 결국 오정채 씨는 집총거부 의지를 접을 수밖에 없었고, 다른 일반 사병처럼 군복무를 마친 뒤 재림교회 목사가 되었습니다. 물론 지금 생각하면 이런 일련의 일들이 개인에게는 아주 부끄럽고 고통스러운 기억으로 남아 있을 수도 있겠죠.

국가가 현대판 배교를 강요하다

박정경수 저도 병역거부를 하고 감옥에 갔을 때 여호와의증인들과 오랜 시간을 함께 생활했습니다. 또 전도를 목적으로 재림교회에서도 감옥으로 위문 방문을 많이 오셔서 만나본 적이 있습니다. 호기심에서 병역거부에 대해 많이 물어봤죠. 적어도 제 경험 안에서는 일단 재림교회 분들은 병역거부에 대해 잘 모르시더라고요. 재림교회가 예전에 병역거부를 했다는 사실을 잘 모르거나 그냥 그랬던 적이 있다더라 정도였습니다. 반면 여호와의증인 신자들은 본인이 여호와의증인이 아니더라도 부모님 때문에 감옥에 오는 경우도 있다는 것을 알았습니다. 양심적 병역거부를 하려다가도 부모님 때문에 감옥이 아닌 군대에 가는 것처럼 말이죠. 그런 분들을 '효도 중립'이라는 이름으로 부르더군요. 여호와의증인 사회에서 자식이 군대에 가는 것은 너무나 수치스러운 일이라고 하니 부모님을 위해서 감옥을 선택하는 것입니다. 여기서 중립이라는 말은 세상에서 여호와를 빼고 누구의 편도 들지 않겠다는 정도로 이해되는데요, 왕국회관(여호와의증인 교회)에 가지 않거나 혹은 여호와의증인 사회에서 이탈해 있음에도 '부모를 위해서 감옥에 들어가는 중립생활을 선택했다'는 이야기를 들으면서 여러 생각이 들더라고요.

한편으로, 그동안 제게 병역거부에 대한 상담을 해 오는 크리스천들이 많았는데 거의 대부분 군대를 갔습니다. 왜 그럴까 생각해보면, 자신을 응원해주는 집단이 없는 것이죠. 너무 외롭고, 교회 사회에서 외톨이가 되고 말았기 때문이 아닌가 생각하게 됩니다. 가끔 병역거부자를 바라볼 때 대단한 신념의 소유자처럼 이야기하는 분들도 있는데, 사실 제가 병역거부를 할 수 있었던 것은 본인의 의지만큼이나 제 주변에 평화운동을 하는 친구들이 많았고 많은 응원을 받았기 때문입니다. 제가 감옥에 갈 때도 저보다 더 많이 눈물 흘려주고 응원해줬던 사람들이 있었죠. 반대로 교회에서, 가족에서 철저히 고립되고 외로워지고 계속 설득을 당하는 과정에서 병역거부를 선택하는 것이 단순한 선택이 아니라 삶을 통째로 버려야 하는 너무 가혹한 상황이라면 그런 가운데 과연 누가 병역거부를 할 수 있을까 싶은 생각이 들었습니다. 그 친구들에게 신념을 지키라고 이야기하는 것이 너무나 책임질 수 없는 말처럼 느껴지기도 하고요. 교회를 바꾸라고 할 수는 있지만 가족을 바꿀 수는 없잖아요.

제가 교회에 출석하면서 느낀 점은 한국 사회에서 전근대적인 방식으로 스킨십이 가장 강력한 집단이 교회라는 것입니다. 특히 큰 교회의 경우에는 개인의 태도뿐만 아니라 결혼이나 사회생활까지 철저하게 교회라는 관계 집단을 통해서 형성된다는 이야기를 이따금 듣게 됩니다. 개인의 사소한 생활과 생각까지도 간섭하려는 집단 안에서 예비 병역거부자가 경험하는 부담감이 엄청난 것은 어쩌면 당연하죠.

강인철   약간 다른 각도에서 이 주제에 접근해볼 수도 있을 것 같아요. 평화교회들이 다 그런 것은 아니지만 한국에서 지금까지 병역거부를 해왔던 재림교회와 여호와의증인은 둘 다 종말론적인 세계관을 가지고 있습니다. 종종 종말론적인 세계관은 현실의 고통과 억압을 더 큰 보상이 따르는 고난으로 재해석할 수 있는 틀을 제공해주는 것 같습니다. 종말론적 세계 인식 자체가 현재의 고통을 긍정적으로 인식하고 받아들이게 도와준다는 것이죠.

박정경수   감옥에서 만난 여호와의증인 친구들과 이야기를 나누다 그들이 생각하는 종말론에 대해 들었던 기억이 납니다.

그런데 한 가지 궁금한 점이 있습니다. 왜 여호와의증인은 지금까지도 병역거부를 하고 있는데 재림교회는 그렇지 못했을까요? 재림교회는 외국인 선교사가 1970년대까지 있다가 그들이 떠나면서 교리가 많이 수정되었다는 이야기를 들었습니다. 그것과 관련이 있을까요?

강인철 그 부분은 저도 자신 있게 말하기 힘듭니다. 재림교회 안에서 교회 운영의 주도권이 외국인 선교사들로부터 한국인 지도자들로 넘어오는 '리더십의 토착화, 한국화' 과정이 있었던 것은 분명합니다. 또 리더십 교체와 집총거부 교리의 변경이 일부 시기적으로 겹치는 것도 분명합니다. 그런데 여기서 주목해야 할 대목은 당시 일부 한국인 지도자들이 군종(군대 내에서 하는 종교에 관한 일) 제도에 대해 취했던 태도 내지 접근 방식입니다. 새롭게 재림교회의 지도부를 구성하게 된 한국인들이 우리도 군종 제도에 참여해보자고 하면서 집총거부 문제를 어떻게든 해결하지 않으면 안 되겠다고 생각했을 수 있죠. 군종 제도에 참여하려면 집총거부 문제로 국방부와 계속 충돌해선 곤란하다는 식의 이야기가 1960년대부터 종종 재림교회 안에서 나왔던 것으로 보입니다.

또 한 가지는 한국 현대사의 역설이랄까, 아니면 '역사의 간계奸計'라고 해야 하나, 그런 무엇이 작용했던 것처럼 보입니다. 우선 재림교회는 군대나 병역의무 자체를 거부하는 것은 아니고 단지 살인 행위에 가담하지 않기 위해 의무대와 같은 '비무장

군복무'를 요구했을 뿐입니다. 여호와의증인처럼 아예 병역 자체를 거부하는 것보다는 조금 더 현실에 순응하고 타협하는 편이었던 것이죠. 그런데 이 타협적이고 융통성 있는 교리 때문에 일단은 신병훈련소에 입소해야 하고 집총거부 이후에는 군형법상의 항명죄로 더 가혹하게 처벌을 받았죠. 처벌받는 과정도 훨씬 더 고통스럽죠. 신병훈련소에서 집총을 거부하면서부터 여러 가지 신체적, 심리적 고통을 당하게 됩니다. 헌병대 영창에 가서도 고통은 계속됩니다. 이후 군사법정과 군대 교도소를 거쳐가게 됩니다.

반면 여호와의증인 신자들은 징집영장이 나와도 신병훈련소에 입소하지 않으며, 따라서 처음부터 민간법정에서 재판을 받고 민간 교도소로 가죠. 여호와의증인 신자들은 병역법상의 병역기피죄로 처벌받기 때문에 군형법의 항명죄로 처벌받는 재림교회 신자들에 비해 형량도 낮아집니다. 결국 거부의 강도가 낮았던 쪽은 더 강한 처벌을 당하고 거부의 강도가 높았던 쪽은 더 약한 처벌을 당하는 상황에서 재림교회는 그런 역설과 모순을 더 이상 견디지 못했던 게 아닌가 싶습니다. 더구나 재림교회가 집총거부 교리를 바꿀 때도 여전히 양심적 집총거부는 포기할 수 없는 부분이라고 생각하는 사람들이 있었고 그들은 결국 집총거부 교리를 지키기 위해 기존 교단에서 떨어져나갔습니다. '재림교회 개혁운동파'로 불린 이 그룹에서는 1980년대 이후에도 몇 명이 집총거부로 감옥에 갔습니다. 국가의 강압 때문에 교리를 포기한 것도 억울한 일인데, 그 과정에서 교단이 분열되는 아픔까지 겪

_____ 강인철 + 박정경수

었던 것이죠. 한국 현대 종교사의 큰 비극이었습니다.

박정경수 예전에 선생님이 쓰신 글에서 국가 권력이 한 종교의 교리까지 바꾸게 했다는 내용을 읽은 적이 있습니다. 여호와의 증인 신자들이 계속 감옥살이를 하고 있는 것만큼이나 재림교회의 사례가 엄청난 국가 폭력이고, 폭력성의 실체를 드러낸 것이라고 할 수 있겠네요.

강인철 그야말로 국가와 지배층 스스로가 헌법 질서에 정면으로 도전하는 행위를 일삼았던 셈인 거죠. 종교의 자유는 헌법상 권리인데 하위 법령인 군형법으로 압박해서 결국에는 종교의 자유가 실질적으로 침해를 당한 것입니다. 교리에 충실하면 처벌받아야 하고 교리를 어기면 처벌받지 않는 상황, 결국 국가가 현대판 배교背教를 강요한 셈이었죠.

정의로운 전쟁 VS 정의로운 평화

박정경수 개신교 신자들 중에 그래도 평화주의를 고민하는 사람들을 퀘이커나 재세례파, 메노나이트와 같은 역사적 평화교회에서 제법 만날 수 있었습니다. 이런 평화주의자들을 주류 개신교에서 좀처럼 만나기 힘든 것은 주류 교단에서 평화주의 감수성이나 평화주의적인 교리를 발견하거나 이야기할 공간이 거의 없기 때문이 아닐까 생각해봅니다.

전쟁과 군대, 특히 병역거부와 관련해서 역사적인 이야기를 해보면 좋겠습니다. 특히 한국 교회, 한국 종교가 아닌 종교 전체를 봤을 때 전쟁에 대해 어떤 입장을 밝혔으며 어떻게 참여 혹은 반대를 해왔는지, 근대적인 의미의 병역거부가 등장했을 때 각 종교들은 어떤 태도를 취했는지요.

강인철　　그리스도교가 초기에는 평화주의pacifism 입장을 취했지만 로마제국에 의해 공인되고 국교가 된 이후 '정의로운 전쟁 Just war'으로 입장이 바뀌었다는 것은 널리 알려진 사실이죠. 정의로운 전쟁 교리의 기초를 놓은 성 어거스틴은 어떤 전쟁이 정의로운 것이 되기 위해서는 정의로운 명분, 정당한 권위, 올바른 의도라는 세 가지 조건이 요구된다고 보았습니다. 정의로운 전쟁 교리는 전쟁을 '정당화'하는 동시에 전쟁을 '제한'하는 이중적 기능을 갖고 있지만, 실제 역사 과정에서는 정의롭지 못한 전쟁을 정당화하는 수단으로 종종 악용되었습니다. 어쨌든 4세기부터 지금까지 정의로운 전쟁론이 천주교의 공식적인 입장이고, 개신교를 포함한 그리스도교 주류의 입장이라고 말할 수 있습니다. 그렇지만 십자군 전쟁 당시 성스러운 전쟁Holy war, 곧 성전론이 지배했고 1차 세계대전 때도 성전이 언급되는 등, 정의로운 전쟁이냐 신성한 전쟁이냐에 대한 논쟁은 간헐적으로 계속되어왔다고 볼 수 있죠. 하지만 너무나도 참혹했던 두 차례 세계대전 이후로 성전론은 그리스도교 내부에서는 거의 사라진 것 같습니다. 물론 한국은 예외였고요.

종교개혁을 통해 개신교가 탄생할 당시 몇몇의 소규모 비주류 교파들이 무저항, 반전, 평화의 입장을 취했습니다. 이들은 보통 '평화교회Peace churches'라고 불리는데, 그중에서도 메노나이트, 퀘이커, 형제단교회는 나중에 '역사적 평화교회'라는 이름으로도 불리게 됩니다. 자신들의 평화주의적 입장을 지배 세력으로부터 인정받지 못한 이들은 박해를 피해 유럽대륙 안에서 이리저리 이주를 다니거나 아예 대서양을 건너 북미 쪽으로 넘어가기도 했죠. 메노나이트 교단의 경우 1870년대 러시아에서 1만 5,000명이 미국으로, 1920~1950년에도 4만 명 이상이 러시아에서 북미와 중남미로 집단이주를 하기도 했습니다. 많은 평화교회들이 '무저항'의 입장을 갖고 있었으므로, 국가가 박해를 하면 이들은 그것을 감수하거나 도피(이주)하거나 둘 중 하나를 선택했습니다. 퀘이커 교단은 '비폭력 저항'이라는 입장이었으니 평화교회 안에서도 약간 다른 입장이라고 할 수 있죠.

유럽 몇몇 나라에서는 그리스도교 평화주의자들의 병역거부 권리가 인정되기도 했습니다. 예를 들어 메노나이트 신자들은 1575년 네덜란드 지방에서, 1780년 프로이센에서 군복무 면제를 인정받았다는 기록이 있습니다. 1647년 영국에서는 크롬웰이 퀘이커 사상에 영향을 받은 탓에 군복무 강요는 인간의 타고난 권리를 침해하는 것으로 선언한 바 있다는 기록도 있죠. 16~18세기에 이런 식으로 평화주의자들의 병역거부 권리를 인정했던 사례가 있습니다. 그러나 나폴레옹 시대 이후 보편적 징병제가 도입되면서 본격적으로 고난이 시작됩니다. 나폴레옹의 프랑스와 맞서 싸운 나라들로 징병제가 확대되면서 말이죠. 그렇지만 보편적인 징병제가 확고하게 집행된 것은 제1차 세계대전 때였습니다. 그전에는 결함이 많은 허술한 징병제였다고 할 수 있죠. 돈으로 용병을 고용하든지 이주를 한다든지 하는 방식으로 얼마든지 징병제를 피해갈 수 있었으니 말입니다. 1차 대전을 거치면서 일부 나라에서 양심적 병역거부자를 위한 대체복무제도가 도입되기 시작한 것은 사실이나, 대다수의 나라에서는 병역을 거부한 사람들이 투옥되었고 심지어 죽임을 당하기도 했습니다.

이야기를 약간 거슬러 올라가서 19세기 초에는 주류 개신교 교단들에서도 평화운동이 등장합니다. 런던평화협회니 뉴욕평화협회니 하는 조직들이 만들어지죠. 이 조직들에는 감리교나 장로교 신자뿐만이 아니라 퀘이커 신자들까지 참여했습니다. 비록 양심적 병역거부나 거부자를 위한 대체복무라는 문제의식에까지 이르지는 못했지만, 국제 분쟁을 전쟁의 방식으로 해결하는 것만은 막아보자는 취지에서 국제법적 중재를 모색하거나 평화 사상을 확산시키기 위한 일을 했습니다.

앞서 말했듯이 1차 세계대전은 매우 호전적인 성전론이 득세하면서 전쟁을 정당화하거나 찬양하는 분위기가 지배했던 시기였습니다. 그런데 전쟁의 참상을 겪은 후에는 다시 평화운동이 크게 일어나게 되었죠. 1920~1930년대를 거치면서 평화운동이 그리스도교 안에서 활성화되었고, 특히 개신교에서 빠르게 고양되고 확산되었습니다. 그 영향으로 성전론은 퇴조하고 그리스도교 진영의 전쟁 교리는 평화주의나 정의로운 전쟁론, 이 두 가지로 압축되었습니다.

이때 주목할 만한 움직임은, 개신교 내에서 초보적 형태로나마 평화주의자들과 정의로운 전쟁론자들이 교류를 시작했다는 것입니다. 에큐메니칼 운동Ecumenical movement(교회일치운동)의 일환으로 교회의 평화적 역할을 숙의하는 여러 모임들이 1차 세계대전 이후 만들어지고 활성화됩니다.

원자폭탄까지 사용된 2차 세계대전은 전쟁에 대한 더욱 뼈아픈 반성을 불러일으켰습니다. 각국의 개신교 지도자들은 2차대전 직후인 1948년 네덜란드 암스테르담에 모여 WCC(세계교회협의회)를 창립합니다. 그런데 창립 당시부터 이미 메노나이트, 모라비안, 퀘이커 등의 평화교회들이 WCC에 정식 회원으로 가입해 있었습니다. WCC가 양심적 병역거부에 대해 명확한 지침을 처음 발표한 때가 1951년 중앙위원회에서입니다. 그리고 1954년 미국 에반스톤에서 열린 2차 총회에서 양심적 병역거부의 권리는 인간의 보편적 권리 중 하나로 인정해야 한다는 입장을 재확인했죠. 그리고 이런 입장이 지금까지 유지되고 있습니다.

이에 비해 천주교는 1965년에 가서야 제2차 바티칸공회 폐막 당시 《사목헌장》(현대세계의 교회에 관한 사목헌장)을 발표하면서 병역거부자들에게 대체복무의 기회를 제공해야 한다는 입장을 처음 밝힙니다. 그마저 대체복무를 당연한 '권리'라고 표현하지 않고 소수자에게 예외적으로 베푸는 은전이나 혜택 정도로 취급했습니다. 개신교는 천주교보다도 14년이나 먼저, 그것도 대체복무제를 시민권 중 하나로 공식화했으니 개신교가 천주교보다 훨씬 전향적이었던 것이죠. 저는 그 비결을 WCC 자체가 처음부터 평화교회와 주류 교단의 협의체로 창립되고 운영되었다는 사실에서 찾을 수 있다고 봅니다. 16세기 종교개혁으로 개신교가 이 세상에 처음 모습을 드러냈을 때부터 평화주의 전통과 정의로운 전쟁론 전통이 주류와 비주류의 두 흐름으로 이어져왔죠. 가톨릭은 공식적으로는 정의로운 전쟁론을 내세웠지만 계속 성전론이 섞여 들어가는 복잡한 양상이었다면, 개신교에서는 이 두 가지 전통이 수백 년 동안 병행하다가 양차 세계대전 사이에 두 전통 간 교류가 활성화됐고 급기야 1948년에는 단일 조직으로 전격 합류했던 겁니다.

박정경수 한국전쟁의 경험에 비춰봤을 때, 전쟁이 끝나면 서로 대립이 더 격화되고 분노의 감정이 커지고 오히려 사회가 더 보수적으로 변했을 것 같은데 양차 대전을 거치면서 전쟁을 반성하고 평화주의가 확산된 것은 어떤 차이 때문이었을까요? 물론 한국은 전쟁 이후 군사독재가 장기화되면서 한국 교회 역시 그 영향을 받았겠지만 둘 사이의 차이가 너무나 드라마틱합니다.

강인철 아무래도 전쟁 기간 중에는 평화주의자들의 목소리가 잘 들리지 않고 전쟁을 찬양하는 목소리가 지배적일 수밖에 없겠죠. 그렇지만 전쟁이 끝나면 전쟁에 대한 반성의 목소리가 자연스럽게 터져 나오게 됩니다. 전쟁의 파괴가 크면 클수록 반성의 목소리도 더 크게 나올 가능성이 높고, 그래서 보통 전후 시기가 평화운동의 고양기가 되기 쉽죠. 한국에선 왜 그렇게 되지 못하고 전쟁을 수차례 겪었음에도 여전히 호전적인 성전론이 두드러졌는지, 1945년 이후 한국에선 어떤 상황이 펼쳐졌는지는 조금 있다 다시 얘기하기로 하지요. 여기선 내친김에 2차대전 이후 시기까지 범위를 확대해서 그리스도교 전쟁 교리(정의로운 전쟁론)가 평화주의적으로 변화되어온 과정을 간략히 개관해보도록 하죠.

앞서 말한 것처럼 개신교의 경우에는 평화주의자들이 WCC 안에서 큰 역할을 담당하면서 평화주의 쪽으로 성큼 다가선 새로운 입장을 만들어나갔습니다. 그렇다면 2차대전 이후의 천주교는 어땠을까요? 천주교가 고수해왔던 정의로운 전쟁론, 이 교리가 얼마나 허약하고 악용되기 쉬운 것인지가 양차 대전을 통해 잘 드러났습니다. 정의로운 전쟁론은 특정한 전쟁을 정의로운 것이라며 정당화하고 정의롭지 않은 전쟁은 탄핵하는 것이어야 하는데, 후자의 기능을 수행하도록 기대된 교리가 실제로는 주로 전자의 기능을 수행해왔던 것이죠. 더구나 1차 세계대전은 사실상 유럽 대륙 내부에서 벌어진 전쟁이었습니다. 유럽은 거의 대부분 그리스도교 국가들로 구성되어 있었는데도 정의로운 전쟁론을 명분으로 내세우면서 서로를 공격했습니다. 교회들이 갈라서서 상대방은 사탄 편, 우리는 정의 편이라고 우겨대니 이런 모순이 어디 있겠습니까. 특히 교황청에서 봤을 때는 형제 교회들끼리 서로를 악마라고 저주하면서 살육 전쟁을 해댔으니 정말 참담한 심정이었겠죠. 그래서 두 차례 세계대전이 끝난 후에는 정의로운 전쟁론이 더 이상은 전쟁을 편리하게 정당화하는 수단으로 악용되지 못하게끔 하는 데 초점을 맞출 수밖에 없었죠. 앞으로 모든 '공격 전쟁'은 정의로운 전쟁이 될 수 없다, 다시 말해 오직 '방어 전쟁'만이 정의로운 전쟁의 자격을 갖는다, 방어 전쟁조차도 그것이 정의로운 전쟁이려면 '전쟁 결정'을 내릴 때와 '전쟁의 과정'에서 여러 가지 까다로운 의무들을 준수해야만 한다는 등 '정의로운 전쟁'이라는 타이틀이 남용되지 않도록 정의로운 전쟁론을 세련되게 다듬어왔습니다. 따라서 2차 세계대전 이후 30~40년 사이에 천주교와 개신교에서 진행되었던 전쟁 교리의 변화 방향을 압축적으로 정리하자면 "정의로운 전쟁론과 평화주의의 상호적인 접근과 수렴" 또는 "정의로운 전쟁론의 평화주의적인 전환"으로 요약할 수 있겠습니다.

2차 세계대전 이후 그리스도교 전쟁 교리의 변화 과정에서 또 하나의 중요한 분기점은 1980년대 말부터 1990년대 초의 시기였습니다. 1989년 베를린 장벽과 함께 냉전 체제가 허물어지던 그 무렵 개신교에서는 WCC를 중심으로 종전의 '정의로운 전쟁' 개념을 대신해서 '정의로운 평화'라는 새로운 개념이 만들어졌죠. 정의로운 평화 개념은 단지 '전쟁'이라는 용어를 '평화'로 바꿔놓는 데 그치는 것이 아니라, 정의로운 전쟁론과 평화주의라는 종전의 양대 흐름을 창조적으로 종합해보자는 입장이라고 볼 수 있습니다. WCC 공식 문건에서도 이를 근본적으로 새로운 패러다임이라고 이야기합니다. 종교사회학자 밀턴 잉거는 전쟁에 대한 그리스도교의 입장을 호전성好戰性의 강도에 따라 가장 호전적인 '성전'부터 '정의로운 전쟁' '내키지 않는 슬픈 전쟁' '이번 전쟁에 대한 반대' '비폭력 저항' '무저항', 이렇게 여섯 가지로 구분한 바 있습니다. 여기서 '정의로운 전쟁'과 '내키지 않는 슬픈 전쟁' '이번 전쟁에 대한 반대'까지가 넓은 의미의 정의로운 전쟁론 범주에 속한다고 볼 수 있습니다. 정의로운 전쟁론은 "세상의 모든 전쟁이 불의한 것은 아니다"라는 전제를 여전히 깔고 있습니다. 반면에 정의로운 평화론은 "이 세상에 정의로운 전쟁은 더 이상 없다"라는 확고한 전제 위에서 '비폭력 저항'을 몹시 중요하게 여깁니다. 다른 한편으로 전통적인 평화주의 진영에서도 일정한 내적 반성이 진행되었고, 이런 성찰 과정이 정의로운 평화론의 등장을 가능케 했습니다.

종전의 평화주의는 종교의 공적 책임이나 예언자적 해방 기능을 방기한 채 소극적으로 스스로를 사회에서 격리하고 도피한 측면이 있었다는 것, 따라서 전쟁이 발발하지 못하도록 근본적으로 전쟁의 씨앗을 제거하는 작업, 한마디로 사회 안에 정의를 심고 확대하는 작업에 뛰어들어야 한다는 반성이 요체인 것 같습니다. 그 결과 '비폭력' 노선과 '사회정의를 위한 투쟁과 저항' 모두를 중시하는 정의로운 평화론이 WCC 안에서 폭넓은 지지를 받게 된 것입니다.

WCC 안에는 여전히 모든 형태와 명분의 무력 사용을 거부하는 절대적 평화주의자들이 존재하고, 이들과 정의로운 평화론자들 사이에 어느 정도 거리와 긴장이 있는 것도 사실입니다. 그렇지만 주류 개신교의 지도자들이 종전의 정의로운 전쟁론에서 평화주의 쪽으로 훨씬 과감하게 위치 이동을 시도했다는 것이 정의로운 평화론의 특징입니다. 그렇다고 정의로운 전쟁론을 완전히 포기한 것은 아닙니다. 정의로운 평화론의 곳곳에서 정의로운 전쟁론의 영향이나 흔적을 확인할 수 있습니다. 우선, 어떤 전쟁도 정의로운 전쟁으로 인정될 수는 없지만, '군대'가 아닌 '국제경찰'로서의 역할은 때때로 필요하다는 것입니다. 교회를 포함한 세계의 인도주의 세력들이 이미 벌어진 전쟁이나 제노사이드, 인종청소에서 희생당하는 피해자들을 보호하기 위해 '국제경찰'의 역할을 떠맡을 수 있다, 그런 면에서 정의로운 평화론도 무력 사용 가능성을 전적으로 배제하는 것은 아니라는 겁니다.

1990년대의 코소보 전쟁 때 처음 등장한 '인도주의적 개입'이라는 개념에 바로 이런 문제의식이 일정 부분 담겨 있었습니다. 그러나 당시 코소보에서 인도주의적 개입이라는 명분 자체가 남용되거나 모호성을 드러낸 측면들이 뒤늦게 발견됐습니다. 정의로운 전쟁 교리에도 방어를 위해 과도한 수단을 사용해서는 안 된다는 제한이 있음에도 불구하고 나토군은 당시 세르비아와 코소보 일부를 사실상 초토화시킬 정도로 무자비하고 무차별적인 공습을 퍼부었고 그로 인해 무고한 세르비아계 민간인들이 너무 많이 죽었죠. 당시 나토군의 임무나 행동은 철저하게 '군대'의 그것이었지, '경찰'의 그것이 아니었습니다. 세르비아계에 의해 자행되었다고 주장한 제노사이드의 규모도 과장되었던 것으로 밝혀졌고요. 그러자 코소보 전쟁 이후 WCC에서는 '인도주의적 개입'을 대신하여 '보호책임'이라는 용어가 새롭게 등장합니다. 보호책임은 인도주의 세력의 역할이 군대가 아닌 경찰의 역할로 제한되어야 함을, 희생자들이 호전주의자들에게 피해를 당하지 않도록 지켜주는 역할만 담당해야 한다는 것을 재차 강조하는 개념입니다.

그러나 유엔평화유지군 등이 국제경찰로서 보호책임을 수행하는 과정에서 불가피하게 공격적인 행위에 빠져들지 않으려면 어떻게 할 것인가 하는 문제가 계속 남아 있습니다. 이 문제의 해결책으로 제안된 것이 기존의 정의로운 전쟁론에서 개발된 까다로운 전쟁과 전투 규범과 기준들을 보호책임 의무를 수행하는 국제경찰에게 강력하게 요구하자는 것이었습니다. 정의로운 전쟁론의 영향이 여기서도 확인됩니다. 그럼에도 불구하고 전투 현장에서는 군대와 경찰의 경계가 모호하다는 점이 여전한 딜레마이고, 이로 인해 정의로운 평화론의 수용을 둘러싸고 평화교회들 내부에서 입장이 좀 엇갈리는 것 같습니다. 결국 WCC로 대표되는 개신교 주류 진영에서는 정의로운 전쟁론자들은 주변으로 밀려나고, 그 대신 정의로운 평화론자들과 전통적인 평화주의자들이라는 두 블록을 중심으로 전쟁 교리의 담론지형이 재편되고 있다고 볼 수 있습니다.

한편 천주교에서는 1990년대 이후에도 여전히 정의로운 전쟁론이 정통 교리로 명시되어 있습니다. 저는 개신교와 비교할 때 천주교의 경우 어떤 근본적인, 나아가 치명적인 한계를 안고 있다고 보는데요. '국가종교'와 '종교국가'를 구분해볼 때, '종교국가'라는 매우 예외적인 국가 형태의 전형적인 사례가 바로 교황청이라고 할 수 있죠. 국가종교가 '국교'를 가리킨다면, 종교국가는 '국가로서의 종교Religion as a state'를 가리킵니다. 종교국가에서는 종교가 하나의 독자적인 국가를 이루고 있다보니 자연스레 국가를 지켜야 할 필요성이 생겨나고, 그러다보니 자연스럽게 무기의 필요성, 군대의 필요성까지 긍정하게 되는 것이죠. 현 시대에 '평화의 사도' 이미지를 대표하는 인물이 교황과 달라이 라마일 텐데 공교롭게도 두 분 다 종교국가의 수장입니다. 교황과 마찬가지로 달라이 라마도 군대의 필요성을 부정하지 못합니다. 종교가 국가권력을 직접 장악하고 운영하는 한 영원히 벗어날 수 없는 딜레마인 것이죠. 더 나쁜 일은 이런 상황을 '현실주의'로 포장하면서 평화주의자들을 '순진한 이상주의자'로 폄하하는 것입니다. 이 경우 종교국가의 딜레마는 모순에 찬 비극으로 변화합니다. 어쨌거나 가톨릭은 앞으로도 상당 기간 동안 정의로운 전쟁론에서 벗어나지 못할 것 같다는 불길한 생각이 듭니다.

박정경수 저는 병역거부를 하면서 정의로운 전쟁론을 처음 들었고 주변의 개신교 신자들은 정의로운 전쟁론 자체를 알지 못하는 경우가 많았습니다. 좀 알고 있다고 해도 한국 사회는 여전히 정의로운 전쟁이 가능한가, 불가능한가, 정의로운 전쟁을 수용할 수 있는가 수준의 토론에 머무르는 것 같습니다. 한편으로는 정의로운 전쟁론 정도의 입장마저도 한국 교회의 수준에서는 종종 진보적인 느낌을 받기도 하니까요.

강인철 　사실 정의로운 전쟁론 안에서도 아직 더 따지고 들어가야 할 난제들이 남아 있습니다. 앞에서 언급한 '이번 전쟁에 대한 반대', 바로 이게 병역거부권으로 따지면 '선택적인 양심적 병역거부'라고 할 수 있죠. 그러나 이 권리를 인정하는 나라가 거의 없습니다. 미국의 경우 1971년 대법원 판례가 있는데 그때 '모든' 전쟁에 반대하는 사람에게만 대체복무의 권리를 허용한 것이지, '특정' 전쟁만 반대하는 사람들의 병역거부 권리는 인정하지 않았죠. 이런 면에서 미국은 평화주의자의 병역거부권은 인정하나 정의로운 전쟁론자의 병역거부권은 여전히 인정하지 않는 나라라고 말할 수도 있습니다. '양심적 납세거부'라는 문제도 남아 있습니다. 불의한 전쟁에 들어가는 비용의 조달에 기여하는 것을 거부할 권리, 즉 자신이 낸 세금 중 전쟁 비용에 해당하는 부분을 다른 평화적인 목적으로 사용하도록 요구할 권리를 인정하는 나라도 거의 없습니다. 이런 점에서 정의로운 전쟁론 자체도 더 급진적으로, 더 실효성 있는 것으로 만들어갈 여지가 있다고 봅니다.

박정경수 선택적인 양심적 병역거부나 양심적 납세거부에 대해 들으니 여전히 시민불복종으로서 확장해야 할 권리의 문제가 적지 않다는 생각이 드네요.

한국에서도 직접행동, 시민불복종의 차원에서 병역거부 말고 또 다른 전쟁반대행동이 무엇이 있을까 고민해보면서 제법 오래전부터 전쟁 비용, 국방비 등에 대한 납세거부를 고려해본 적은 있습니다만, 세금의 항목이 분명하게 분리되어 있지 않다보니 사회적 저항으로 만들어낼 여지가 별로 없다는 의견이 많았습니다. 외국에서는 납세거부 등과 관련한 사례가 약간 있는 것으로 알고 있습니다.

강인철 매우 드물지만 유사한 사례가 간혹 있었던 것 같습니다. 예를 들어 2차 세계대전 당시 미국의 메노나이트 교단은 반강제적으로 할당되어 '준조세' 성격이 강했던 '전쟁채권'을 구입하지 않는 대신, 미국 재무부와 협상을 벌여 이를 '시민채권'으로 바꾸어 전쟁 목적으로 사용되지 않게끔 하는 데 성공했다고 합니다(가이 허쉬버그, 《전쟁, 평화, 무저항》, 최봉기 옮김, 대장간, 2012, 189~190쪽 참조).

한국 교회는 병역거부를
어떻게 받아들이는가

박정경수   이제 한국 종교에 대한 이야기를 해봤으면 합니다. 병역거부에 대해 가장 크게 반대하는 집단으로 한국 주류 개신교가 꼽힙니다. 왜 한국 주류 개신교가 그토록 병역거부를 반대하는지에 앞서 한국 종교계에서 전쟁에 대한 입장이 어떻게 변화해왔는지 궁금합니다.

강인철   제가 보기에 1991년과 2001년은 전쟁과 병역의무 문제를 바라보는 한국 종교계의 시각에서도 매우 중요한 분기점이었습니다. 1991년에는 한국에서 처음으로 해외파병 반대운동이 벌어졌고, 2001년부터 주류 종교들에서 양심적 병역거부자들이 등장하기 시작했어요. 넓게 보면 한국 그리스도교의 전쟁에 대한 태도 역시 성전, 정의로운 전쟁, 평화주의, 이렇게 세 가지 입장으로 나눠볼 수 있을 겁니다. 1991년 걸프전에 한국군이 파병되기 이전에는 대체로 개신교든 천주교든 성전 입장에 가까웠습니다. 한국전쟁과 베트남전쟁 당시 그런 입장이 적나라하게 드러났죠. 불교계 역시 승려들의 의병 활동 등 '호국불교' 전통을 내세우며 성전론에 가까운 주장을 펴왔습니다. 1991년 들어 베트남전 이후 거의 20년 만에 한국군이 대규모로 해외에 파병되고 한국군의 희생이 발생할 상황을 맞게 되면서 처음으로 개신교의《기독교 사상》이나 천주교의《경향잡지》《사목》

등에서 전쟁을 어떻게 볼 것인가 하는 논의가 비교적 활발하게 이루어졌습니다. 그러면서 진보적인 그리스도교인들 사이에서는 정의로운 전쟁론에 가까운 입장으로 비교적 빠르게 논의가 수렴되어갔습니다. 처음으로 성전론이 전쟁 교리의 담론 지형에서 주변부로 밀려났습니다.

그렇지만 1990년대에도 양심적 병역거부의 의미나 역사, 필요성 등에 대해서는 아예 고민이 없었습니다. 문제의식 자체가 없었기에 병역의무 이행을 너무나 당연시했고 때문에 진지한 찬반 논란이나 논란을 통해 입장을 정립하려는 노력이 부재했던 것이죠. 반전평화운동과 양심적 병역거부는 서로 다른 궤도를 맴돌면서 만나지 못했죠. 그런데 수십 년 동안 저기 멀리 떨어진 '타자'의 문제였던 것이 2001년을 계기로 갑자기 더 이상 피해갈 수 없는 현실적이고 당면한 '나와 우리'의 문제로 바뀌었습니다. 특히 한국 3대 종교인 불교, 개신교, 천주교의 주류 교단들에서 병역거부자들이 잇따라 나오면서 각 교단들이 병역거부 문제에 대한 입장 표명을 강요받게 되었습니다. 평범한 청년 신자 몇 명이 거대한 교단을 상대로 신앙고백을 요구한 꼴이 된 것입니다. 이 과정에서 공식 입장을 표명한 곳도 있고 그렇지 않은 곳도 있었습니다.

공식 입장을 표명한 곳은 한기총(한국기독교총연합회)을 중심으로 한 개신교 보수 교단과 천주교의 정의평화위원회 등입니다. 개신교 내에서 중도보수와 진보 성향이 섞여 있는 NCCK(한국기독교교회협의회)는 공식적인 입장 표명을 최대한 늦추려 했습니다. NCCK 인권위원회에서는 나중에 대체복무제 찬성 입장을 공식적으로 결의했다는 이야기를 듣긴 했습니다. 한기총은 양심적 병역거부자들에게 대체복무 기회를 주는 것에 대해 강경한 반대 입장을 표명하고 있죠. 천주교 정의평화위원회는 2005년 12월에 가톨릭교회가 양심적 병역거부자를 위한 대체복무 제도 도입의 필요성을 인정하고 있음을 확인하면서도 남북이 군사적으로 대치하고 있는 안보 현실을 감안할 때 당장 대체복무제를 도입하는 것은 시기상조라는 의견을 발표합니다. 원칙적으로는 찬성하나 지금 당장 도입하는 것은 힘들다는, 지나치게 신중하고 어떤 면에서는 현실 영합적이기도 한 입장이었죠. 불교는 여전히 공식적인 입장 표명이 없는 것 같습니다.

가톨릭의 공식적인 입장이 1960년대에 이미 나와 있고 2013년에는 상당히 진보적인 교황도 등장했으니까 한국 천주교도 조만간 대체복무제에 대해 이전과는 다른 전향적 입장을 내놓을 것으로 기대합니다. 불교의 경우에는 향후 행보를 예측하기가 쉽지 않습니다. 다만 지난 2007년 9월에 노무현 정부가 양심적 병역거부자들에게 대체복무를 허용하겠다고 발표했을 때 환영 입장을 표명한 곳은 NCCK 정도에 그쳤지만, 한기총 등 보수 개신교계를 제외하면 천주교와 불교 어느 곳에서도 반대 입장을 밝히지 않았다는 사실에 주목할 필요가 있다고 봅니다. 이명박 정부 등장 이후인 2008년 12월에 국방부가 양심적 병역거부자를 위한 대체복무제 도입을 보류한다고 발표했을 때 NCCK는 이 결정을 비판하면서 애초 약속대로 대체복무제를 도입하라고 촉구했습니다.

극우 이데올로기를
재생산하는 군종 제도

박정경수 제 개인적인 경험을 말씀드리자면 제가 성공회대학을 다니면서 신앙생활을 시작하고 병역거부를 할 때 저를 후원해줬던 후원회장이 신학과 박사과정까지 한 신학생이었습니다. 같이 신학 공부도 하면서 많이 배웠죠. 그 친구가 뒤늦게 군대를 가게 되었는데 군대 내에서 군종과 비슷한 역할을 했다는 겁니다.

성공회대학은 성공회라는 5만 명 정도의 신도를 가진 작은 교단이 운영하는 학교인데, 그 안에는 진보적인 발언을 많이 하고 통일 관련 활동을 하시는 분도 많았습니다. 그런데 성공회의 가장 중요한 바람 중 하나는 군종 제도에 들어가는 것으로 알고 있습니다. 그것이 성공회의 염원이고 숙원 사업이라는 이야기를 많이 들었습니다. 제게는 큰 충격이었죠. 한국 교회에서 군종 제도라는 것이 얼마나 중요한지 생각해보는 계기가 되었습니다. 한국 교회에서 65만 명 군인을 대상으로 전도를 한다는 것이 어쩌면 교리보다 훨씬 중요한 것이 아닌가 싶었죠.

강인철 한국 종교가 군종 제도를 왜 그렇게 선호하는지에 대해서는 개인 차원과 교단 차원을 구분해서 이야기하면 좀 더 선명해지지 않을까 생각합니다. 먼저 교단 차원의 제도적 이익에 대해 살펴보죠. 무엇보다도 한국에서 어떤 교단이 군종 제도로 진입하는 것은 일종의 종교적 승리이자, 교단 역사에서 크나큰 성취로 해석됩니다. 일찍이 한국에서 군종 제도가 등장한 사실 자체가 엄청난 '신의 축복'처럼 받아들여졌습니다. 한국전쟁 발발 직후 개신교의 주요 교파들과 천주교가 모두 힘을 합쳐서 '군종 제도 추진위원회'라는 조직을 만들었고 재정 부족을 들어 난색을 표하는 이승만 대통령을 직접 설득하는 데 성공해서, 미국 교회의 피선교지 중 최초로 한국에 군종 제도가 도입되었다고 합니다. 그러니 한국 그리스도교 쪽에서 보면 군종 제도의 존재 자체가 얼마나 자랑스러운 일이겠습니까.

박정경수 그렇다면 군종 제도 자체가 한국에서 교회의 성장과도 맞물리는 것이겠네요. 1960년대까지만 해도 한국에서 교회가 그렇게 세력이 크지 않았을 텐데요. 제가 알기로는 CCC(한국대학생선교회)와 같은 선교 단체들이 초창기 군종 제도와 관련이 있다고 들었습니다.

강인철 우리 사회에선 60년 전부터 군종 제도가 교단 발전의 상징이기도 하고, 성과이기도 하고, 교단 발전의 촉매제이기도 했죠. 군종 제도의 창립 이후 오랫동안 그리스도교에 속하는 개신교와 천주교의 참여만이 허용되었기 때문에, 이 제도는 종교적 특권의 상징이기도 했어요. 따라서 여기에 참여하려고 몇 십 년 동안 꾸준히 애썼던 교단이 드디어 군종 제도에 참여하도록 허락받게 되면 대대적으로 환영하는 분위기가 자연스레 조성되었죠. 처음에는 불교에서, 나중에는 원불교에서 이런 일이 벌어졌습니다. 우리나라의 종교 영역을 '종교시장'이라는 관점에서 접근해본다면, 제가 보기에 한국의 종교시장은 둘로 쪼개져 있습니다. 종교시장 자체가 이중구조로 형성되어, 한쪽에는 소수의 거대 종교들로 구성되는 '특권적 종교시장'이 있고, 다른 한쪽에는 별다른 특권을 갖지 못한 수백 개의 군소 종교들로 형성되는 '비非특권적 종교시장'이 있다는 것입니다. 이 두 종교시장 사이에는 어마어마한 진입 장벽이 자리 잡고 있습니다. 그런데 한국에서 군종 제도에 참여한다는 것은 특권적 종교시장으로 진입하는 데 성공했음을 가리키는 핵심 지표 중 하나입니다. 군종 제도 참여 자체가 교단의 사회적 위신이 급상승하는 계기였던 것이죠.

아울러 일단 군종 제도에 참여하면 상당한 선교와 포교 효과가 기대됩니다. 우리는 '군대는 선교와 포교의 황금어장'이란 말을 자주 듣습니다. 1970년대 초에는 전군 신자화 운동, 다시 말해 '무無종교인'이 전체 인구의 절반이 넘는 나라에서 60만 대군 전체를 '유有종교인'으로 만들어 사회에 내보내겠다는 기상천외한 운동도 벌어졌습니다. 1971년부터 1974년까지가 이 운동의 전성기였는데 이때 14만 5,000명 정도가 3대 종교(개신교, 천주교, 불교)의 새 신자로 입교했다고 합니다.

군종 제도에는 몇 가지 부수적인 효과들도 뒤따릅니다. 그중 상당히 중요한 것으로, 군종 제도가 집권 세력과의 연결 통로이자 유대의 매개로 작용하는 측면이 있죠. 아시다시피 군종 제도는 1951년에 시작됐습니다만 당시는 한국전쟁 시기였습니다. 전쟁 덕분에 군부가 급팽창하면서 지배 블록 내에서 군부 엘리트의 위상이 급속히 높아지던 때였죠. 1961년 군사쿠데타 이후 무려 32년간 군 출신 대통령에 의한 통치가 이어지면서 군부 엘리트는 지배 블록의 핵심이자 최상위 지배자의 지위를 차지하게 됐습니다. 그런데 그 핵심 엘리트들과 공고한 유대 관계를 형성할 수 있는 아주 중요한 채널이 바로 군종 제도였던 것입니다. 이처럼 교단 입장에서 볼 때 군종 제도는 교단 발전과 특권의 상징, 교단의 지위 상승, 엄청난 선교와 포교 효과, 집권 세력과의 연결 통로 형성 등 많은 제도적 이점들을 제공해주는 너무나도 매력적인 제도인 것입니다.

이번에는 '교단'이 아닌 '개인' 차원에서 군종 제도를 한번 들여다보죠. 결론부터 말하자면, 성직자들 개개인의 입장에서도 군종 장교로 선발되어 군종 제도의 일부로 편입되는 것이 긍정적으로 평가될 가능성이 큽니다. 젊은 동료 성직자들과의 치열한 경쟁을 거쳐 군종 장교단의 일원이 되는 것은 중요한 개인적 성취이자 자랑스러운 종교적 경력이 될 수 있습니다. 개신교의 경우 '군종(군목)고시'라는 말이 나올 정도로 힘든 시험을 통과해야 하므로, 군종 장교로 선발되는 것 자체가 교단의 엘리트로 공인받는 일이기도 하죠. 개신교만큼 치열하지는 않을지라도 역시 종단 내부 경쟁을 거쳐 군종 장교(군법사, 군승) 요원을 선발하는 불교의 경우에도, 군종 장교로 임용이 되면 종단의 엘리트 승려로 인정받는 효과가 어느 정도 뒤따르는 것으로 보입니다. 이런 경우 군종 제도에 대해 비판적 사고를 한다는 건 아무래도 좀 어려워지겠죠.

그럼에도 자세히 들여다보면 군종 장교들 사이에서도 미묘한 차이가 발견됩니다. 제가 보기엔 군복무 기간과 군종 장교 선발 과정이 이런 차이를 만들어내는 핵심 요인인 것 같습니다. 우선, 개개인에 따라 다를 수 있겠지만, 전체적으로 보면 군종 장교 중에 장기 복무를 선택하는 이들과 단기 의무 복무 후 곧바로 전역하는 이들 사이에는 사고방식이나 정치 지향 면에서 상당한 차이가 나타납니다. 단기 의무 복무로 군종 장교 생활을 한 이들의 정치 성향은 매우 다채로운 데 비해, 장기 복무를 한 후 영관급 장교로 제대하는 이들은 통상 성직자 사회에서 가장 보수적인 그룹을 형성합니다. 다소 극단적인 예이긴 합니다만, 1980년에 이른바 '10·27법난'이라는 충격적인 사건이 있었습니다. 신군부 세력이 불교계를 '정화'한답시고 군인과 경찰 3만 명 이상을 동원해 총무원과 전국 주요 사찰들을 쑥대밭으로 만들어놓은 일대 만행이었는데, 이 과정에서 '살생부', 즉 수사 대상자 명단을 만들어 신군부 수뇌부에 건넨 이들이 바로 몇몇 군종 장교(군법사)들이었습니다.

또한, 군종 장교의 선발 과정이 개신교나 불교처럼 자발적인 지원과 경쟁에 따른 것인지, 아니면 천주교처럼 위로부터의 강제적 지명에 따른 것인지에 따라서도 군종 장교의 성향이 갈리는 것 같습니다. 경쟁에 따른 선발 모델의 전형인 개신교에서는 앞서 말했듯이 군종 장교로 뽑히는 것을 아주 영광스럽게 생각하는 경향이 강합니다. 더구나 군종 장교로 선발되지 못하면 사병으로 병역을 이행해야 합니다.

반면에 천주교는 신학생 때 사병으로 병역의무를 이미 이행한 신부가 군종 사제로 재입대하는 경우가 많습니다. 그러다보니 군종 장교로 발령받는 것을 영예로 여기기는커녕, 교구장이 내리는 일종의 처벌이나 징계처럼 받아들이는 경우마저 종종 나타납니다. 군종 장교로 임관되기 전에 3개월의 기초 군사훈련을 받아야 하고, 임관된 후에도 3년 이상 의무 복무까지 해야 하니 특히 진보 성향의 신부들은 이 기간을 상당히 고통스럽게 여기게 마련이죠.

박정경수 개신교 신학생들에게 군종 시험은 피할 수 없는 주제다보니 많은 이야기를 들었지만 다른 종교는 잘 알지 못했습니다. 말씀대로라면 군종 제도는 개신교에서 가장 심각한 문제라고 할 수 있겠군요. 저는 감옥생활을 하면서 출소를 하면 정말 연구해보고 싶었던 주제가 감옥 인권 문제와 군종 문제였습니다. 어떻게 신학생들이 한참 공부할 때 이 문제, 군대의 문제를 고민하지 않고 살 수 있을까 싶어서, 신학생 군종 거부 선언을 같이 해보면 어떨까 하는 생각도 해봤습니다. 그런데 과연 가능할 것인가 생각해보면, 대부분은 학교 안에서 통제가 너무 심해서 그런 선언을 마음대로 할 수 없다고 하더군요.

강인철　'신학생 군종 거부 선언'이라, 현재의 개신교 풍토에선 결코 쉽지 않은 일이겠지만 나중에 이 책을 읽는 신학생들이 한번 스스로 토론해보았으면 싶은 주제네요.

그런데 오히려 성직자들의 병역 문제를 둘러싼 사정이 미묘하면서도 절박하기로는 불교가 제일일 수도 있겠다 싶습니다. 왜냐하면 승려가 되면서 지키기로 서약하는 계율 중 하나가 군대를 안 가는 것이거든요. 따라서 군종 장교로든 일반 사병으로든 병역의무 때문에 현직 승려가 군대 조직에 몸담는 순간 불교계율과 충돌을 일으키게 되는 것입니다.

과거에는 대체로 어린 나이에 출가하고 사찰에서도 동자승들에게 중등 이상의 공교육을 제대로 이수하게 하지 않아 학력 미달 사유로 군복무를 면제받는 경우가 많았다고 합니다. 이런 경우는 계율과의 충돌 문제가 아예 발생하지 않습니다. 요즘 40대 이후에 승려가 되는 분들 역시 예비군 연한까지 지난 상태라 별 문제가 없을 것입니다.

그러나 군복무를 피해갈 수 없는 고학력 청년 승려들이 점점 늘어나면서 계율 위반 문제가 심각하게 부각되는 것이죠. 현직 승려가 입대하는 것도 문제인데 총검술 등 살생 훈련까지 정기적으로 강요당하는 난감한 상황이 몇 년 동안이나 계속되고, 육식과 음주, 흡연의 압력 내지 유혹도 강렬하고, 그래서 젊은 승려가 군복무 중에 양심의 고통을 못 이겨 환속하는 일도 왕왕 있다고 합니다. 군법사에게 결혼을 허용하는 문제가 불교계의 뜨거운 쟁점으로 떠오르는 것도 비슷한 맥락에서 해석해야 할 것입니다. 이런 나름의 속사정 때문에 대체복무제 도입을 은근히 바라는 여론이 불교 내에 꽤 널리 퍼져 있다고도 하는데, 어떻게 보면 대체복무제야말로 승려들의 계율 갈등 문제를 푸는 유일한 탈출구라고도 말할 수 있겠습니다.

박정경수 미군의 경우, 종교를 굉장히 적극적으로 활용하는 모습이 보입니다. 한국에서도 종교의 이해관계뿐만 아니라 군대의 이해관계, 병사들의 사기, 통제 측면에서도 종교를 잘 활용하고 있지 않나 싶습니다. 그런데 외국도 대부분 군대에 군종이라는 제도가 있을까요? 혹은 외국에서 이 문제에 대한 문제 제기가 없었는지요? 서구에서는 양차 세계대전을 거치면서 전쟁에 대한 비판이나 입장 변화가 많이 보인 만큼, 전쟁만이 아니라 군대, 군대에서의 종교 활동에 대해서도 어떤 주장이나 의견들이 나온 것이 있었는지 궁금합니다.

강인철 군종 제도는 그리스도교 나라들에서는 오래전부터 존재해왔지만, 이슬람교나 불교 나라들에서는 사례가 드문 것 같아요. 16세기 스위스의 종교개혁가였던 츠빙글리도 몇 년 동안 군종 신부로 일했다고 하죠. 그렇지만 오늘날 우리가 보는 것처럼 군종 병과가 따로 존재하거나 국가공무원 신분으로 군종 장교단이 상설 조직으로 존속하는 식의 군종 제도는 징병제가 본격 도입되기 시작한 19세기 이후에 비로소 널리 확산된 것으로 보입니다. 그리스도교 교세가 강한 유럽 국가들, 북미의 미국과 캐나다, 유럽인들이 이주한 호주, 아프리카의 상당수 국가들에서 군종 제도가 강세를 보입니다. 반면에 아시아와 중동에서는 한국, 말레이시아, 인도, 요르단, 이스라엘 등 소수의 국가들에서만 군종 제도가 운영되고 있습니다.

예를 들어 2009년 2월에 남아프리카 케이프타운에서 제1회 국제군종감대회(IMCCC)가 열렸을 때 참가한 40개 나라들의 지역별 분포를 보면, 유럽 19개, 아프리카 15개, 북미 2개, 아시아 2개, 중동 1개, 오세아니아 1개였거든요. 2011년 10월 오스트리아에서 최초로 '세계 군종교구 대표자 세미나'가 열렸을 당시, 천주교 군종 교구가 설치되어 있던 나라가 35개나 되었다고 해요. 대부분 국가들에서 군종 장교를 공급하는 교단들은 군종 제도 자체를 긍정적으로 평가하거나 당연시하는 경향이 강하고, 군종 장교들 역시 대개 '자발적인 지원'에 의해 충원되고 있기 때문에, 이 제도 자체를 비판적으로 성찰하는 경우는 극히 드문 것 같아요. 1990년대 이후 탈냉전에 따라 징병제에서 모병제로 전환하는 유럽 국가들이 많은데, 모병제 전환으로 인해 군종 장교단이나 군종 교구가 급격히 위축되지 않을까 하는 고민이 오히려 앞서는 것 같아요.

박정경수 주변에서 군종과 카투사는 군대 내에서 계급을 분리하는 장치와 같다는 생각도 듭니다. 어차피 군대를 가야 한다면 군종으로 가겠다, 군사훈련을 받는 것보다 종교생활을 하겠다는 명분도 생기는 것이니까요. 그런 상황에서 군종 문제를 어떻게 병역거부와는 또 다른 결로 한국 사회에서 의제화할 수 있을까 고민입니다. 어찌 보면 더 민감한 주제가 될 수 있을 것 같습니다.

강인철　지금의 우리 현실에서 군종 제도의 존폐 문제를 거론하기는 정말 어렵겠지요. 거론하더라도 단기간 내에 의미 있는 변화를 이끌어내기 어려워 보이는 것도 사실이고요.

　군종 제도 자체가 군대와 전쟁을 전제로 한 것이므로, 평화운동이나 평화교회 전통이 강세인 곳에서는 당연히 군종 제도 자체를 비판하는 목소리가 나올 수밖에 없겠죠. 그러나 이 경우에도 군종 제도의 폭력과 전쟁 정당화 기능에 대한 비판에 그칠 뿐, 지배 이데올로기가 종교 조직으로 침투, 확산되는 제도화된 통로, 그럼으로써 종교를 지배 체제로 포섭하는 유력한 수단으로 작용하는 측면에 대한 성찰은 부족한 것 같아요. 한국의 경우에서 보듯 군종 제도는 정교유착의 채널로 기능할 수도 있지요. 그러나 다른 한편에서 보면, 평화운동이 지속적으로 발전하는 가운데 우리 사회의 민주주의가 질적으로 심화되고 군대에 대한 문민통제가 확고부동한 현실로 자리 잡게 된다면, 지금처럼 군종 제도가 극우적 이데올로기를 재생산하고 확산시키는 기능을 하지는 않게 되겠죠.

애국과 반공을
신봉하는 한국 교회

박정경수 저에게는 국가와 교회와 군대가 어마어마한 권력이
자 억압이라는 점에서 분리가 되지 않는 문제입니다. 역사적 맥
락에서 반공과 국가주의에 대한 이야기를 해봤으면 합니다.

강인철 정교분리, 즉 국가와 종교의 분리 또는 분화라는 역사
적 변동에서부터 논의를 풀어봤으면 합니다. 그렇게 하는 게 국
가주의와 종교의 관계라는 논제를 이해하는 데도 도움이 될 것
같아요. 종교 자유의 옹호나 계몽주의적 종교 비판의 맥락에서
정교분리를 정당화하는 담론이 확산되는 가운데, 18세기 말부
터 북미와 서유럽에서 국가-종교 분리가 법적으로 제도화되는
변화가 진행되었죠. 19세기 이후로는 정교분리 질서가 동유럽
과 비서구 지역으로도 확산되어나갔습니다. 정교분리가 국가
측에 초래한 변화는 양면적입니다. 한편으로 종교와의 제도적
분화를 동반하기 때문에 정교분리는 국가의 '세속화'를 의미하
지만, 다른 한편으로 정교분리 이후 국가는 시민종교나 정치종
교라는 방식으로 스스로를 '성화聖化'합니다. 이게 논리적으로
모순되는 것처럼 보이지만, 현실에서는 전혀 그렇지 않습니다.
중요한 점은 '세속화'와 '탈脫성화'가 동의어가 아니라는 것입니
다. 국가의 '세속화'는 국가의 '탈종교화'를 의미할지언정 국가
의 '탈성화'를 뜻하진 않습니다. '세속화와 성화의 절묘한 결합'

이 바로 '근대 민족국가들'이라고 말할 수 있습니다. 그런 면에서 대부분의 민족국가는 '성스러운 세속국가'인 셈입니다. 근대 민족국가의 자기 성화 경향은 종종 국가주의로 나타납니다.

한편 종교는 두 가지 방식으로 국가주의와 긍정적인 관계를 맺을 수 있습니다. 이를 '시민종교' 방식과 '도구주의' 방식으로 부를 수 있을 것입니다. 먼저, 종교가 근대 민족국가의 시민종교의 중요한 일부가 되거나, 시민종교의 토대 역할을 떠맡는 것입니다. 이때 '민족주의와 종교의 상호 접근과 수렴'이 핵심 메커니즘이 되는 경우가 많습니다. 유럽의 경우 처음에는 동방정교회 지역들에서, 다음에는 16세기 종교개혁 이후 서유럽 지역들에서 '교회들의 민족화' 현상이 진행되었습니다. 이처럼 종교는 근대 민족국가의 시민종교 형성과 유지에 기여함으로써 국가주의와 긍정적인 관계를 맺을 수 있습니다.

이것이 근대국가의 '성화' 측면과 관련된 것이라면, 다른 하나는 근대국가의 '세속화' 측면과 관련되어 있습니다. 정교분리 제도, 담론, 의식이 확산될수록, 국가를 종교와는 질적으로 다른 세속적인 기구 중 하나로 간주하는 경향, 그리고 국가를 종교 측면에서 중립적인 도구로 간주하는 경향이 종교인들 사이에 널리 퍼지게 됩니다. 저는 이를 '도구주의적 접근'이라고 부릅니다만, 국가에 대한 비종교적이고 종교 중립적인 이미지에 기초한, 또 그런 이미지들을 당연시하는 태도 및 접근 방식 정도로 그 의미를 압축할 수 있을 것입니다. 국가의 세속성을 전제하고, 국가-종교의 관계를 상호 간에 지지와 특혜를 교환하는 계산적인 게임 관계로 간주하고, 종교 조직의 제도적 이익을 증진시킬 유력한 수단이자 귀중한 자원의 보고인 국가권력에 접근함으로써 직접적, 의식적으로는 정교유착을 추구하고 간접적, 무의식적으로는 국가주의와 기존 시민종교를 강화하는 것입니다.

여기서 우리가 유의해야 할 대목은 국가주의와 종교의 긍정적 관계 형성에서 반공주의와 군종 제도가 매우 중요하다는 것입니다. 반공주의와 군종 제도 자체가 서로 긴밀히 연결되어 있기는 하나(한국에서 반공주의 없는 군종 제도를 생각할 수 있을까요), 종교-국가주의의 결합 방식 중 반공주의는 주로 시민종교 방식, 군종 제도는 주로 도구주의 방식의 전형적인 사례이기 때문입니다. 우선, 종교인들은 교단의 이익을 증진시킬 유용한 수단으로 군종 제도를 활용하려고 국가에 접근했고, 그 결과 정교유착이 심화되면서 국가주의에도 기여해왔습니다. 또 대한민국이라는 민족국가의 시민종교에서 반공주의는 오랫동안 핵심적인 자리를 차지해왔습니다. 그런데 종교인들은 선악 이원론을 이용하여 '반공주의의 종교화'에 앞장섰을 뿐 아니라, 자체적으로 구축한 방대한 '반공 인프라'를 통해 끊임없이 반공주의를 재생산해왔습니다. 앞에서 보았듯이, 보수 개신교는 말할 것도 없고 진보적인 천주교 정의평화위원회까지 안보 상황을 들어 반대 입장을 표명할 만큼 반공주의는 우리 사회에서 대체복무제 도입을 가로막는 거대한 장애물이기도 합니다.

박정경수 저는 2007년 감옥에 있었습니다. 그때가 평양대부흥

100년이 되던 해였죠. 평양대부흥은 1907년 1월 14일, 평양의 교회에서 부흥사경회를 하던 중, 선교사와 교회 지도자들이 자신들의 잘못을 공개적으로 고백하면서 이후 고백과 뉘우침, 새로운 삶을 선언하는 운동이 전국의 교회로 확산되면서 조선의 기독교인 수가 폭발적으로 늘어난 사건을 말합니다. 사실 그때까지만 해도 저는 평양대부흥을 잘 몰랐습니다. 그런데 당시 제가 읽던 개신교 잡지들이 이 사건을 다루면서 조금 알게 되었는데, 아마도 당시 그 사건에서 한국 교회는 종교적 순수함과 양적 증가 모두를 욕망했던 것은 아닌가 지금에 와서 생각하게 됩니다.

어쨌든 그 당시 잡지 등을 통해 평양대부흥 사건을 다룬 많은 글들을 읽게 되었는데요. 제가 읽었던 글들은 평양대부흥을 대단히 놀라운 기적으로만 이야기했지, 그 당시 그분들이 남쪽으로 내려오면서 한국 반공 세력의 주축이 되었다는 사실은 그다지 이야기하지 않았다는 생각을 했습니다. 오래된 교회, 역사가 100년이 넘은 교회에 가보면 젊고 의지 있는 목사님들과 상대적으로 나이가 드신 장로님들 사이에 사회를 바라보는 관점의 차이, 격차가 느껴지지만 남북문제에 관해서는 풀릴 수 없는 역사적 맥락들이 있는 것 같습니다. 개인적으로 천안함 사건 당시 저는 충격을 받았습니다. 그 사건 자체도 충격적이었지만, 나름 괜찮다는 교회에서도 장로님들의 기도를 들어보면 너무나 직설적으로 악마에 대한 발언을 하시니 너무 가슴이 무거워졌습니다. 이게 한국 교회가 가지고 있는 역사적 한계인가 하는 생각도 했고요.

또한 이데올로기적인 부분으로 애국이라는 단어가 요즘 정말 종교처럼 느껴집니다. 특히 보수 단체들이 애국을 말할 때 그것이 국가주의의 신성화를 상징하는 단어처럼 들립니다. 교회에서도 애국이라는 단어가 중요한 이데올로기가 아닌가 싶습니다. 교회가 신봉하는 것이 예수나 성경이 아니라 애국이라는 가치가 아닌가 생각할 때도 많습니다. 왜 이렇게 한국 교회가 애국으로 무장되었는가. 당연히 교리적으로는 국가를 경계해야 하는데 이미 교회가 반공 인프라와 같은 맥락에서 거대한 국가기관이 되어 있는 것이 아닐까요.

강인철   충분히 공감이 가는 말씀입니다. 물론 종교가 국가에 대해 항상 비판적이거나 대립적인 입장을 취할 필요는 없겠죠. 실제로 그렇지도 않고요. 그렇지만 국가와 협력을 하든 대립을 하든, 그것은 일단 종교가 국가와 어느 정도 비판적 거리를 유지하는 상태에서 자유롭게 내린 선택이라야 의미가 있죠. 군종 제도의 딜레마는 이 '필수적인' 비판적 거리를 아예 허용하지 않는다는 것입니다. 종교의 대표자 수백 명이 마치 붙박이장처럼 국가 기구 안에 공무원 신분으로 들어가 있기 때문에, 종교 조직의 일부가 국가 기구에 '내부화'되어 있기 때문에, 종교-국가 사이에 비판적인 정치적, 심리적 거리 자체가 존재할 틈이 없다는 것입니다.

대체복무제가
교회에 미칠 영향

박정경수　저는 개인적으로 가톨릭 신자인 고동주 씨가 병역거부를 하는 걸 보고 깜짝 놀랐습니다. 가톨릭 쪽에서는 병역거부에 대한 논의, 토양이 거의 없다고 생각했는데 그렇게 많은 준비가 되어 있을 줄 몰랐거든요. 천주교든 개신교든 1980년대, 1990년대를 거치면서 전쟁에 대한 논의가 소개되거나 이야기된 것이 없었을까 궁금합니다.

강인철　앞서 말씀드린 대로 1990년대 이전에는 한국 종교계에서 전쟁 그리고 평화와 관련된 진지한 담론이 형성되지 못했습니다. 한국은 베트남전 파병 이후 전쟁 없는 시기를 꽤 오래 거쳤죠. 그러니 전쟁이 절박한 현실로 다가오지 않았고, 그로 인해 심층적인 토론도 고민도 없었습니다. 1970년대에 종교계의 민주화운동이 고양되었고 대학가에서 교련 반대운동이 벌어졌으며, 1987년 6월항쟁 이후에는 우리 사회에서 사회운동의 폭발적 발전이 이루어졌음에도 불구하고, 그때까지도 평화운동이나 반전운동은 아직 등장하지 않았습니다. 평화운동은 한국 사회운동의 막내인 셈입니다. 그러다가 한국군이 베트남에서 철군한 지 18년 만인 1991년에 300여 명의 한국군을 쿠웨이트에 파병하게 됐죠. 그 당시 우리 사회에서 파병의 정당성과 필요성을 둘러싼 찬반 논란이 일었고 대학생들 일부가 파병반대 시위를 하고 성명서도 발표했습니다. 그것이 한국 평화운동의 본격적인 출발점이라고 볼 수 있겠습니다. 종교계에서도 걸프전 파병 문제가 공론화되는 것을 계기로 해서 교계 잡지와 학술지들을 통해 비교적 활발한 신학적, 교학적 토론이 이뤄졌습니다. 그리고 잘 아시다시피 평화운동, 파병반대운동이 대중운동으로 발전한 것은 2003년 이라크 파병 때였죠. 양심적 병역거부 문제는 이미 두 해 전인 2001년에 오태양 씨가 거부 선언을 하면서 공론화되었고요.

박정경수 천주교 안에서는 여전히 극히 소수이겠지만 제가 경험한 개신교에 비해서는 병역거부에 대해 지지하고 응원하는 사람이 많아서 놀라웠습니다.

강인철 천주교의 경우 구속력 있는 상급 기관에서 공식 교리의 형태로 양심적 병역거부와 대체복무제 지지를 명문화하고 있었던 것이, 그게 불가능한 개신교에 비해 비교적 빠른 속도로 입장을 모아낼 수 있었던 비결인 것 같습니다. 고동주 씨가 병역거부를 선언하기 2년 전인 2003년에 《가톨릭교회 교리서》한글 번역판이 출간되었고, 양심적 병역거부자의 대체복무제 지지를 명문화한 초기 공식 문헌들인 《사목헌장》(1965년), 《민족들의 발전》(1967년), 《세계 정의》(1971년)가 모두 일찌감치 한글로 번역되어 있었습니다. 그런데 고동주 씨가 거부 선언을 할 때까지만 해도 한국 천주교의 지도자들마저 이런 사실을 거의 모르고 있었어요. 흥미로운 사실은 이 문헌의 번역자들조차 양심적 병역거부에 대해 둔감해서 관련 대목을 부정확하거나 잘못 번역하는 일들이 있었다는 것입니다.

제2차 바티칸공의회 문서로서 양심적 병역거부를 지지한 최초 문서인 《사목헌장》 79항의 경우, 이전 번역본에는 "양심상의 이유로 무기 사용을 거부하며 다른 방법으로 공동체에 봉사하려는 사람들을 위해서는 달리 인간다운 입법 조치를 취하는 것이 타당할 것 같다"(한국천주교중앙협의회, 《교회와 사회: 사회교리에 관한 교회문헌》, 한국천주교중앙협의회, 1994, 385쪽)고 되어 있지만, 2002년에 출간된 《제2차 바티칸공의회 문헌》 개정판에는 같은 부분이 "양심의 동기에서 무기 사용을 거부하는 사람들의 경우를 위한 법률을 인간답게 마련하여, 인간 공동체에 대한 다른 형태의 봉사를 인정하는 것이 마땅하다"로 수정되어 있습니다. "타당할 것 같다"와 "마땅하다"는 어감이 많이 다르죠.

또 세계주교대의원회의 제2차 총회 문헌인 《세계 정의》 59항은 "무저항(비폭력) 전략을 장려하고, 모든 국가는 이른바 양심의 저항을 법으로 인정하고 조절해야 한다"고 번역되어 있지만 (같은 책, 507쪽), "무저항(비폭력) 전략을 장려하고, 모든 국가는 이른바 양심적 병역거부를 법으로 인정하고 규정해야 한다"라고 바꿔 읽어야 무슨 얘기인지 제대로 이해가 됩니다. 어쨌든 세계 천주교회의 구속력 있는 공식 입장이 이런 만큼, 한국 천주교회도 이젠 고집을 꺾고 교황청의 지시에 부응하는 새로운 입장을 내놔야 할 것입니다. 그런 입장 표명이 평화운동과 대체복무제 도입운동에 정말 큰 힘이 될 것입니다.

박정경수 대체복무제도 도입은 전쟁없는세상도 주장하고 있기는 하지만, 유럽연합에서도 의무조항일 정도로 급진적인 주장도 아닌데 유독 한국에서만 난항을 겪고 있습니다. 병역거부 이야기가 나오면 기독교인들이 반대하는 이유로 제일 많이 거론하는 것이, 대체복무를 하면 여호와의증인 신도 수가 굉장히 늘어날 것이란 이야기입니다.

강인철 그런 주장은 근거가 약합니다. 우리 사회에서도 종교적인 이유로 병역거부를 하는 이들에게만 대체복무를 허용하는 식으로 법제화가 되었다고 한번 가정해보죠. 그런데 현재는 종교가 없는 한 젊은이가 자기도 양심적 병역거부자로 인정받기 위해 입교하기로 결심한다면, 그게 어떤 종교가 될 가능성이 높을까요? 이왕이면 사회적 평판도 높고, 또 대체복무자들을 충분히 수용할 만큼 사회복지 인프라가 튼실한 교단의 신자가 되려고 하지 않을까요? 그렇게 본다면, 대체복무 제도의 가장 큰 수혜자는 여호와의증인 교단이라기보다는 기득권을 가진 주류 개신교 교단들이 될 가능성이 훨씬 높지 않을까요?

　시간이 지남에 따라 대체복무제가 자리를 잡고 성숙해지면서 대체복무기간이 현역병 복무 기간과 비슷해지고, 대체복무자에 대한 통제도 좀 더 이완되고, 금전적 보수도 현역병과 비슷한 수준이 되고, 심지어는 국내 민간봉사뿐 아니라 해외 민간봉사까지 허용된다면, 대체복무를 선택할 사람들이 확 늘어날 가능성이 크겠죠. 실제로 독일을 비롯한 많은 나라들에서 대체복무의 여건이 개선되면서 대체복무를 선택하는 이들이 급격히 늘어났다고 하지요. 이처럼 대체복무제가 성실한, 더욱이 점점 수적으로 증가하는 미래의 교단 일꾼들을 양성하는 채널이 되어간다면, 그 엄청난 혜택과 성과의 대부분을 거두어들이는 건 이단 시비에 시달리는 소수 비주류 교단들이 아닌 주류 거대 교단들일 거예요.

박정경수 과거 독일의 경우는 징집 대상자들 중에서 군복무자보다 훨씬 많은 사람들이 대체복무를 하고 있었다고 알고 있습니다. 오히려 독일에서는 2011년 징병제가 폐지되면서 논란이 되었던 것이 이렇게 많은 대체복무자들이 각종 사회복지를 맡고 있는데 이것이 없어지면 국가가 어떻게 감당을 할 것인가 하는 부분이었다고 들었는데요.

강인철 한국에서도 독일과 비슷한 현상이 연쇄적으로 일어날 것이라고 봅니다. 대체복무제의 도입과 확대는 분명 한국의 후진적인 사회복지 수준을 획기적으로 발전시키는 동력으로 작용할 것입니다. 대체복무제 도입 이후 종교사회복지 역시 비약적으로 발전할 것입니다. 자기 교단 신자인 병역거부자들을 수용하기 위해서라도 종교들마다 대체복무기관으로 인정받을 수 있도록 경쟁적으로 사회복지기관과 의료기관을 신설하거나 시설 개선에 나설 테니 말입니다. 발상을 조금만 바꾸면 한기총 등 주류 교단들도 대체복무제가 자기들 교단 발전에도 매우 유용한 제도라는 것을 금방 알 수 있을 텐데, 그렇지 못한 현실이 안타까워요.

대체복무제는 다른 방식으로도 우리 사회의 발전에 기여할 수 있으리라 봅니다. 예컨대 대체복무제도가 도입되면 종교와 양심의 자유라는 쟁점을 다루는 한국 사회의 역량도 한층 성숙해질 것입니다. 예컨대 대체복무 신청자를 심의하는 위원회를 지방 병무청마다 운영하게 될 텐데요, 처음엔 거짓말 탐지기만 없을 뿐이지 거의 취조에 가깝게 조사를 진행할 가능성이 있는데 그 과정에서 "많은 젊은이들의 양심을 이토록 심하게 괴롭히면서까지 대체복무 심사가 이루어질 필요가 있을까?"라는 질문이 자연스럽게 생겨날 것입니다. 한국 민주주의의 아킬레스건 중의 하나인 '남성중심주의적 국가안보 이데올로기'를 완화하거나 극복하는 데도 대체복무제가 크게 기여할 수 있다고 봅니다.

박정경수 저는 오히려 교회 바깥보다 교회 안에서 일어날 일을 생각해보게 됩니다. 군대에 가지 않고 대체복무를 한 남성들이 더 많아지면 교회 안의 분위기가 어떻게 바뀔까 하고 말이죠. 군대 갔다 온 남성들이 주요 직제와 주요 역할을 맡고 있는 교회 안에서 군대에 대한 문제의식, 비판적인 이야기를 꺼낸다는 것은 사실 매우 어렵거든요. 전근대적 가부장사회라고 할 수 있는 교회, 만약 군대에 가지 않는 남성을 긍정해야 하는 과제가 이 교회 안에 떨어졌을 때 과연 교회 안의 분위기가 어떻게 바뀔지 궁금하기도 하고 긍정적으로 바뀔 것이라는 기대도 됩니다.

강인철　　한국 사회의 '마초적 국가안보 이데올로기'는 교회문화에도 상당히 부정적인 영향을 미치고 있다고 봐요. 대체복무제를 도입하는 것은 우리 사회에 만연되어 있는 군사문화를 극복하는 데 기여하는 것은 물론이고, 더 나아가서 '가난한 이를 위한 우선적 선택'에 그치지 않고 '평화를 위한 우선적 선택' 혹은 '군축과 복지를 위한 우선적 선택', 이런 식으로 가치관의 우선순위를 바꿔나갈 수 있지 않을까 싶습니다.

지난 2012년 대통령 선거 당시 야권연대 세력이 대체복무제도 도입 공약을 함께 내세운 바 있기 때문에 앞으로 정치 지형이 변화되고 진보와 개혁으로의 정권 교체에 성공한다면 이 문제가 의외로 쉽게 해결될 수 있을지도 몰라요. 그러나 더 근본적이고 지난하고 장기적일 수밖에 없는 과제이자 해법은 이러한 군사문화와 남성중심적 국가안보 이데올로기를 넘어서는 것, 평화와 복지와 군축의 우선순위를 극적으로 끌어올리는 방식으로 대중의 가치관을 변화시키는 것이겠지요.

박정경수　　제가 출석했던 교회나 기독교인들의 모임에서 제가 병역거부를 했다는 사실은 누구나 알고 있었지만, 저를 의식하면서도 한편 군대에 가는 젊은이들을 축복해줘야 하는 일이 종종 한 교회 안에서 있었습니다. 혹은 군대에 갔다가 돌아온 친구들도 축복해주어야 했고요. 저는 이런 경험이 특별히 중요하다고 생각했습니다. 이렇게 자연스럽게 교회 안에서 사건을 만들어가며 함께 고민하게 할 수 있다면 교회도 조금씩 병역거부자의 고민을 안아갈 수 있지 않을까 하고 말이지요. 저부터도 처음에는 무척 낯설고 어려운 자리였지만 지금은 굉장히 의미 있는 경험이라는 생각이 듭니다. 그리고 그런 경험들이 교회 안에서 자꾸 벌어진다면 예상하지 못한 긍정적인 변화들이 생기지 않을까 기대합니다.

_____ 강인철 + 박정경수

박정경수

2003년, 지구 반대편에서는 매일 무차별적인 폭격이 계속되고 있었다. 그해 미국은 이라크를 침공했다. TV 화면으로 보는 미사일은 번쩍이는 불빛과 함께 이라크의 오래된 도시로 떨어졌다. 폐허가 된 도시에는 탱크와 군인들이 들어갔다. 세계 곳곳의 시민들이 거리에 모여 전쟁을 반대했다. 나도 거리에 나갔다. 그곳에 아직 사람들이 살고 있다고, 죽이지 말라고 외쳤다. 누군가는 인간 방패가 되겠다고 직접 이라크로 가기도 했다. 하지만 미사일은 멈추지 않았다. 그때 내 눈에는 죽어가는 사람들보다 죽이려는 사람들이 더 화가 난 듯 보였다. 교회는 전쟁을 열렬히 응원하고 있었다. 미국도 성스러운 종교의 이름으로 폭격을 계속하고 있었다.

사실 그즈음 나는 교회를 찾고 있었다. 내게도 종교적 심성이 있었고 굳이 그런 마음을 숨기고 싶지 않았다. 병역거부를 준비하면서 역사적 평화교회에 대한 관심도 부쩍 늘어나 있었다. 하지만 누구를 만나고, 어디로 가야 할지 막막했다. 내가 기대하고 있던 교회와 실제 대부분의 교회는 많은 차이가 있었다. 전쟁에 반대하는 교회의 수는 아주 적었다.

병역거부를 준비하던 그때, 지금은 친구가 된 한 가톨릭
신자가 병역거부를 선언했다. 그는 자신의 신앙을 담담하지만
자랑스럽게 이야기하며, 전쟁을 반대하는 자신의 진심을
가톨릭 교회에 전하고 싶어했다. 교회를 향해 전쟁에
반대한다고 말하는 그의 목소리는 단호했다. 친구들과 신부님,
수사님 들이 그를 적극적으로 돕는 모습도 인상적이었다. 그
모습을 지켜보며 신앙과 교회 권력의 낯선 긴장을 지켜볼 수
있었다. 그 사건이 가톨릭 교회에 어떤 변화를 만들었는지는 잘
모르겠지만, 적어도 내게는 작지 않은 희망을 주었다.

감옥에서 출소한 뒤에도 제법 많은 예비 병역거부자들을
만났다. 그중에는 기독교나 가톨릭 신자들도 있었다. 그들도
나처럼 초대교회의 가르침과 역사적 평화교회를 이야기하며
즐거워했다. 하지만 한편으로는 가족과 교회로 인한 어려움을
토로하기도 했다. 그들은 모두 왜 교회가 전쟁에 찬성하는지
이해할 수 없다고 했다. 신앙과 교회 사이에서 갈등하고
있었다. 하지만 교회에 맞서는 것은 개인에게 너무 힘든
싸움이라는 것을 잘 알고 있다. 그들 중에 실제로 병역거부를
선언한 사람은 많지 않았다.

강인철 교수님과 대담을 준비하면서 여러 사람들의 얼굴이
떠올랐다. 대개 나처럼 신앙과 한국 교회 사이에서 갈등했던
사람들이다. 이제는 교회가 국가와 갈등해야 한다는 생각을
했다. 내가 받았던 질문들을 반대로 교회에 돌려주고 싶었다.

어째서 교회는 국가의 나팔수가 되었는지, 한국의 교회는 왜
이렇게 원수를 미워하는 마음이 강해졌는지 물어보고 싶었다.
특히 군종이라는 제도를 통해, 어쩌면 나보다 더 신앙적 신념이
강한 예비 종교인들의 양심에 질문해보고 싶었다. 어쩌면
이러한 질문들만 가득 안고 대담을 진행했는지도 모르겠다.
하지만 이 책을 읽고 있는 독자라면, 질문보다 더 훌륭한
대답을 강인철 교수님과의 대담에서 찾을 수 있지 않았을까
싶다. 적어도 내게는 이 대담이 다음 질문으로 갈 수 있는 좋은
이정표가 되었다. 병역거부로 시작해, 신앙이라는 지도와
평화라는 나침반을 들고 떠나온 이 여행에서 말이다.

젠더

'거부'와 '기피'를 넘어 '탈주'하라

정희진 ● 여성학·평화학 연구자
샤샤 ● 병역거부자, 성소수자, 대학원생
이길준(가리) ● 병역거부자, 소설가, 음악가

한국의 식민지 남성성과
· 탈주자들

정희진   오늘 이야기해보고 싶은 것이 두 가지가 있습니다. 하나는 한국 사회 고유의 특징이라고 할 수 있는 남성 문화, 보통 '식민지 남성성Colonialized Masculinities'이라고 하죠. 이상의 소설 《날개》에서 잘 드러나 있지요. 한국 남성은 로컬의 한국 여성과의 관계에서 자신의 성정체성을 형성하는 것이 아니라 미국 남성이나 북한 남성과의 관계에서 정체성을 형성하죠. 그래서 자신을 피해자라고 생각하고 여성에게 위로받고 싶어해요. '조폭 남성성' '군대 남성성' '지식인 남성성' 등 여러 가지 다양한 남성성이 있는데 한국 남자들의 남성성은 대개 낙오자 정서Loser feeling가 강하죠. 그래서 진보, 보수를 막론하고 술 소비가 많죠 (웃음).

한국 사회에서는 여성이 공사 영역에서 이중 노동을 하는데, 이러한 현실을 여성 지위 향상으로 인식합니다. 여성의 역할이 많아진 것을 여성이 권력을 가졌다고 생각하기 때문에 한국 여성은 겸손하기까지 해야 돼요. 한국은 가부장이 없는 가부장제 사회예요. 여성에겐 최악의 상황이죠. 그래서 저는 '한국적 남성성'에 관심이 많습니다.

우울증은 원래 남성보다 여성, 성소수자와 같은 사회적 약자에게 많이 나타나죠. 그런데 유일한 예외 국가가 한국이에요. 한국 남성들이 유독 우울증을 많이 겪는다고 해요. 자신이 피해자라고 생각하기 때문이죠. 제국주의, 계급, 지역, 학벌…… 이렇게 자신을 피해자라고 생각하기 시작하면 자기 성찰이 어렵죠.

전통적인 서구 이론에서는 남성과 군대의 관계에 주목하죠. 예를 들어 서구에서는 용맹이 남성성의 중요한 부분이죠. 그래서 야전 경험이 많은 군인이 승진을 해요. 그런데 우리나라는 야전 경험이 아니라 '정치'하는 군인이 별을 달아요. 미국에서는 진짜 전쟁을 하는, 소위 말하는 희생정신과 애국심을 가진 이들이 승진을 하지만 한국은 그렇지 않아요. 물론 가장 큰 이유는 한미동맹의 분업 구조 때문이죠. 미군이 국방을 담당하기 때문에 용산 국방부 주변, 수도권 근처 부대에서 권력층에 아부하고 편하게 지내는 군인이 별을 단다는 말이죠. 이런 상황은 전통적인 의미의 남성성은 아니죠. 서구 페미니즘 관점에서 우리 사회의 남성성은 오히려 여성성에 가까워요. 미군에 의존하기. 그러니까 한국에서 남성주의를 사고하려면 젠더 관점도 필요하지만, 탈식민주의 시각이 필수적이라고 봅니다.

두 번째로 하고 싶은 이야기는, 이제까지 거의 대다수의 양심적 병역거부자는 '엘리트'였다고 생각해요. 고학력에 사회운동

_____ 정희진 + 샤샤 + 이길준

조직에 속해 있고 사회적 모순이나 구조를 잘 알고 있죠. 그런데 제가 관심 있는 부분은 그냥 군대를 귀찮아서 안 가는 사람, 단순 기피자, 자발적 루저…… 일본의 히키코모리처럼 말이죠. 1970년대는 군대 갔다 오면 취직도 되고 그랬는데 지금은 그렇지 않잖아요. 대학도 안 가고, 군대 가는 것도 귀찮고, 갔다 왔다는 게 별것도 아니고, 그러니 그냥 '놀면서' 도망 다니는 젊은이들. 이런 사람들이 너무 많아서 병무청에서 일일이 추적할 수 없을 정도죠. 이런 식의 병역기피자, 궤도 안의 삶을 '포기'한 사람들, 학교 안 가는 아이들, 주민등록이 말소된 채 사는 사람들.

일본에서는 1970년대 히키코모리가 많았는데 그 부모 세대들이 죽으면서 그들이 집 밖으로 나오기 시작했죠. 그러면서 사회문제가 되기 시작했어요. 그동안은 부모가 부양을 했는데 부모가 사망하니까 50대가 되어서야 집 밖으로 나오는 거죠. 노숙하고요. 자본주의 문제죠. 이미 어떤 사람들은 경쟁에 뛰어들었지만 어떤 사람들은 경쟁을 해봐야 소용없다는 사실을 잘 알고 있기 때문에, 열심히 살 필요가 없다고 생각하죠. 하루 3,000원만 있으면 살 수 있다, 경쟁 사회에서 억압받으며 살 필요가 없다고 생각하는 겁니다. 교육도 안 받고 취업 준비도 안 하는 사람들. 니트족NEET族(Not in Employment, Education or Training)이라고 하죠. 니트족과 더불어 '힘을 뺀다'는 의미의 탈력脫力 집단, 아무것도 안 하고, 연애도 안 하고 공부도 안 하고 시체처럼 사는 사람들. 소위 귀차니즘의 극단이죠.

그런 차원에서 우리 사회 일부 남성들이 군대를 가지 않고 자발적으로 시민권을 포기하는 경우가 늘고 있어요. 예전에는 군 입대가 시민권 획득의 중요한 문제였잖아요. 병역거부자가 1980년대까지 없다가 이후에 생긴 것은 역설적으로 병역거부자에게 평화운동가로서 시민권이 부여되었기 때문이라고 볼 수 있죠. 예전에는 '빨갱이'로 매도되었지만 지금은 그렇지 않죠. 그래서 저는 여러분처럼 '훌륭한' 병역거부자 말고(웃음) 그냥 기피자, 병역기피자, 도주자, 그런 사람들을 만나고 싶었어요. 치과가 무섭고 싫어서 안 가듯이 군대도 그런 차원에서 안 가는 사람들. 결단이나 신념에서 그런 것이 아니라요.

이길준　　한국 특유의 남성성이란 것에 대해 공감되는 부분이 있어요. 바로 자신을 피해자로 만들면서 자신을 학대하는, 사디즘적이면서 마조히즘적인 속성 말이죠. 이런 남성들은 흔히 볼 수 있다고 생각해요. 예비군들은 물론 병역거부자들 중에서도요.
　　군대에 갔다 온 예비역들의 경우는 트라우마가 있죠. '군대 가서 2년 동안 그렇게 고생했는데……' 하는. 아무래도 군대의 경험을 내재화하는 과정에서 그렇게 되지 않을까 해요. 병역거부자들에게는 감옥생활이 있죠. 힘들면 굉장히 징징대는 스타일도 있고 아무 일도 없었던 듯 밝은 모습을 보이는 스타일이 있는데, 그 중간이 없어요. 요컨대 한국 남성은 트라우마가 왔을 때 표출하는 방법을 모른다는 거지요. 고통을 표현하는 능력이 없다는 것. 어버이연합 분들, 참전 용사 전우회도 사실 트라우마 덩어리고. 우리는 그 사람들을 욕만 하지, 이해를 하진 못하고 있는 게 현실이에요. 이렇게 한쪽에선 자신의 감정을 돌아보고 표현하지 못하고, 또 한쪽에선 그런 그들을 이해하거나 공감하지 못하고 벽을 치게 만드는 구조를 단순히 '군사주의'로 뭉뚱그리기엔 부족한 감이 있어요.

우리가 평화운동을 하면서 이야기하는 군사주의는 비겁한 사람들을 길러내는 시스템이에요. 체제에 순응하고 규칙을 잘 지키고 잘 적응하는 사람들을 길러내는. 학교와 군대, 직장 등 한국의 수많은 통과의례와 생활터전 여기저기서 끊임없이 이런 군사주의, 어떤 폭력의 내재화 문화를 마주하고, 그 안에서 살아가게 되는 거죠. 이 과정을 '비겁하게 살아가기 싫다'는 이유로 거부하는 사람들이 오히려 비겁하다는 말을 들어요. 사회는 병역거부자와 같은 소수자, 혹은 저항자들을 비겁한 사람들이라고 비난하죠. 군대가 무서워서 안 가는 것 아니냐, 비겁하다, 라고.

그리고 말씀하신 니트족에 대한 이야기, 저는 그 사람들이 현재의 시스템을 벗어나는 것을 미약하게나마 시도하고 시스템에 참여하기를 거부, 혹은 유예하면서 시스템에 경고를 보내고 불편하게 만드는, 일종의 탈주자들일 수 있다고 생각해요.

제가 병역거부를 선언하고 농성을 할 때, 뭐랄까, 제 마음대로 할 수 없는 상황이 있었거든요. 다양한 이유가 있지만 그때가 촛불 정국이라는 것도 한몫했죠. 예를 들어 어느 날은 어떤 할아버지가 갑자기 와서 제 손을 잡고 독도를 지켜달라고 하더라고요(웃음). 제가 태권브이도 아니고 어떻게 독도를 지키겠어요? 그래도 알겠다고, 제가 열심히 하겠다고, 그렇게 말해야 하는 분위기였죠.

전쟁없는세상 내에서도 논의가 있었어요. 초기 병역거부자들은 어쩔 수 없이 대의를 위해 희생하는 사람들이라는 이미지를 가져야 했는데, 점점 시간이 지나면서 개인적인 이야기를 앞에 내세우는 병역거부자들이 생겨났어요. 전쟁없는세상에선 그들의 이야기, 혹은 그 방식이 익숙하지 않으니까 처음엔 꽤 의아해했던 것 같아요. 왜 병역거부를 하려고 하지?

그래서 탈주자들이나, 소수자 안의 소수자들이 미약하게나마 생각하고 바라는 것들을 언어화할 필요가 있다고 생각해요. 소견서를 써야 한다고 강요하는 것이 아니라 그들의 생각, 행동을 언어화해야 한다고 생각해요. 군대 가기 싫어, 귀찮아, 이런 것을 사회적 언어로 드러내야 한다는 것이죠. 탈주하는 사람들이 단체에 찾아와서 나는 군대도 싫고, 감옥도 싫다, 대체복무가 도입되어도 안 할 것이다, 그런 이야기를 한다고 해요. 그럼 우리 단체에게 원하는 것이 뭐냐고 하면 모르겠다고 하고. 어떤 병역거부자는 군대에 대한 두려움을 솔직히 드러내기보다는 거창한 신념, 논리로 포장하는 경우도 있었어요. '병역거부자는 진보적이어야 하고 병역거부는 사회운동 차원이어야만 한다'는 강박에 매몰된 안타까운 사례죠.

샤샤　　한 병역거부자는 군대에 가지 않기 위해 일본에 갔다가 거기서 결혼을 하고 일본 시민권을 얻었다고 하더라고요. 군대에 안 가려다가 결혼까지 한 것인데 지금 결혼생활이 군대보다 힘들다고 농담을 하더군요(웃음).

정희진　결혼생활이 군대생활보다 더 힘들다는 건 재미있는 말이네요. 군대에 안 가고 감옥에 가는 것은 희생처럼 보이지만, 사실 따지고 보면 감옥이 군대보다 편한 측면이 있죠. 결혼생활도 그렇고요.

페미니즘처럼 병역거부도 사회에 대항해 자기변호, 자기방어를 해야 하기 때문에 언어가 중요하죠. 엄청난 담론이 필요해요. 병역거부자, 동성애자, 여성들은 치밀한 논리가 있어야 하죠. 예전에 병역거부자 강의석 씨가 이화여대에 와서 뿌린 전단지를 본 적이 있어요. 거기 적힌 내용이 인상적이었어요. 카투사는 스테이크를 먹을 때 왜 한국 군인은 햄버거를 먹어야 하는가, 이런 식의 이야기들이었어요. 군대 내부의 계급 문제로 인한 것, 신의 아들, 장군의 아들, 사람의 아들, 어둠의 자식들······ 이러면서 사람의 아들이라고 생각하는 사람들은 모여서 병역을 거부하자, 너무나 세세하게 적혀 있더라고요. 우리는 똑같은 국민인데 왜 이렇게 차별이 많은 군대에 가야 하는가, 군대에 가지 말자는 것이 아니라 군대를 바꾸자! 대중적인 설득력이 있죠.

1980년대에 대학을 다닌 제 친구들 중에는 40개월 군생활을 한 사람도 있어요. 그런 친구들은 제대하면 사회 적응이 쉽지 않죠. 피해의식도 강하고 반대로 자부심도 강했다가 분노했다가······ 강의석 씨가 제기하는 부분, "가긴 가지만 평등하게 가자"는 담론도 우리가 진지하게 생각해봐야 할 문제라고 봐요.

또한 모병제와 징병제에 대한 것도 중요한 부분이에요. 결론부터 이야기하면 군대가 있어야만 한다면, 징병제를 포기해서는 안 된다고 생각해요. 징병제는 어쨌든 모든 국민이 가기 때문에 군대의 문제가 모든 국민의 관심사가 되고 고통이 분담되면서 군이 통제되는 측면이 있죠. 모병제는 군대가 게토화, 계급화되면서 단절이 일어날 수밖에 없어요. 자본주의가 예전에는 80대 20 사회라고 해서, 누가 80이고 누가 20인지가 보였는데 지금은 99대 1, 그 1퍼센트가 잘 안 보이는 사회가 되었죠. 그런 상황에서 군대에 대한 평화주의적 대안 중 하나는, 징병제를 '고수'하면서 전문성을 약화시키자는 것이죠. 그런 점에서 지원병제도로 가야 한다는 제안은 소름끼치는 주장이에요. 외국은 용병이 있잖아요. 미국은 그걸로 두 가지 이득을 보죠. 가장 마이너리티적인 것이 가장 애국적인 것이 되는 동시에 사회복지 비용이 절감돼요. 알코올 중독자는 국가에서 돌봐야 하는데 그런 사람들이 자발적으로 군대에 가서 애국자가 되어 나오는 거죠. 한국 사회에서 과거에는 군대에 갔다 오는 것이 시민권 획득에 중요했고 그래서 남용된 부분이 있는 것이 분명하죠. 그렇지만 현재 시민권은 계급이나 학벌, 외모로 정해지지, 군대를 다녀왔는가 아닌가와는 점차 무관해지고 있거든요.

수하(강인화) 씨의 논문 〈한국 사회의 병역거부운동을 통해 본 남성성 연구〉를 보면서 왜 우리나라에서 양심적 병역거부 논리를 설득하기가 불가능한지 이해하게 되었어요. "군대 다녀온 사람은 양심이 없는 사람이냐" "국가가 너를 보호해주는데 너는 왜 의무를 다하지 않느냐, 국가의 보호를 거부하느냐, 그리고 그 행위를 왜 양심이라고 이야기하느냐?" 이런 일반적인 질문에 답할 수 있는 논리가 지금 있을까요?

샤샤   한국 사회에서 군대를 다녀온 대부분의 남성들은 우리야말로 평화를 지키러 군대에 갔다, 북한과의 전쟁 위기에서 평화를 지키러, 여성을 지키러 군대에 갔다는 반론을 하더라구요.

성소수자의 병역거부

정희진   병역거부 과정에서 성소수자와 이성애자의 차이가 있겠지요. 성소수자로서 병역거부를 한 경험이 매우 중요하다고 생각합니다. 어떤 사람들은 "동성애자도 군대생활을 잘할 수 있다"고 주장하죠. 동성애자도 군대에 갈 권리가 있다는 담론이 있잖아요.

샤샤   저는 감옥에서 독방을 썼어요. 성소수자에게는 독방을 잘 주곤 하더라고요. 보호 차원이라고 하는데 그 보호가 저를 보호한다는 것인지 다른 수용자를 보호한다는 것인지 모호하기는 했죠. 거의 호텔 VIP룸을 쓰는 것 같았어요. 독방이 몇 개 없어서 권력이 있어야 독방을 쓸 수 있었거든요. 저는 혼자 있는 것을 좋아해서 독방이 편했죠. 가만히 있으면 때 되면 밥도 가져다주고.

　좀 아이러니했던 것은 수용자들 중에서 제가 성소수자였던 것을 알았던 사람들도 있었는데 오히려 밖에서보다 이해해주는 사람이 더 많은 거예요. 워낙 사회 밑바닥 생활을 해왔던 사람들이 많아서 그런지, "나는 너 같은 애를 많이 만났다"고 하는 사람도 있었어요. 참으로 재밌는 것이 사회에서는 위안을 못 받았는데 감옥에서 오히려 위안을 받은 적이 많았어요. 수용자 중에 마약사범이 내 수용 기록표를 우연히 봤는지, 저에게 그러더라고요. 자기 일하던 곳에 트랜스젠더가 많아서 '나는 너를 이해한다'고요. 그 안에는 워낙 다양한 캐릭터가 많았죠. 한편 성정체성이 아니라 병역거부 문제에서도 사회에서보다 감옥에서 더 우호적인 반응이었던 것 같아요. 물론 시비를 거는 사람도 있지만 전반적으로는 무관심하기도 하고 그냥 있는 그대로 받아주는 느낌이랄까요.

　성소수자로서 병역거부가 다른 병역거부자들과 다른 점은, 글쎄요. 게이들이 군대에 대한 두려움이 더 큰 것은 맞아요. 아무래도 남성적인 공간이니까. 반대로 군대에 가는 것을 '꽃밭'에 간다고 하면서 좋아하는 애들도 있지만요. 대부분의 게이는 군대는 싫지만 가는 것이 당연하다고 생각하는 경우가 많죠. 존재를 배반하는 의식이랄까요. 게이한테 군대가 친화성이 있을수 없는 공간이잖아요. 그런데 주류의 생각을 무비판적으로 따라가고 있다고 봐요. 그래서 네가 뭐가 잘났냐, 너 때문에 우리가 더 주목을 받게 되는 것 아니냐, 게이가 병역기피 집단으로 몰리는 것 아니냐, 이런 비난을 받기도 했죠.

정희진　　사회운동을 하는 사람이 더욱 검열이 많고 주류성을 강조해야 하는 경우가 있죠. 페미니스트가 이혼을 하면 더욱 편견이 심해지는 거랑 비슷하죠. 안 그래도 페미니스트에 대한 이미지가 안 좋은데 더 안 좋아질까봐요. 또 페미니스트니까 더 예뻐야 한다 등등. 예쁜 페미니스트는 사람들이 안 싫어한다는 말도 있죠. 게이에 대한 거부감에 병역거부까지 더해진다는 것은 중요한 문제라고 봐요. 나는 '비록' 장애인이지만 좋은 대학을 나왔다, 나는 게이지만 부자다, 이런 식으로 소수자 운동을 하면서 오히려 더욱 주류 지향적인 논리를 펴게 되는 경우가 있죠. 자기가 소수이지만 어떤 부분에서는 중심이라고 말해야 사회적으로 수용되니까요.

이길준　　그래서 앞서 말한 '탈주자'들이 그런 사회운동단체에 오면 더 거부감을 느끼는 것 같아요.

정희진　　어떻게 보면 궤도 안에서 소통을 하기 위해 병역거부를 하는 사람들이 지금까지 양심적 병역거부자였다면, 탈주자들은 국민국가의 성원도 아니고 궤도 밖에 있는 사람들이죠.

샤샤　　저는 병역거부를 하게 된 원인이 제가 게이였기 때문이라고 생각해요. 군대에 막연히 가기 싫었지만 반면 군대에 대한 궁금함도 있었죠. 그런데 내 감정을 설명할 수 있는 언어를 만나면서 근거와 당위성을 찾았어요. 저는 군대에 갔다가 도중에 병역거부를 했는데요. 막상 하려고 하니 용기가 안 나더라고요. 휴가 중에 귀대를 안 하는 방식으로 병역거부를 한 거고, 일단은 군대에 갔죠. 게이라는 것만으로도 살기 힘든데 군대까지 안 가면 한국 사회에서 너무나 살기 힘들 것 같았죠. 상상조차 하기 힘든 금기라고 할까요. 그런데 이미 그런 생각을 하고 있으니까 군대가 견디기 힘든 공간이더라고요. 플라톤이 《국가》에서 말했듯이, 동굴 밖의 이데아의 세계를 알고 있는 사람은 다시금 동굴 안에 있을 수 없는 것처럼. 육체적으로 군생활이 힘든 것보다 정신적으로 너무 힘들었어요. 이 제도에 대한 폭력성을 인식하고 있으니 더 이상 내가 여기 있어야 할 이유를 찾지 못하고, 그러니까 더 이상 군생활, 군대에서 요구하는 일을 따라갈 수가 없는 거예요. 힘들어서가 아니라 의미를 찾을 수 없으니까요. 내가 이 일을 지금 왜 해야 하는가 하는 의문이 계속 드니까 너무 힘들더라고요. 이미 마음이 콩밭에 가 있는 것이죠. 전경으로 차출이 되면서 훈련소에 2개월 있다가 후반기 교육에 들어갔어요. 그때 병역거부를 할 것인지 말 것인지 신중하게 결정을 하려고 책을 두 권 주문했는데 권인숙의 《대한민국은 군대다》, 박노자의 《당신들의 대한민국》이었죠. 그 두 권의 책을 품고 읽었는데 결론은 확실하더라고요. 어떻게 그 책들이 반입되었는지에 대해서는, 군대가 아니라 경찰이어서, 허술해서 반입된 게 아닐까 하는 생각을 해봐요. 그 책들을 읽고 더 이상 안 되겠다고 생각해서 외부와 연락해 병역거부를 결정하게 되었죠. 만약 복무 기간이 얼마 남지 않았다면 병역거부를 하지 않고 그냥 참고 군생활을 하지 않았을까 싶어요.

정희진　　"대한민국은 군대다", 제목이 좋아서 반입된 건 아닐까요(웃음)?

일반화할 수 없는
병역거부의 다양한 결

이길준　　저는 병역거부가 자위권이란 생각이 들어요. 저는 군대 있을 때, 이대로 조금만 더 있으면 미쳐버리겠다, 제대로 살 수가 없겠다는 생각에 늘 괴로웠거든요. 제 병역거부는 어떤 면에서 보면 제 삶이 파괴되지 않게 하기 위한 방어적 측면도 있어요.

정희진　　병역거부자들 사이에 정치적 이유 외에 어떤 스타일, 어떤 공통적인 캐릭터가 있다고 보세요?

이길준　　1세대 정치적 병역거부자들과 지금 병역거부자들의 캐릭터가 달라 보이긴 하죠. 아무래도 서로 속내를 표현할 수 있는 것의 차이도 있을 테고, 병역거부의 과정에서 원인과 양상도 다를 테고요. 어쨌거나 대체로 강인하지 않고, 겁도 많다는 캐릭터가 있을 수도 있겠네요.

사실 이렇게 강인해야 한다고 외치는 주변의 시선은 감옥이 될 때가 많아요. 주변 사람들이 하나같이 대단하다고, 훌륭하다고 외치는데, 이게 제 경험과는 농도나 온도가 다른 거죠. 저는 병역거부 과정과 수감생활 같은 것들이, 뭐 의미가 있었지만 다른 경험들보다 특별히 더 엄청난 건 아니었는데, 잘 모르는 사람들은 굉장히 힘든 시간을 보내고 왔다며 감정들을 쏟아내세요. 그리고 그 감정들이 담긴 시선은 곧 또 다른 감옥이 되고요. 이 감옥에 대해 탈옥 시도를 하고 싶어서, 의식적으로 사람들의 기대에서 벗어난 채 지내왔어요. 건강하고 밝은 이미지를 워낙 견디기 힘들어하다보니(웃음).

정희진　병역거부를 하는 상황, 초반기 오태양 씨처럼 평화주의자니까 병역을 거부한다는 것과 촛불집회 상황, 동성애 관련한 병역거부는 각각 다른 정치학이라고 생각해요. 그 차이가 소중하고 또 중요합니다. 초창기에는 평화든 종교적 이유든 일반적 이유가 있었죠. 하지만 샤샤나 길준 씨는 다른 상황, 개인적 상황이지만 대단히 의미 있는 정치적 선택을 한 것이지요. 여러분들이 그것을 일반화하지 않도록 각각의 언설을 만들어야 할 것 같아요. 군대를 가는 이유도 일반화할 수 없잖아요. 다 다르잖아요. 실연당해서, 대학이 싫어서, 집안 사정으로 등등. 군대를 거부하는 것도 일반화할 수 없는 굉장히 다양한 상황과 이유가 있어요. 즉 정치학이 복잡하죠. 그중 하나가 탈주라는 것이고요.

이길준　　그런 맥락에서, 그 친구들의 생각을 언어화하는 것이 필요하다고 생각해요. 그러지 않으면 사회적 의미를 갖지 못한 채 유령처럼 떠돌다 사라져버리거든요. 그들이 맘에 들지 않더라도 최소한 그들과 마주 앉아 대화는 할 수 있어야 해요. 그러기 위해선 최소한 그들을 대화의 장으로 나오게 해야 하고요. 그러기 위해서는 언어가 필요하죠. 너희에게 이 정도까지 시민권을 부여한다, 뭐 이런 개념이 아니라 이런 구분 자체가 무의미해지는 사회를 위해서. 힘들더라도 부딪쳐가며 무슨 이야기든 할 수 있는 사회로 나아가기 위해서.

샤샤　　다양한 양심에 따른 병역거부자들을 경향적으로 분석할 수는 있겠지만 분류하고 규정하는 것에는 반대해요. 양심이 언어화될 수 있는 것일까요? 또 반드시 언어화해서 세상을 설득해야 한다는 당위가 옳은가 싶어요. 군대라는 것 자체도 언어로 설득이 안 되는데 개인의 양심을 언어화해서 세상을 설득하거나 소통하는 것이 가능한가? 이런 의문이 들어요.

정희진　　그게 존재의 문제 아닌가요? "나는 그냥 군대에 가기 싫다" 그런데, 그다음 할 말이 없잖아요. 그러면 사람들이 "그래도 가야지" 이렇게 말하고 끝이죠. 언어는 생명 정치, 인간의 모든 것, 그 자체라고 볼 수 있잖아요. 살기 위해서는 언어가 있어야 한다는 겁니다. "하기 싫다"가 왜 나빠? 왜 좋아야 하지? 그걸 왜 해야 하는 거야? 이렇게 질문하는 과정이 존재가 되는 과정이죠.

이길준　하기 싫어, 라고 할 때 '어?' 하지 말고 '응' 해야 한다는 거죠. 다양한 목소리를 수용하는 사회 분위기가 만들어지지 않으면 구성원들은 끊임없이 자기 검열을 하면서 자신의 목소리를 틀에 맞추게 돼요. 최소한의 틀이 필요할 수도 있겠지만, 그게 어느 순간 우리를 가두는 감옥이 되는 것만큼은 피해야죠.

배제된 존재들의
고통 드러내기

정희진　주민등록 말소자의 삶, 살아 있으되 공적인 인간이 아닌 사람이 있잖아요. 성판매 여성 중에 제 나이 또래가 있었어요. 초등학교도 안 다녔고 아예 주민등록증이 없어요. 전쟁고아에게나 있을 법한 일이죠. 그러니까 사회보장, 의료보험, 존재가 없는 거죠. 원래 사생아란 말이 개인적으로 태어난 아이, 공적으로 등록이 안 된 존재라는 뜻이거든요. 제가 그 여성을 알고 있다는 사실 외에, 그녀의 존재는 죽더라도 죽은 것이 아니고 그렇다고 성원권이 있는 것도 아니죠. 그녀가 낙태를 스물여덟 번을 했어요. 의료보험도 안 되니까 개인적으로 아는 의사를 통해서 하죠. 그 사건을 처리하면서 사회적 존재와 생물학적 존재에 대해 생각하게 되었어요.

인권은 사회적 권리로서 인권이지, '생물학적' 개념이 아니죠. 인권은 추구권이지 자연적인 천부인권이 아니에요. 제가 사형 제도를 반대하는 것도 천부인권이나 인간 존엄성 때문이 아니라 오심이 많고, 국가가 실체라는 강력한 이미지 때문입니다. 국가는 관계이고 제도이지 실체는 아니죠. 그런데 국가가 사형을 집행하면서 실체, 주체가 되고, 국가가 누구를 죽일 수 있다는 의미가 되니 반대하는 겁니다.

사형 집행자와 마찬가지로 용병, 직업군인처럼 사람을 죽이는 것이 직업인 사람들이 있습니다. 직업이 되어서는 곤란한 직업이 있다는 것이죠. 또 다른 예를 들면, 성판매. 그것이 노동이 아니라는 이야기가 아니라 노동이되 노동이 되어서는 안 된다는 의미죠. 성판매는 중노동입니다. 노동의 성격을 질문해야지, 그것이 노동이라고 주장하는 것은 논의를 후퇴시키는 일이죠.

이길준　성매매 여성의 일이 중노동인데, 노동이어야 하는 것은 아니라는 말씀이신가요? 제 입장은 좀 애매하긴 한데, 어쨌거나 현재로선 성매매 노조를 지지하지만 성매매를 지지하진 않는다, 정도인 것 같아요. 원자력발전소에서 일하는 노동자들이 노조를 만들면 그들의 노동권을 지지하지만, 원자력발전 자체를 심정적으로 지지하진 못하는 것처럼.

정희진　원자력발전소 문제와 관련하여 일본 학자 도미야마 이치로의 글이 있어요. 원자력발전소 때문에 피폭을 당한 사람에 대한 논의. 발전소의 노동자는 이미 피폭자라는 것이죠. 발전소에 사고가 나서 피폭자가 생긴다? 이런 논의에서는 원자력발전소 노동자들은 이미 배제됩니다.

성매매 문제는 대단히 중요해요. 노동 개념이 많이 변했잖아요. 초기 맑스주의적 노동 개념에서는 직업군인도 논쟁이 되었죠. 새뮤얼 헌팅턴과 앨빈 토플러의 논쟁이 있었죠. 직업에 초점을 두느냐, 군인에 초점을 두느냐. 군인은 소명이고 직업은 직업이다. 이 문제가 폭발한 것이 공군들이 민항기로 가는 현상이죠. 국가의 돈을 들여서 훈련을 시켰는데 민항기로 가니까요.

지금 우리 군이 67만 명인데 이것이 미국의 세계 전략과 관련이 있어요. 미국은 우리를 한반도에 묶어놓고 여기를 대중국 기지로 삼기 위해 육군이 줄지 않기를 바라죠. 그래서 한국이 징병제를 유지하기를 바라요. 한국 방위는 한국군으로 해라, 하면서. 한 나라의 병력이 유지되는 것은 국가 장기 전략으로 해야 하는데, 우리나라는 한미동맹으로 미국이 정해주었기 때문에 국가 전략 대계가 없고, 출산율과 대선 공약에 따라 복무 기간 논란이 일고 병력이 왔다 갔다 하는 거예요. 적정 병력이 얼마인가? 그걸 스스로 정하는 사회가 아닌 거죠. 사회 현상도 우연적으로 반영되고…… 단지 당위성만 강조되죠.

그런데 탈주자들이 10만 명쯤 되기 시작한다고 하면, 아마 이 사실이 가장 강력한 '국가기밀'이 될걸요(웃음). 은폐하려고 난리가 날 겁니다. 일본도 그랬죠. 통치자의 입장에서 아무것도 하기 싫다는 사람이 많아지는 것만큼 무서운 문제는 없을 거예요. 저항보다 더한 비상사태죠.

이길준　무라카미 류가 일본 교육 문제에 대한 해답이라고 쓴 《엑소더스》라는 소설을 보면, 그 해답이 전원 등교거부라고 외칩니다. 체제에 대한 불참, 관심의 철회, 어쩌면 그게 적극적 저항으로서 체제를 흔드는 힘이 될 수도 있다고 생각해요.
　아까 한국 특유의 남성성 이야기를 할 때 나왔던 얘기를 잠시 해볼까요? 고통을 표현하지 못하게 하는 사회에 대한 이야기.

정희진　제가 생각하는 평화학은 사회가 고통에 대한 반응, 리액션을 어떻게 하는가의 문제입니다. 그 과정이 힐링이죠. 우리는 고통을 어떻게 대할 것인가에 대한 관점, 대처, 학습이 전혀 없는 사회입니다. 그냥 술 마시거나 자살하거나 방에 처박히거나 하는 것이죠. 고통을 부정적으로만 생각합니다. 저는 마음의 평화가 바로 평화의 적이라고 생각해요. 고통을 다양하게 드러낼 수 있어야 합니다.

샤샤　고통을 언어화하고 가시화하는 것이 누구를 위해서일까요?

정희진　자신을 위해서, 관계를 위해서, 사회를 위해서가 아닐까요?

샤샤　　병역거부를 이해하지 못하는 집단을 위해서 그런 사례들이 필요하다는 말씀인가요? 저는 병역거부를 이해하지 못하고 혐오감이나 반감을 갖는 사람들은 어떻게든 설득이 안 될 것 같아요. 군대 갔다 온 트라우마를 여성가족부 홈페이지에 악플 달면서 해소하는 사람들을 어떤 언어로 설득할 수 있을까 싶어요.

이길준　　그 사람들은 일단 제쳐두고라도, '우리' 안에서도 말을 못 꺼내는 것, 말을 꺼내지 못하는 분위기, 자신의 개인적인 고통을 말하면 안 될 것 같다는 자기 검열이 들어가는 분위기를 없애기 위해서라도 필요하다고 생각해요.

여성도 군대에 가야 한다는 주장

정희진　　징병제는 여성 징병제와 함께 군대의 아웃소싱 문제, 그리고 군인의 수, 이런 문제가 결합되어 굉장히 할 이야기가 많죠. 지금 여성들은 사병이 아니라 장교로 가잖아요. 여성들이 더 진급이 빠르죠. 출발이 다르니까요. 여자는 간호, 전산에 몰려 있죠. 포병, 기갑부대 이런 곳에서는 여성을 배치하지 않죠.

여성이 전방에 배치되면 섹슈얼리티 문제가 발생합니다. 백병전을 할 수 없어요. 여성이 군대에 있는 경우는 특수 병과죠. 공군에서는 파일럿. 남자들과 맨투맨으로 붙지 않는 분야, 스킨십이 없는 분야에 한정되어 있기 때문에 여성 징병제를 한다고 해서 여성이 절로 시민권을 부여받는 것은 아닙니다. 어느 사회에서도 역사상 그런 사례는 단 한 번도 없었습니다.

한편 예전에는 군대와 국가주의를 반대했는데 지금은 너무 계급차가 커져서 오히려 국가 통합이 필요한 것 아닌가, 전쟁 자본주의 주식회사보다는 국가 공동체가 차선이 아닌가 싶은 생각이 들 정도예요. 현실이 너무나 많이 변화한 부분이 있죠. 평화운동가나 사회운동가들이 이 부분에 대한 인식이 좀 부족하지 않은가.

샤샤　　일부 여성주의의 진영 내에서도 우리도 평등하니까 군대에 가야 한다는 목소리가 분명히 있죠. 저는 군대가 싫고 없어져야 한다고 생각하는데, 여성도 군대에 가야 한다는 주장, 여성 징병제가 제도화되어야 한다는 목소리가 있다는 점에서 고민스러워요.

정희진　　제일 쉬운 것은 '개인의 선택에 맡기자'인데, 그건 바람직하지 않죠.

샤샤　　제가 늘 웃기다고 생각했던 말은 '군대에 가면 남성이 된다'는 말이었어요. 한국의 남성이 '군대에 가서 남자가 되어 돌아오겠다'고 하는 이야기를 들으면, '아니 그럼 그전에 여자였다는 뜻인가? 커밍아웃을 하는 것인가?' 하는 생각이 들었어요(웃음).

한국 남성들이 지질하다고는 느끼고 있었지만, 그것이 미국 남성, 타자를 설정하면서 획득한 남성성이라는 정희진 선생님의 주장에 공감이 돼요. 일베에서도 한국이 여성 상위 사회라는 피해의식이 심하죠.

한편 병역거부자들 또한 "우리는 이회창 아들과 같은 병역기피가 아니다"라고 말하는 순간, 병역기피는 잘못된 것이고 병역거부는 올바른 것이라는 점을 전제하는 것 같아요. 권력과 재력을 이용해서 병역을 기피하는 것이 문제이지, 단순히 병역기피가 잘못되었다고 하는 것은 옳지 않다고 봐요. 사실 군대는 누구나 가기 싫은 곳이라는 게 인지상정이니까요. 병역거부자들 또한 병역기피는 옳지 않은 것이라는 생각을 은연중에 하고 있었던 것 같아요.

정희진　　거부가 아니라 기피면 어떠냐? 이렇게 대응해야 된다고 봐요. 우리나라는 군대 평등주의 때문에, 군대 자체와 군사주의를 반대한다고 접근하기가 굉장히 어렵죠. 모두가 군대에 가야 한다는 논리가 따로 있고, 안 가는 사람, 못 가는 사람, 가기 싫은데 가는 사람이 분리되어 있기도 하고요.

이길준　　탈주라는 것과 관련해서 생각나는 말이 있어요. 예전에 감옥에 있을 때 받은 편지에서 꽤 감명 깊게 본 구절. "세밀하고 촘촘한 기획보다 필요한 건, 그냥 뒤돌아보지 않고 튀는 건데."

조금이나마 그런 다양한 시도들과 목소리들이 그 자체로 얘기될 수 있는 사회가 되었으면, 그래서 그런 감성들이 짜릿한 자극을 줄 수 있는 사회가 되었으면 해요.

샤샤

한국 남성들의 표준적인 사고방식에서 군대는 정당한 곳,
가야만 하는 곳, 그에 대한 기피나 불복종은 도덕적으로
단죄받아야 하는 것이라는 인식이 일반적이다. MC몽이나
유승준 같은 병역기피 연예인들을 '스티붕 유'나 '발치
몽'이라고 조롱하는 예비역 남성들의 혐오에서 볼 수 있듯이
말이다. 이렇게 '을'들이 병역을 자발적으로 신성시하고
국가에 대해 피해의식과 박탈감을 느끼는 것이, 군복무를
이행하지 않거나 못하는 자들에 대한 혐오로 나타나고, 그에
따라 젠더와 평화주의를 비롯한 쟁점들을 둘러싸고 사회적인
갈등이 깊다. 이에 대한 다른 목소리들은 은폐되고 많은 이들이
군대와 병역을 당연한 것이자 도덕적인 것으로 간주해왔다.
그러면서 부와 권력을 이용한 기득권층의 병역기피와,
평화주의를 바탕으로 한 양심적 병역거부를 동일시하게 되고,
병역거부자들의 평화주의적인 가치관과 세계관은 '비겁한
놈들' '위선적인 놈들'과 같은 수사들에 의해 침묵당해왔다고
생각한다. 이런 사회적인 분위기 탓에 비폭력주의나 평화주의

혹은 이런저런 세계관을 바탕으로 군대와 징병, 집총을 거부했던 초기의 병역거부자들은 자기 자신과 병역기피자들 사이에 선을 그으면서, 스스로를 대의와 정당성을 가진 존재로 증명해야 했던 경향이 있지 않았나 싶다.

그러나 이런 세계관이나 대의, 정당성을 바탕으로 하지 않은, 이길준 씨의 표현처럼 탈주자와 같은 병역거부자들도 등장하기 시작했고, 이들은 언뜻 한국 사회와 병역거부자들이 모두 선을 그어왔던 '비양심적인 병역기피자'들과 큰 차이가 없어 보이기도 했다. 통일이나 주한미군 문제, 혹은 종교적인 교리와 같은 설득력 있는 언어를 갖추지 못한 이들은 자신의 병역거부의 근거나 양심을 언어화하기 힘들어했고, 따라서 이들을 과연 병역거부자로 볼 것인가 하는 문제가 운동 내부에서도 있었다. 병역거부자 김경묵 씨의 말처럼, 이들과 같이 "거창한 신념을 내세우기보다 개인의 삶을 죽음에서 지키고자 군복무를 거부하는 사람을 국가에서 보자면 '양심 없는' 병역거부자일 것"(김경묵 병역거부선언서에서)이다. 그는 자신의 병역거부의 가장 커다란 이유를 '두려움'이라고 적고 있다. 그는 "사회적 대의명분이 요구하는 고결한 양심과 신념 가득한 선언을 벗겨낸 뒤 다가오는 두려움은 양심이라는 정당성 이전의 상태를 들여다보게 한다. 어쩌면 두려움이야말로 군 체제에 강제로 적응해야 한 이들과 거부해온 이들 모두에게 민낯의 얼굴로 다가오지 않았을까?"라고 말한다.

김경묵 씨의 말처럼, 최근 군대 내에서 일어난 총기 난사, 구타 사망 등을 볼 때, 사실상 군대에 대한 두려움과 공포, 내가 죽을지도 모른다는 공포와 나 역시 폭력과 억압을 정당하고 어쩔 수 없는 것으로 여기면서 남을 해하는 것을 당연시할지도 모른다는 인격과 존엄성의 죽음에 대한 두려움은 명확한 신념과 논리적인 언어 못지않게 설득력이 있다. 어찌 보면 양심보다 더 근원적이고 보편적인 인지상정이 아닐까 싶다. 역설적으로 양심에 따른 병역거부운동 역시 "병역기피는 겁쟁이들이 하는 것이며 비겁하다"라는 사회적인 인식에 발맞춰 스스로를 병역기피자들과 다른 존재로 내세우면서, 병역거부와 병역기피를 가르는 이분법을 내면화하거나 재생산했다는 생각이 들곤 한다. 그러나 탄탄한 정치철학적 세계관이 뒷받침하고 있는 병역거부가 더 정당성이 있는 것은 아닐 것이다. 군대에 가기 싫은 것은 일부러 고생을 사서 하길 좋아하는 사람이거나 고통을 즐기는 사람이 아니라면 누구나 마찬가지 아닐까. 여성이나 양심에 따른 병역거부자, 연예병사 등에 대한 혐오와 박탈감은 사실상 많은 한국 남성들이 군대에 가기 싫어하며 두려워한다는 것을 강력하게 반증한다. 군대를 순전히 영광스러운 것, 자랑스러운 것, 당연히 가야 하는 것이라고 생각한다면, 군대를 안 가거나 못 가는 자들에게 비난의 화살을 돌릴 까닭이 없다. 이렇게 많은 한국 남성들은 스스로를 인식과 존재의 모순 속에 빠뜨리고 있는 것 같다. 그러나 많은 한국 남성들이 느끼는 이러한 부당함, 억울함,

박탈감 등은 평화주의나 반전운동과도 만날 수 있는 지점이
있다고 생각한다.

턱없이 낮은 임금과 온갖 인권침해, 사람 위에 사람이
있으며 사람 밑에 사람이 있다는 반인권적인 사고방식의
내면화, 회사와 국가에 순응적인 사회형 인간으로 거듭나게
되는 정신적 상처와 더불어 육체적으로 고된 훈련과 잡무,
고참이 바로 주적이 되도록 만드는 힘든 내무반 생활 등,
군대는 인간이 온전한 사고를 할 수 없게 만들면서 존엄성을
황폐화하는 곳일 것이다. 따라서 이러한 군대를 둘러싼
두려움, 억울함, 박탈감은 어찌 보면 지극히 당연하다. 문제는
절대 다수가 가기 싫어하는 군대에 대한 시민사회의 견제와
이들의 이러한 박탈감과 상처가 평화주의적인 병역거부자들의
세계관과 그다지 멀지 않다는 것을 인식시키는 일이다.

그러나 '한국 남성들은 자신의 트라우마나 고통을 표출할
방법을 모른다'는 이길준 씨의 말처럼, 많은 사람들은 군대의
부당한 성격과 억압적인 속성에 대해 문제를 제기하기가
쉽지 않을 것이다. 군대가 그토록 많은 문제를 일으키고
무수한 사건, 사고들을 은폐해왔으며 많은 사회적 갈등들을
눈속임하고 남성들에게 대가 없는 많은 짐을 지웠음에도,
막상 군대나 징병제도에 대한 문제 제기나 비판적 목소리들은
금기시되어왔다.

병역거부자든 군필자든, 다 같은 '을'이라는 인식에서
출발해야 하지 않을까. 군대에 대해 공분하게 만든 윤

일병, 임 병장 사건들을 보면서 점차 많은 이들이 군대와 이 시스템에 대해서 회의하고 의문을 제기하기 시작한 것 같다. 병역거부자들의 양심이 혼자 고결한 것이 아니라면, 그토록 억압적이고 폭력적인 군대에 말없이 가야만 했던 많은 '을들'의 수군거림과 궤를 같이해야 할 것이다. 병역거부자와 병역기피자의 이분법을 넘기 위해서는 군대 내에서 자신의 존재가 황폐해질 것 같다는 두려움, 육체적인 두려움과 같은 감정들을 언어화하고 공론화할 수 있는 공간을 늘려나가야 하는 것이 아닐까. 정희진 선생님 말씀처럼, 병역기피의 두려움이 "하기 싫다"에서 "왜 나빠? 왜 좋아야 하지? 그걸 왜 해야 하는 거야?" 하고 질문하는 과정으로 전이될 때, 단순히 침묵당해서 존재가 파괴되지 않고 사회적인 협상의 과정으로 진입하는 것이 아닐까. "왜 군대를 거부하는가?"라는 질문으로 병역거부자들에게 주로 전가되어왔던 거증책임의 원칙이 "왜 군대를 가야 하는가?"라는 질문으로 변경될 때, 병역거부운동이 병역기피자들의 언어를 통해 군대에 대해 부당함과 반감을 느끼고 있는 이들과 만나는 계기가 될 수 있지 않을까. 정희진 선생님 말씀처럼 "살기 위해서는 언어가 있어야" 하기 때문이다. 누구는 언어가 있기에 병역거부를 하지만, 누구는 언어가 부재하기에 총기 난사를 하거나 군대에서 인권유린이 자행되고 있음에도 침묵할 것이다. 이런 다양한 두려움과 양심이 만날 때 군대에 대한 인식이 변화될 것이라 믿는다.

이길준

이 대담이 진행된 뒤로 꽤 시간이 지났다. 시간의 무게에 따라 흐려지는 많은 일들처럼 대담에 대한 기억 역시 바랬다. 조금은 지쳤던 기억도 난다. 아무래도 대담에서 다룬 방대한 주제들이 도무지 탈출구를 찾기 힘든 것들이었고, 그런 상황으로 몰아가는 사회에 살고 있음을 새삼 절감하게 되었기 때문일 것이다.

대담이 끝난 뒤, 개인적으로도 사회적으로도 많은 일들이 있었다. 많은 것들이 변했다고도, 변한 것이 없다고도 할 수 있는 시간들. 이 대담에서 소외받는 소수자들에 대해, 그런 소수자로서의 병역거부자에 대해 한참 얘기를 나눴건만, 지금 사회 속에서 소수자가 된 사람들은 더 외로워져만 간다. 많은 사람들이 이 책이 나오기 얼마 전 시청에서 외로운 싸움을 해야 했던 소수자들을 기억할 것이다. 한편 개인적으로도 어떤 일을 하면서 내 자신이 소수자라는 것에 대해, 그리고 평범함이라는 주제에 대해 살면서 가장 깊게 고민한 시기였던 것 같다.

남들이 뭐라 하건 난 언제나 내 자신이 평범하다고 얘기해왔다. 실제로 그렇게 느껴져서이기도 하고, 한편으로 '모든 사람이 특별하지, 뭐' 하는 마음 때문이기도 했다. 그러다 최근에 문득 든 생각은 스스로 평범하다고 말하는 것도 일종의 '중2병' 비슷한 건 아닐까 하는 것이다. 실제로 벌어지고 있는 현실을 보고 싶지 않아하는.

글쎄, 그렇다고 해도 여전히 난 모든 사람이 특별하다고, 그래서 더 특별한 사람은 없다고 믿는다. 평범함은 만들어진 가치다. 단지 그 만들어진 가치를, 그 가치가 지배하는 보편적인 사회 문화를 더 쉽게 수용하고, 내면화하고, 재생산하며 살아가는 사람들이 있고, 그러지 못하는 사람들이 있을 뿐이지. 그러지 못하는 나로선 더 외로워지기만 하는 시간들이었다.

부디 더 많은 사람들이 자신과 다른 가치를, 그 가치를 믿고 사는 사람들을 배척하지 않길, 그런 사회를 함께 만들어나가길 바란다. 우리 각각은 누군가를 소수자로 만드는 그 순간에, 자기 자신도 다른 누군가에 의해 소수자가 될지도 모르기 때문이다.

국민국가

군대를 안가면 국민이 아닐까?

서경식 ● 도쿄게이자이대 현대법학부 교수

이용석 ● 병역거부자, 출판 노동자

평범한 청년이
병역거부를 한 이유

이용석　　제가 병역거부로 감옥에 있을 때 읽었던 책 중에 가장 기억에 남는 책을 꼽으라면, 다섯 손가락 안에 꼭 드는 게 《디아스포라 기행》과 《시대의 증언자 쁘리모 레비를 찾아서》입니다. 그래서 출소 후 선생님 책들을 많이 찾아보고, 출판사에 다닐 때 재일조선인에 대한 만화책을 편집하면서 선생님 책들을 다 읽었습니다.

　가장 기억에 남는 것 중 하나가 민족 혹은 민족주의에 대한 선생님의 의견이었습니다. 아마 한국 남자 고등학생들이라면 다들 비슷할 텐데, 저는 고등학교 다닐 때까지만 해도 민족주의 성향이 굉장히 강했어요. 그 당시 일기를 읽어보면 "우리나라는 통일되어야 한다. 이유가 필요 없다. 한민족이니까 당연한 거다" "일본 사람들은 다 잡아 죽여야 한다" 이런 글이 적혀 있습니다. 한일전 축구를 하면 친구들과 같이 열광하고 '월드컵은 진출 못하더라도 일본은 이겨야 한다' 이런 생각을 했어요. 제가 1980년생인데, 고등학교 다닐 때 IMF가 터졌습니다. 학생들 사이에서 '외국 상표 떼고 다니자'는 일종의 캠페인을 제가 주도해서 하고 그랬습니다.

그런데 대학에 들어가고 학생운동을 하면서 생각이 많이 바뀌었어요. 민족이 최고라고 생각했던 것에서 정반대로 가게 됐죠. 제가 속해 있던 학생운동 그룹이 맑스-레닌주의를 공부하던 곳이었는데, 그러면서 민족이란 건 상상의 공동체이고 허구란 생각을 했습니다. 게다가 저희 학생운동 그룹이 민족주의 학생운동 그룹에 비해 소수파였기 때문에 민족주의가 더 싫었던 것 같아요. 그래서 이쪽 극단에서 저쪽 극단으로 민족주의에 대한 감정이 옮겨와 있었는데, 감옥에서 선생님의 책을 읽으며 민족이라는 것에 대한 생각이 또 많이 달라지게 됐어요. 여전히 민족주의를 비판적으로 보기는 하지만, 민족이라는 이름으로 차별받고 피해를 입는 사람들이 있는데 '민족이란 허구다' 이런 말이 무슨 의미가 있느냐는 선생님 말씀에 크게 공감을 했습니다.

서경식　병역거부는 어떻게 해서 하게 되었나요?

이용석　저도 아주 평범한 남학생이었기 때문에 군대 가는 것은 싫었죠. 평화주의에 대한 자각이 있어서가 아니라, 2년 동안 군대 가서 돈도 못 벌고, 친구들이랑 가족들이랑 헤어져 있고, 상관한테 복종해야 되고, 이런 것들이 싫어서 마냥 피하고 있었어요. 그러다가 2001년에 9·11테러가 일어나고, 미국이 아프가니스탄을 침공하고, 이라크를 침략하면서 한국에서도 반전운동이 활발하게 일어나기 시작했어요. 제가 속해 있던 학생운동 그룹도 평화운동에 주목했는데, 소수파여서 쪽수로는 안 되니 센세이션한 이슈를 선점해야 한다는 분위기였죠. 그래서 평화운동 안에서도 병역거부운동에 주목하기 시작했어요. 그러면서 자연스럽게 오태양 씨나 유호근 씨 같은 병역거부자들을 만나게 되었고요. 그때만 해도 내가 병역거부를 해야겠다고 생각하지는 않았습니다. 그냥 이 사람이 평화주의 양심 때문에 감옥에 가는 건 막아야 한다는 생각으로 연대를 했어요.

그런데 평화활동가들과 같이 활동하면서 보니 제가 군대에 가야 하는 이유는 딱 한 가지밖에 없더라고요. 군대에 가지 않고 감옥에 가면 어쨌든 저희 부모님 가슴에 대못을 박는 게 된다…… 부모님을 생각하면 가야겠다는 생각이 들었죠. 그런데 가지 말아야 할 이유는 생각하면 할수록 계속 늘어나는 거예요. 군대가 어떤 역할을 해왔으며, 지금은 어떤 역할을 하고 있는지, 군대가 우리나라 국민을 지켜준 적이 제대로 있었는지, 오히려 1980년 광주나, 제가 병역거부한 이후지만 평택 대추리에서처럼 군대는 평화를 해치는 존재가 아닐까? 또 군사주의적인 문화에 점점 비판적인 시각을 갖게 되었지만, 군대 안에 들어가 싸울 자신도 버틸 자신도 없었죠. 또 하나, 군대에 갔다 오는 게 가장 두려웠던 것은 군대의 지배적인 사고방식과 삶의 모습들 때문이었어요. 위에서 내려오는 명령에는 복종해야 하고, 그러면서 자기보다 밑에 있는 사람한테는 더 못되게 굴고. 그런 폭력에 익숙한 사람이 될까봐 두려웠어요. 폭력의 피해자가 되기 싫은 건 당연한 얘기지만 가해자도 되기 싫었고, 폭력을 제 삶에서 멀리, 가능한 한 멀리 떨어뜨려놓고 싶었죠. 제가 생각하기에 군대는 폭력 그 자체인 공간이었거든요. 그게 물리적이든, 아니면 구조적인 폭력이든 간에요. 그래서 병역거부를 하게 됐죠.

그 학생운동 그룹이 제가 졸업할 때쯤에 분열됐어요. 그러면서 자연스럽게 저는 병역거부운동을 하는 단체인 전쟁없는세상에서 활동하게 되었고요. 사실 병역거부자들이 가장 힘들어하는 게 부모님과의 갈등이거든요. 그런데 저는 굉장히 운이 좋은 편에 속해서 저희 부모님은 저한테 한 번도 군대에 가라고 말씀하신 적이 없었어요. 그냥 감옥 안 가면 안 되겠냐, 대학원 가면 군대 연기할 수 있는데 그렇게 해보지 않겠냐, 이런 정도 말씀만 하셨지, 군대에 가라고는 한 번도 말씀을 안 하셨어요. 제가 병역거부하겠다고 직접 말한 적은 없었지만, 전쟁없는세상에서 활동하고 있고 전쟁없는세상이 무슨 일을 하는 단체인지 아니까 자연스럽게 받아들이셨던 것 같아요.

저는 평화주의자라서 병역거부를 했다기보다는 오히려 병역거부자가 되고 나서 평화주의자가 되기 위해 노력했고 평화주의에 대해 알아갔던 것 같습니다. 인권 활동가들, 평화 활동가들 만나면서, 그냥 머리로만 평화와 폭력에 대해 생각하고 있던 것을 제 삶으로 받아들였다고 해야 할까요.

서경식　　감옥생활은 어땠나요?

이용석　저는 2006년 8월에 구속됐습니다. 1년 6개월 실형 선고를 받았죠. 병역거부자들을 보면 감옥에 갔다 온 뒤 그것이 트라우마가 되고 그 때문에 힘들어하는 친구들도 있는데, 저는 성격이 낙천적이고 안 좋은 기억은 빨리 잊는 편이라 덜 힘들었죠. 그리고 전쟁없는세상 활동을 오래 하면서 병역거부자들을 여러 명 봤기에 마음의 준비도 돼 있었고, 감옥 안의 상황이나 정보도 많이 알고 있었기 때문에 크게 걱정하지 않았어요. 사람들이 감옥을 무섭다고 여기는 건, 한 번도 안 가본 곳이기 때문인 것 같아요. 모르는 것에 대한 공포죠. 저는 그런 면에서 다른 병역거부자들보다는 덜했죠.

2007년 10월에 출소했어요. 보통은 수감되면 한두 군데에서 지내는데 저는 감옥을 네 군데 옮겨 다녔어요. 구속되기 직전에 평택 미군기지 반대집회에 갔다가 연행됐는데, 수감 중에 그 사건 재판이 시작된 거예요. 그래서 재판받으러 왔다가 재판이 끝나면 또 옮기고, 이렇게 되면서 여러 군데 돌아다니게 된 거죠. 다른 사건으로 재판받은 것을 빼면, 감옥 안에서는 다른 병역거부자들에 비해 특별한 일은 없었던 것 같아요. 감옥에서 형이 확정되면 다들 일을 하는데 저는 재판받는 기간 동안은 일을 안 시키니까 시간은 많고 할 일은 없었죠. 그래서 생각을 많이 할 수 있었어요. 그때 책도 가장 많이 읽었죠. 사놓고 못 읽고 있었던 두꺼운 책들 있잖아요. 《토지》도 그때 다 읽고, 《서준식 옥중서한》도 그때 다 읽고.

감옥에서 인상 깊었던 경험 중 하나는 제가 수원구치소에 있을 때 일이었어요. 같이 있는 수감자 중 한 명이 굉장히 미운 거예요. 평화주의자가 이런 생각을 해도 되나 싶을 정도로 밉고 죽이고 싶고. 그리고 저 사람이 잘돼도 좋으니까 당장 내일 출소해서 나가면 좋겠다고 생각했어요. 그런데 정말 그 사람이 우리 방에서 나가게 되었어요. 저는 '아, 이제는 편하게 지낼 수 있겠구나' 생각했죠. 그런데 남은 사람 가운데 다른 한 명이 또 미워지는 거예요. 그동안은 전혀 밉지 않은 사람이었는데. 내가 마치 누군가를 미워해야만 존재할 수 있는 사람처럼 느껴졌어요. 누군가를 그렇게 미워했던 적이 별로 없었기 때문에 되게 힘들었는데, 그때 읽던 《데미안》에 그런 구절이 나오더라고요. 데미안이 싱클레어한테 해주는 말인데, 원래 사람들은 누가 미울 때 자기 안에 있는 가장 싫은 모습을 그 사람에게서 본 것이라고요. 이 구절이 많은 위로, 위안이 됐어요. 그냥 미운 감정을 그 자체로 받아들이고, 저 사람이 정말 밉지만 그건 저 사람의 잘못이 아니라 내가 가장 싫어하는 내 모습이 저 사람에게서 보여서 그런 거다, 그러니까 좀 살겠더라고요.

서경식 　수원구치소에서 제일 미운 사람하고 지냈다고 했는데 구치소 같은 방에 병역거부자들끼리 사는 거예요? 아니면 다른 형사범들과 같이 사는 거예요?

이용석 　저희는 주로 경제사범들이랑 같이 있었어요. 그때 수원구치소에 같이 있던 사람들이 한 명은 경기도 공무원이었는데 비리로 들어왔고, 한 명은 신문기자가 비리로 들어온 것 같았어요. 또 한 명은 조선족 브로커였고, 저랑 동갑인 반건달 친구가 있었고.

서경식　잡범방이죠? 그곳에 위계나 질서가 없었어요? 모든 감옥에는 그런 게 있지요?

이용석　네, 있죠. 군대랑 똑같이 먼저 들어오면 무조건 왕이에요. 방마다 분위기가 조금씩 다른데 저희 방은 나중에 들어온 사람이 설거지하고 청소하고 그 정도는 있었지만, 그래도 먼저 들어온 사람이 사적인 것까지 다 시키거나 심하게 억압하지는 않았어요.

서경식　용석 씨는 대학교에 들어가자마자 학생운동을 했잖아요. 민족주의에 대한 양 극단을 겪었다고 했는데, 어떻게 그렇게 반대쪽 학생운동에 들어가게 되었나 궁금하네요. 또 고등학교 때 민족주의적인 감수성을 갖고 있었다고 했는데 그게 보편적인 겁니까?

이용석　제가 고등학교 다닐 때 1998년 프랑스월드컵 지역 예선으로 일본과 한국이 도쿄에서 경기를 했는데 2 대 1로 한국이 역전승을 했어요. 그리고 리턴매치로 잠실운동장에서 경기가 열렸는데 저희 학교가 가까이에 있었거든요. 저희 반 친구들

거의 20명 가까이 똑같이 옷을 맞춰 입고 잠실운동장까지 "대한민국!"을 외치면서 걸어갔어요. 그게 민족주의 정치의식이었다기보다는 여러 가지 요인이 있을 텐데, 고등학생들이 쌓여 있는 스트레스를 풀 수 있는 게 스포츠밖에 없기도 했고, IMF 이후에 애국심이 고조되는 분위기가 사회적으로 일어나던 때여서 그랬던 것 같아요. 그때 OPPA라는 아이돌 댄스그룹이 있었는데 〈애국심〉이라는 노래를 발표해서 당시 가요 프로그램에서 꽤 높은 순위까지 올라갔어요. 노래 가사를 보면 처음에는 일본을 막 비판하는 내용이에요. 나중에 가서는 핵무기 얘기하면서 북한을 비판하는 내용으로 끝나고요. 그 당시 청소년 사이에서는 그렇게 애국을 강조하는 분위기가 많았죠.

서경식　매국노라든가 애국심이라는 말에 대해서 많이 고민하고 계시는데 그런 말을 언제 어떻게 듣게 되었나요?《옥중서한》을 보면 교도소 교무과가 전향시키려고 그런 얘기를 많이 하지요. 잡범들이 같이 있을 때도 '너는 빨갱이다, 너는 간첩이다' 하는 식으로 말하지요. 그런데 용석 씨 경우는 매국노라거나 '왜 애국심이 없냐' 같은 말을 어디서 어떻게 듣게 됐죠?

이용석　감옥에서 그런 경우는 거의 없어요. 일반수들 사이에서는 불문율처럼 서로의 죄명을 따지지 않았죠.
　딱 한 번 제가 맞을 뻔한 적이 있는데, 그분은 베트남전 참전용사 출신이었고 방에서 몇 번이나 베트남 여성들 강간한 이야기를 굉장히 자랑스럽게 해서 저랑 계속 사이가 안 좋았어요. 다행인 건 그 방에 제가 먼저 들어가서 서열이 높았죠. 그분이 나중에 들어온 건설 일용직 노동자분한테 너무 함부로 욕하면서 일을 시켜서 욕하지 말라고 했는데, 그분이 쌓인 게 폭발한 거죠. 절 때리려고 달려들었는데 사람들이 말리고 해서 안 맞고 넘어갔어요. 그 경험을 제외하면 병역거부 때문에 감옥 안에서 갈등이 일어난 적은 없었어요. 오히려 사회에서 그런 얘기를 많이 들었어요. 지금은 그런 생각을 하더라도 병역거부자들한테 직접 말하는 사람이 드문데, 2000년대 초반에 처음 병역거부운동할 때만 하더라도 매국노라거나 애국심이 없다는 이야기를 많이 들었죠.

2002년 가을에 제가 학교 총학생회장 후보로 출마했거든요. 앞으로 병역거부할 거라는 걸 공개적으로 밝히고 출마했어요. 근데 저한테는 그런 말을 안 하는데 저희 쪽 선거운동하는 친구들한테 이런 말 하는 사람들이 많았어요. '매국노다, 나라는 누가 지키느냐, 비겁하다, 강도가 와서 네 동생을 강간하려고 하면 네 옆에 총이 있어도 안 쏠 거냐……' 지금은 그런 말을 하면 쪽팔리는 분위기라서 별말이 없을 뿐이지, 사실 그런 생각을 하는 분은 아직도 많은 것 같아요.

서경식　병역을 거부했기 때문에 행정에서 불이익이 있거나 하지는 않나요? 그리고 감옥에 갔다 왔던 이력 때문에 취직이나 외국에 나가거나 세금을 낼 때 뭔가 불이익이 있나요?

이용석　아주 드물게 피해 사례가 있기는 해요. 여호와의증인 가운데 준국가기관에 합격했는데 병무청에서 이 친구를 자르라고 해서 취직이 취소된 경우가 있죠. 일반적이진 않고 아주 드물게 있어요.

서경식　보통 취직하려고 할 땐 이력서에 병역거부한 것을 다 정직하게 쓰지요?

이용석　저는 아예 병역 사항을 지우고 내는데, 써야 한다면 면제라고 써요. 법적으로는 면제거든요. 취직에서는 군대 안 간 것보다 오히려 감옥에 갔다 온 게 걸리죠. 병역거부가 아니더라도 전과자라서 불이익을 받을 수 있는데 공무원 같은 건 아예 안되니까 그런 쪽으로는 생각을 하지도 않죠. 투표권에서는 크게 불이익은 없는데요, 자기가 후보로 출마하는 건 몇 년 동안 제약이 있어요. 병역거부자 한 분이 진보 정당에서 활동하는데 출소하고 5년 동안 출마를 못하는 걸 모르고 지방선거에 출마하려고 열심히 준비했다가 좌절된 적이 있어요. 어떤 병역거부자는 초등학교 교사였는데 계속 교사를 하고 싶어했지만 출소하고 나서는 초등학교 교사는 못하고 지금은 대안학교 교사를 하고 있어요.

서경식　제 큰형이 쓴《서승의 옥중 19년》이란 책에 여호와의증인들 얘기가 나오는데요, 그때만 해도 박정희 시절이라 2~3

년 징역 살고 나왔다가 다시 들어가고를 되풀이했던 모양이에요. 지금은 달라졌나요?

이용석　그때만 하더라도 7년 동안 징역 산 분들도 있죠. 정춘국 씨 같은 경우엔 대학교 다니고 있다가 잡혀가서 처음엔 6개월인가 살고 나왔는데, 교도소 문밖으로 나가려고 하던 중에 갑자기 군대에서 입영 영장을 또 건넨 거예요. 어머님도 마중 나와 있는데. 밖으로 나오다가 '너 입영 영장 나왔는데 어떻게 할 거냐', 거부할 거라고 하면 또다시 잡아가고, 그렇게 세 번을 해서 총 7년 10개월을 감옥에서 살았다고 하더라고요. 지금은 그렇지는 않고 형량도 1년 6개월로 많이 줄었어요.

혁명의 순간,
무기를 들어야 할까

서경식　징병제와 병역제에 대한 레닌의 논문이 있어요. 이 문제를 이론화하기 위해서는 필독해야 할 글이죠. 어려운 문제예요. 노르웨이가 덴마크 왕국의 속국이었죠. 근데 19세기 말에 노르웨이가 독립하면서 나름의 병역제를 실시하게 됐어요. 레닌은 그게 좋은 일이라고 했어요. 왜냐하면 지금까지 속국, 말하자면 식민지의 신민들이 자신들의 군사훈련을 받게 되고, 무기를 들게 되는 것이 이 사람들의 혁명에는 반드시 좋은 일이라는 거죠. 그때까지만 해도 무기, 무장이라는 게 어떤 특권 계급의 독점물이었어요. 대중들은, 이것이 국민인지 아닌지가 문제지만, 저항하고 싶어도 못하게 되어 있었던 거죠. 레닌은 근대 말기에 국민국가가 생기면서 국가마다 병역제로 인해 시민들이 군사훈련을 할 수 있으니 좋은 일이라는 거였어요. 그러니까 충실한 맑스-레닌주의자라면 그것이 올바른 말이라고 생각하겠지요.

이용석　저희 학생운동 그룹에서 맨 처음 병역거부운동을 할 때 내부에서 그런 토론을 굉장히 많이 했어요. 폭력혁명에 대해서 어떻게 볼 것인가 격렬하게 논쟁했죠. 지금 시대는 레닌이 살던 시대가 아니라는 의견도 있었고, 그럼 사파티스타 민족해방군은 어떻게 볼 거냐, 21세기 벽두에 그들도 총 들고 있지 않냐, 이런 식으로 논쟁을 많이 했는데 결론을 내리지 못했어요. 저도 당시에는 답을 못 내렸죠. 지금은 군대나 군사력을 통한 혁명에 비판적입니다.

서경식　그것이야말로 가장 핵심적인 문제이고, 오늘 함께 고민해야 할 문제입니다.

　또 하나 비슷한 문제를 들자면, 윤동주 시인이 일본에서 치안유지법 때문에 갇혀서 옥사했지요. 그 이유 중 하나가 조선 독립을 시도했다는 거예요. 그때 조선인은 법적으로는 일본인이었죠. 윤동주가 조서에서, 조선인 유학생끼리 교토 도지샤同志社대학교에 들어갔고 1944년 조선인에게도 징병제가 적용됐다, 그 것이 좋은 일이라는 얘기를 했다는 거예요. 왜냐하면 이때까지 만 해도 일본 제국주의에 저항하려는데 우리는 군사훈련도 못 받고 무기도 없었다, 그런데 호기가 왔다, 일본 사람들이 우리 에게 징병제를 적용하게 된 것을 계기로 이제 무장독립운동에 대비해야 된다는 얘기를 자기들끼리 했다는 거예요. 그게 치안 유지법에 걸리게 되었어요.

조선의 역사를 보면 대한제국 말기에 정부가 군을 해산시켰 죠. 말하자면 무장해제를 한 셈이에요. 일제 시절 말기에 와서 이제 겨우 우리가 무기를 들 수 있게 됐다는 얘기를 했다고, 윤 동주가 어느 정도 진지하게 했는지 모르겠지만, 그 내용이 조서 에 나와요. 그게 무슨 뜻이냐고 8개월 동안 조사받다가 치안유 지법 위반으로 징역 2년형을 선고받았는데 후쿠오카 병동에서 죽고 말았어요. 레닌하고 윤동주의 주장이 기본적으로 같은 사 고방식이라는 것에 대해서 어떻게 생각하시죠?

이용석　병역거부운동 초창기에만 해도 진보 진영 안에서도 저희를 불편해하는 분들이 많이 있었어요. 우리나라의 지정학 적 위치도 그렇고, 약소국으로서 자주국방을 해야 되는 게 아니 냐? 일제시대 때 있었던 독립운동을 다 부정하는 거냐? 이런 이 야기들을 많이 들었어요.

저는 평화주의라는 게 딱 정해진 하나의 결론이나 진리가 있 어서 어느 시대, 어느 공간, 어느 국가에나 다 적용되는 것은 아니라고 생각해요. 예를 들면 광주에서 총 들고 싸운 시민군의 저항을 잘못된 거라고 말할 수 없죠. 혹은 지금 이라크 민중들이 자발적으로 총 들고 싸우는 것에 대해서도 여러 가지 의견이 있을 수 있지만, 앞뒤 맥락 없이 총을 들었으니 무조건 잘못이라고 하는 게 과연 비폭력주의일까, 평화주의일까 하는 생각을 해요. 간디가 이런 말을 했다고 해요. '무장을 한 강도 40~50명에게 둘러싸인 남자가 허리에 찬 칼로 저항하는 것은 폭력이 아니다.' 폭력과 비폭력을 이야기할 때 기준을 미리 정해놓고 그 기준에 맞춰 판단하고 비판하는 건 위험하다고 생각해요.

전쟁없는세상에서 비폭력 트레이닝을 하는데, 그 가운데 비폭력에 대해 서로 어떻게 생각하는지 알아보는 게임이 있어요. 그걸 해보면 비폭력주의자들 안에서도 비폭력에 대한 이해가 아주 많이 다르다는 걸 알 수 있어요. 어떤 친구는 총을 드는 정도의 폭력만 폭력이라고 생각하고, 어떤 친구는 집회 때 전경과 살짝 미는 몸싸움도 폭력이라고 생각하고, 어떤 친구는 전경한테 욕하는 것도 폭력이라고 생각하고. 사실 평화적으로 싸우는 것에 대한 정답은 없다고 생각해요. 정답이 있고, 다 정답에 맞춰서 그 방식으로만 싸워야 된다, 이러는 게 오히려 더 폭력의 방식이라고 생각해요. 그 사회의 역사, 문화 맥락에 맞게끔 선택을 하는 거죠. 다시 말해서 지금 우리의 기준으로 일제시대 때 독립운동에 대해서 무작정 비판할 수는 없는 거죠. 혹은 같은 21세기라고 해도 한국의 경험을 이라크에 그대로 적용할 수 없고요.

서경식　　우선 레닌의 경우는 약소국가가 19세기 말에 자립 국가가 되려는 과정에 국민의 군이 필요하다, 특권층의 군이 아니라 민중의 군대가 필요하다는 사고지요. 도덕적으로 규정하는 게 아니라 아시다시피 불가피한 과정으로 보고 있지요. 그러니까 프랑스혁명이 바로 그거지요. 프랑스혁명을 거치고 나서 국민군이라는 개념이 생겼습니다. 그때까지만 해도 무장이라는 게 귀족이나 특정 직업군에만 허용된 것이었거든요. 그런데 프랑스의 경우가 생겨서 '이것이 시민의 국가다', 얼마나 본질적으로 그런 것인지 모르지만 일단 겉으로는 국가의 고민이 모두에게 평등한 의무로 지워지기 때문에 모두 군인이 되어서 지키는 것이 당연하다는 원칙이 생겼습니다. 그 순간부터 그것이 또 남을 억압하는 도구가 되었다는 거지요. 그때는 프랑스혁명의 나폴레옹군이 국민군이었기 때문에 주변보다 더 강했어요. 반 프랑스혁명의 공격을 받으니 더 국민으로 단결하게 된 거죠. 그래서 국민이라는 말에는 해방된 시민이라는 개념도 있어요. 동시에 국가의 구성물이라고 할 수도 있고요. 그때 이념 그대로 국민 각각이 자발적인 자신의 의지로 자신들이 사는 사회를 지키려고 참여한 것이라고 한다면 진짜 국민군이라고 할 수 있어요. 그런데 정말 그런 것일까 하는 것이 하나의 문제입니다.

그런데 절대 평화주의적 입장, 절대 비폭력주의에서는 그러한 국민군도 허용할 수 없다, 있을 수 없다는 견해도 당연히 있어요. 어떻게 생각하세요? 그러니까 국가가 제대로 된 국가면, 자신들의 의지가 반영되고 자신들이 국가에 참여하고 있으면 군인으로 의무를 다하겠다는 것인지, 아니면 어떤 국가이든 상관없이 군이라면 절대 안 된다는 것인지?

이용석　　병역거부자들 안에서도 말씀하신 것에 대한 의견은 다 달라요. 강철민이라는 병역거부자가 있어요. 현역 군인이었는데 이라크전쟁 파병을 반대하면서 병역거부를 했죠. 이 친구가 이렇게 얘기했어요. 자기는 애국자고 우리나라를 지키는 전쟁은 언제든지 자발적으로 참전을 하겠다, 하지만 외국을 침략하는 전쟁에 군인으로 갈 수는 없다. 이 친구 같은 경우는 방금 말씀하셨던 것처럼 어떤 국가냐에 따라, 어떤 전쟁이냐에 따라, 어떤 군대냐에 따라 군복무를 받아들이는 거죠. 그런데 저는 과연 평화를 지키는 군대가 있느냐라고 반문하는 입장이에요. 평화를 위한 노력을 꼭 군사주의적인 것으로만 해야 되나. 예를 들면 국가가 할 수 있는 역할도 전쟁에서 이기는 것만이 아니라 전쟁을 피하는 것, 피하는 방법도 외교적 노력부터 여러 가지가 있을 텐데, 군대가 아닌 다른 방식으로 평화를 위해 노력할 수 있는 가능성들을 다 배제하는 게 아닌가, 배제까지는 아니더라도 그 가능성들을 염두에 두지 않는 것이 아닌가. 그래서 저 같은 평화주의자들은 우리나라를 지키는 전쟁은 하겠느냐는 질문에, 평화를 위한 노력을 전쟁이 아닌 다른 방식으로 개인으로든 국가 차원에서든 해야 되지 않느냐고 이야기합니다.

서경식　　많이 동의합니다만, 그렇다면 대한민국이라는 국가의 군대여서 안 간다는 것이 아니라 어느 군대든 안 가겠다는 것이지요? 세계적으로 그런 사람들이 많아지면 세계가 평화로워질 거다, 그런 건가요?

이용석 그렇죠. 그런데 그런 사람이 자연적으로 많아지는 걸 기다리는 게 아니고, 그런 노력을 하는 게 평화운동이라고 생각해요. 우리가 평화를 생각할 때, 평화와 안보가 대치한다고 생각하잖아요. 전쟁 혹은 군대를 통한 군사 안보 말고 평화와 안보에 대한 다른 방식의 상상력을 키우고, 그게 국가정책, 사회 문화로 깊이 스며들면 변화들이 생기겠죠.

징병제가 확립되는 과정에 대해 말씀해주셨잖아요. 한편으로는 아무런 권리가 없고 총을 들 권리도 없던 사람들에게 권리가 늘어나는 과정이 징병제의 확장이고 국민국가 형성 과정인데, 저는 그런 생각이 들었어요. 넓어진 건 맞지만 모두 다 총을 들 수 있는 건 아니지 않았을까. 예를 들면 제국주의 일본 같은 경우도 나중에는 워낙 병력 자원이 딸려서 조선인을 징병하려고 했던 거지만, 조선인은 법으로는 일본 천황의 신민이라고 했어도 징병 대상자가 아니었고, 장애인들, 여성들, 사회 소수자들은 당연히 배제됐을 거잖아요. 그래서 한편으로는 평등이 확장되는 과정이지만 또 한편으로는 확장되면서 배제가 동시에 일어나는 과정이지 않았나. 근대 국민국가가 생기면서 징병제를 바탕으로 모두가 국민이 됐다고 생각하는데 사실은 국민에서 배제되는 사람들이 반드시 있지 않았느냐는 거죠.

_____ 군대를 안 가면 국민이 아닐까?

서경식　그 문제에 대해서 역사적인 내용을 말씀드리지요. 일본의 명치(메이지) 헌법상 국민의 의무는 교육과 납세, 병역이었어요. 한국은 지금도 국방의 의무가 국민의 의무죠. 일본은 조선이나 대만을 식민지화하고 조선인과 대만인은 식민지 신민으로서 헌법의 틀 바깥에 두고 외지인으로 대했어요. 헌법의 적용 대상이 아니었던 거죠. 그래서 징병도 안 했어요. 당연히 이 사람들은 비국민이죠. 항상 너희는 제대로 된 국민이 아니다, 이등 국민이다 하는 차별과 멸시를 받아왔지요.

1937년인가에 일본 도쿄 사령부가 조선에 주둔한 군대에 물었어요. 이제 조선인을 징병 대상으로 하면 안 되냐고. 근데 아직까지 안 된다고 했어요. 앞으로 50년 정도 걸린다고. 황민화 교육을 하고 있는데 두 세대 정도 지나야 이 사람들이 참된 국민이 된다는 거죠. 여기서 국민이라는 말이 아주 혼동되어 사용되고 있어요. 원래 국민의 뜻은 그런 게 아니었죠. 국민은 국적을 가지고 있는, 사회의 평등한 구성원인데 말이죠.

프랑스혁명 때에 그 개념이 생기면서부터 차별이 내포돼 있었어요. 유대인도 원래는 국민이 아니었어요. 그리고 여성도 그렇고요. 프랑스 국민군이 스페인이나 독일에 가서 전쟁을 벌였을 때 현지인들은 차별이나 공격 대상이었죠. 그러니까 국민이라고 말한다고 해서 평등이 이뤄진 것이 아니었던 거죠. 일본 같은 경우는 천황의 신민, 충실한 신민이라는 뜻까지 국민이라는 말에 내포시켰어요. 그래서 이 사람들의 논리가, 일본 야마토 민족은 스스로 기꺼이 목숨을 바치고 나라나 천황을 위해서 싸울 텐데 조선인은 아직까지 그런 수준이 아니다, 그래서 국민이 아니라는 얘기지요. 더군다나 이놈들에게 군사훈련을 시키고 총을 들게 하면 오히려 우리 일본인을 공격할지도 모르니 믿을 수 없다는 거지요. 또 그때 교육 수준으로는 일본말을 유창하게 쓸 수 있는 사람이 그렇게 많지 않았거든요. 군이라는 게 하나의 언어로 명령하면 전부 다 같은 행동을 해야 하는데, 이놈들이 그렇게 할 수 있을지 우려한 것도 있었고.

그때 일본군은 출신 지역마다 군이 형성돼 있었어요. 그중 오사카 군이 나약한 걸로 유명했어요. 동북 지방군이 아주 잘 싸우는 사람들이었죠. 농부들이고, 가난하고, 군에 들어가면 얼마든지 밥을 먹을 수 있으니까 군대가 우리에게는 천국이라는 식으로 기꺼이 전쟁하는 사람들이었죠. 그런데 오키나와에만 군이 없었어요. 오키나와 사람들은 각지의 군에 분산돼 소속되어 있었어요. 오키나와가 피식민지였기 때문에 식민지 신민들을 군대에 입대시키는 것을 아주 경계했던 거죠. 그렇게 경계하면서도 그걸 정당화하기 위해서, 너희는 후진적이고 야만적이고 아직까지 문명을 모르고 특히나 일본의 천황에 대한 고마움을 이해하지 못하는 놈들이라고 차별했어요. 그러니까 비국민은 법적으로 국민이 아니라는 뜻이 아니라, 주류 지배적인 이데올로기가 경계심을 가지고 있는 대상이라는 거지요.

근데 아이러니하게도 그때 도쿄 경찰의 자료 같은 것을 보면 우리에게도 징병제를 적용하라는 구호를 외치거나 유인물을 배포해서 구속된 조선인들이 많아요. 차별하지 마라, 우리도 똑같이 신민 취급을 하라, 우리도 똑같이 훌륭한 군인이 될 수 있는데 왜 차별하냐, 우리는 비국민이 아니다, 이렇게 외치고 치안유지법 때문에 고문받고 구속된 사람들이 있어요. 그리고 징병제 전에 지원병 제도를 도입했을 때 많은 조선인 청년들이 지원했어요. 먹고사는 문제도 있고 제국적인 위계제 안에서 인정받고 싶은 욕심도 있었겠지요.

그러니까 비국민이니 국민이니 하는 개념 규정부터 하고, 비국민이라는 개념을 누가 어떤 뜻으로 점유하고 있는지 봐야 한다는 거지요. 그렇게 봤을 때 조선인은 당연하게도 1944년까지 비국민이었다, 비국민이었던 것은 오히려 다행이다, 앞으로도 비국민으로 살아야겠다, 그런 생각이 거기서 보이는 거죠.

그런데 어려운 문제는 해방되고 자신들의 국가를 갖게 되었는데 두 개로 분단되었다는 거죠. 아까 윤동주 시인의 이야기를 했는데 그가 얘기한 그런 무장, 그런 군대가 그대로 이뤄졌더라면, 현실적으로 가능했을지는 차치하고라도, 좀 다른 문제가 되었을 거예요. 일제에 대해서 조선인들끼리 저항하고 독립운동하고 그들을 중심으로 국가가 이루어지고 그것이 국군의 중심이 되는 국가다, 그래도 평화주의적인 사고에 입각해서 무장은 안 된다는 얘기를 얼마든지 할 수 있지요. 사실은 나도 그렇게 생각하는데, 대한민국이라는 국가와 대한민국의 국군이 그런 것인지 아닌지가 문제죠. 여러 차원의 문제가 섞여 있는 상태에서 국민인지 아닌지, 군에 가는지 안 가는지를 의논하기 때문에 이 문제가 정리가 잘 안 된다고 봐요. 결론적으로는 절대 평화주의적인 입장이 과연 가능한지에 대해 이야기해야 한다고 생각해요. 그 결론까지 여기서 이야기할 필요는 없겠지만요.

그리고 재일조선인이라는 비국민에 대해서 말하자면, 재일조선인뿐만 아니라 조선인 전부가 식민지 시대에는 비국민이었습니다. 그런데 일본이 패전하면서 일본 땅에 남은 사람들이 재일조선인이 됐지요. 이 사람들이 일본 국적도 상실하고 계속 비국민으로 있다는 거지요. 법적으로 일본 국적이 아니어서 비국민이라는 것은 당연한 일이고, 외국인이라고 하면 그만이지만…… 비국민이라는 말에 내포된 뜻은 일제시대부터 계속해서 일본이라는 제국 식민 지배하에서 차별받고 저항하고, 저항까진 하지 않더라도 일본 주류가 볼 때는 내심 믿을 수 없는 사람들이라는 거죠. 재일조선인이 비국민이냐 하면 비국민이라고 할 수 있는데, 그 말에는 일제 시절부터 계속 있어온 그런 시선이 담겨 있다는 거죠. 왜 그런 시선이 있냐면 식민지주의가 남아 있기 때문이에요. 이것을 짚고 가야 해요.

그렇다면 재일조선인이 대한민국이 볼 때는 국민일까요, 비국민일까요? 어떻게 생각하세요?

재일조선인은 국민인가, 비국민인가

이용석　학교 다닐 때 옆의 과 후배가 재일조선인 3세였어요.

그때 재일조선인이라는 존재를 처음 알게 되었어요. 그전에 《옥중서한》을 사서 앞부분을 조금 보긴 했지만 그건 저에게는 재일조선인의 역사라기보다는 조작간첩사건의, 국가 폭력 피해자의 글이라는 느낌이었거든요. 그 친구가 한국에서 고등학교 3년 다녀서 한국 군대에 가야 한다고 하는 거예요. 한국 국적을 가지고 있었어요. 아버지가 재일조선인이고 어머니가 일본인이었는데. 그 친구는 당연히 주민등록번호가 없고 외국인등록번호가 있었어요. 그런 게 있는 줄도 처음 알았는데, 그때 충격이었죠. 이 사람은 주민등록번호가 없는데 군대에는 가라고 하는구나. 군대에 가야 한다면, 이 사람은 우리나라 국민인 건데 실제로는 아닌 거잖아요. 지금 생각하기로는 사전적인 의미의 비국민이 아니라 말씀하신 그런 맥락의 비국민인 거죠. 한국 사회에서는 명백히 타자이고.

서경식   프랑스혁명 때부터 계속해서 병역이라는 게 국민의 기본적인 자격이라는 사고가 있었고, 병역 없이는 투표도 없다는 것이 상식이 되었어요. 그리고 여성의 참정권도 제1차 세계대전이 지나고 나왔잖아요. 여성도 거기 참여하고 있다는 얘기로부터 나온 것이죠. 또 일제 시절에는 이 조선 반도에 선거가 없었는데 선거법을 개정해서 조선인에게도 의석을 주라는 얘기가 징병제와 같이 나오기 시작했어요. 다 결부되었어요. 그러니까 군에 안 가는 사람은 당연히 국민이 아니라는 것이 상식이 됐죠. 그런데 과연 이 상식이 정당한지를 다시 따져야 한다는 거지요. 재일조선인 경우는, 저는 해당되지 않지만, 1965년 한일회담 때 일본과 한국의 국교가 다시 정상화되면 일본에 있는 조선인도 한국 징병제 대상이 될 거라는 얘기가 논란이 돼서 많이 불안해했어요. 재일조선인은 완전한, 순수한 국민이 볼 때는 조금 비겁하게 '우리는 병역하고 싶지 않다'고 버티고 저항하고 안 가겠다고 하면서 한국 국적 취득을 조금씩 눈치 보면서 신청하곤 했어요. 비국민인 거죠. 그러니까 이것이 집단적인 병역거부다, 이렇게 얘기할 수 있어요. 비유적으로는. 그런데 그중에 대한민국 국적을 가지고 있는 재일조선인 젊은 세대가 한국에 오거나 하면 김포공항에서 '너 병역할 거냐'고 심문받기도 했어요. 면제를 증명하지 않으면 군대를 안 갈 수 없는 거예요. 1년 이상 여기서 체류하면 영장이 나오죠. 그래도 안 가는 사람들이 많다고 하면 그들은 비국민인 건가, 국민의 의무를 외면하고 회피하는 건가. 이 나라의 주류가 그렇게 보고 있다면 과연 그것이 당연하고 정당한 것인지 따져야 한다는 거죠.

물론 반대로 회피할 수 없는 의무로서 복무하겠다는 사람도 있어요. 스스로 대한민국에서 군에 가는 친구들이 많진 않지만 있는 게 사실이고, 이북에 가서 인민군에 들어간 사람도 있어요. 물론 각자 생각하는 게 있겠지만, 6·25 때 용병으로 일부러 여기 와서 싸운 사람도 있죠. 용산 전쟁기념관에 가보면 전시가 다 되어 있잖아요. 이 사람들은 물론 아주 반공적이고 군국주의적인 사고를 하고 있어요. 군국주의 시대 말기부터 그런 교육을 많이 받았고, 그중에는 특공대를 다녀온 사람도 있고, 자유 진

군대를 안 가면 국민이 아닐까?

영 사람으로서 의무를 다하겠다는 것도 있죠. 하지만 제 생각으로는 그것보다 그때까지만 해도 다른 나라 국민이었는데 이제야 자신도 해방이 됐다, 국민 주체로 놓이게 됐다, 그렇다면 나도 총을 들고 국민으로 의무를 다하고 완전한 국민이 되겠다는 사고에 가까워요. 꽤 많은 사람들이 용병으로 왔는데 아주 아이러니한 건 그때는 아직까지 일본 국적이 유효했을 때예요. 1952년까지는 일본 국적이었어요, 법적으로는. 일본 국적 가지고 대한민국 국민으로 자원해서 싸웠어요. 그런데 전쟁이 끝났죠. 일본 정부가 전부 다 일본 국적을 취소했죠. 일본에 있던 사람들도 전부 무국적자가 됐어요. 전쟁이 끝나고 일본에 돌아가려는데, 일본에 가족도 있고 부인이 일본인이었던 사람이 많았어요, 그런데 돌아갈 수 없게 됐어요. 무국적자가 되고 양쪽 국가한테 버림받은 거죠. 비국민이냐, 국민이냐 하는 것에는 그런 역사가 있습니다. 남의 이야기가 아니라 우리가 직접 겪은 얘기로서 있다는 거죠.

그래서 재일조선인은 비국민이냐, 하면 비국민이 맞아요. 비국민인데 그렇다고 해서 같은 민족이 아닌 것은 아니라는 거죠. 국민이라는 개념만 우리를 규정하는 게 아닙니다. 하나의 국민이라는 틀을 넘어서는 더 넓은 의미로 봐야지 우리 조선인의 근대사, 현대사를 알 수 있다는 거죠. 심지어 이북 사람은 적대 국가인데 같은 민족입니다. 비국민이냐, 아니냐를 훨씬 넘어서 적대 국민인데 우리 겨레인 거죠. 국민인지 아닌지 가르는 척도는 법적인 척도가 있고 이데올로기적인 척도가 있는데 두 가지 모두 훨씬 넘어서는 시야로 봐야 이 문제를 볼 수 있다는 거예요. 그래서 재일조선인은 비국민이다, 그리고 자발적인 비국민으로 사는 것이 바람직하다는 게 내 생각입니다.

그리고 지금 아주 심각한 문제가 되는 것은, 일본에 귀화하는 재일조선인이 많다는 거예요. 일본 사회에 차별도 있고 이 나라가 평화롭게 통일이 되고 자유롭게 왕래할 수 있는 가능성이 희박해지니까 그렇게 되는 거죠. 일본에서 태어난 2세, 3세 들이 1년에 2만 명 정도가 귀화해요. 일본 국적이어도 지금은 일본에 병역제가 없어요. 그런데 앞으로 생길 가능성이 커지고 있어요. 그렇다면 일본 국적을 가지고 일본인으로 군대에 갈지 말지가 문제가 되죠. 그래서 저는 젊은 재일조선인들이 우리는 도저히 못 견디겠으니 귀화하고 싶다고 할 때 "그러면 당신은 징병제가 되면 군대에 가겠습니까? 아들을 군대에 보내겠어요?"라고 물어봐요. 그러면 가고 싶지 않다고 해요. "그렇다면 버텨야지" 하고 저는 얘기해요. 지금도 비국민인데 또 비국민 처지가 돼요. 국민이 되고 싶어서 귀화하는 것인데 국민이 될 수 없다는 거죠. 그리고 조금 다른 얘기지만, 일본의 역사적인 책임, 이를테면 '위안부' 할머니 문제가 있죠. '일본이 저지른 국가적 죄에 대한 책임이 있다. 전쟁 후에 태어난 세대라 하더라도 국민적인 책임이 있다. 그런데 재일조선인이 일본 국민이 되면 어떻게 하지? 그러면 가해자의 책임을 지게 되나? 잘 생각해봐라.' 이렇게 얘기해요.

국민화되지 못했던 부분이 앞으로 제대로 국민화되는 것이 올바른지, 아니면 이 부분이야말로 앞으로 우리가 나아갈 길을 시사하고 있는지가 문제예요. 저는 후자가 맞다고 생각해요. 세계의 온갖 사람들이 전부 어느 한 국가의 국민이 된다면 그 세상은 지옥인 거죠.

여담인데, 미국에 유학이나 이주를 하면서 병역을 기피하는 사람에 대해 이 나라에서 아주 심하게 비판을 하지요. 물론 그게 사회적인 특권이라, 돈 있고 시간 있는 사람들만 할 수 있는 일이라는 것은 사실이지만 저는 나쁜 게 아니라고 봐요. 인간들이 온갖 수단을 다해서 회피하는 것이 옳은 일이라고 저는 생각해요.

병역거부자는 국민인가, 비국민인가

이용석　저희는 병역거부를 하나의 사회운동으로 생각하고 자기 목소리를 내는데, 저희한테 상담해오는 많은 사람들 가운데서는 사회운동과 상관없이 죽어도 가기 싫다, 군대 빠질 수 있는 방법을 알려달라는 분도 있어요. 어느 시점 이후부터는 병역거부가 평화주의운동 차원이 아니라 군대에 가기 싫어서, 사회 주류의 시각으로 보면 그냥 병역기피인 경우가 많아졌어요. 그러면 우리는 과연 병역기피를 어떻게 바라봐야 할 것인가에 대해 토론을 많이 했거든요. 요새 늘고 있는 게 망명하려는 분들인데요, 실제로 캐나다로 망명 신청해서 성공한 분과 프랑스로 망명한 분이 있어요. 그 뒤로 더더욱 망명에 대해서 많이들 물어보죠. 저희도 사실은 망명에 대해 잘 알지 못해서 많은 도움을 주지는 못해요. 잠정적으로 결론 내리기로는 그게 평화운동, 병역거부운동은 아닐 수 있어도 이 사회의 국가주의, 군사주의를 약화시키는 데는 분명히 영향을 끼친다는 거예요.

서경식 　두 번째 질문인데 병역거부자는 과연 국민일까요, 비국민일까요. 이런 이분법으로 생각하면 법적으로는 국민이죠, 당연히. 그런데 이데올로기적으로는, 어떤 사람들이 볼 때는, 비국민인 거예요. 그런데 그런 차원에서 비국민이면 왜 안 되냐, '우리도 국민이다' 할 수도 있고, 병역을 국민의 권리로 기피할 수 있게 돼야 해요. 그것이 국민의 권리로 인정되면 비국민이라 하기가 어렵게 돼요. 개인의 존엄이라는 거, 헌법상 가장 중요한 가치로 인정하는 사례예요. 독일이라는 국가가 실제로 그렇게 하고 있는지는 의문이지만 어쨌든 독일 기본법의 제1조, 가장 중요한 부분은 개인의 존엄이에요. 물론 개인의 존엄을 내세운 것은 나치 시절을 겪고 나서죠. 그때만 해도 국가나 민족이라는 게 가장 중요한 가치였고 개인은 그 아래에 있었습니다. 국가를 지키고 민족을 발전시키기 위해서 개인이 희생하는 것이 가장 숭고한 가치라는 사고방식 때문에 2차 세계대전이 벌어졌고 유대인 대학살이 있었다, 그걸 벗어나기 위해서는 개인의 존엄이 가장 중요하다는 걸 깨닫고 그렇게 규정한 거죠.

이용석　　독일은 지금은 모병제로 바뀌었는데 징병제일 때 헌법에 병역거부 권리가 명시되어 있었어요.

서경식　　그렇죠, 맞아요. 개인의 판단을 중요하게 여긴 거죠. 스스로 국가를 지키겠다고 하는 사람, 이번 전쟁을 올바른 전쟁으로 생각하는 사람은 와라, 그렇지 않은 사람은 오지 마라. 그 권리를 지키는 사회가 되면 국민과 비국민을 구분하는 선도 움직이죠. 기피하더라도 헌법상으로는 국민인 거죠. 이 나라에서는 기피자도 거부자도 국민이다, 그렇게 돼야만 한다는 거죠. 그렇게 되면 아주 개인적인, 아주 이기적인 이유라도 기피하는 사람을 일단 인정해야 해요, 제 생각으로는.

　　그런 방식이 불가능하다고 주장하는 사람은 한마디로 군사문화, 그러니까 호모소셜Homosocial의 사나이 문화에 확고하게 물들어 있는 거죠. 그래서 '우리가 남자끼리 똑같이 고생하는데 너는 왜 회피하냐'고 말할 수 있는 거예요. 한국의 중산층, 상류층은 캐나다나 미국 등으로 가서 병역을 벗어날 수 있잖아요. 그래서 저소득층이 오히려 이 사람들을 공격하게 됩니다. 저는 그건 좋지 않다고 생각해요.

　　과거에 일본에서 재일조선인으로 살면서 일본 정부의 징병이나 징용에 대해서 거부하던 우리의 역사가 있어요. 예를 들어서 저희 아버지 같은 경우는 전쟁 말기에 교토 시골에 가서 농사를 짓게 됐어요. 그때는 보통 조선인은 농사를 안 지었거든요. 왜냐하면 노동자로 와 있었으니까요. 농사를 지으려면 농업위원회라는 곳에서 허가를 받아야 해요. 딱 보니까 일본 지주 아래 소작인으로 들어가야 돼요. 그런데 소작인으로 농사를 지으니까 남는 게 거의 없어요. 절반 이상을 내야 하니까요. 그래도 소작인을 했던 이유가 뭐냐면 식량 생산에 종사하고 있으면 징용을 안 가도 된다는 소문 때문이었어요. 그래서 조선인들이 많이 소작인이 되었어요. 그래도 징용됐죠. 그다음에는 도망쳤어요. 경찰이 오면 어머니가 어디 갔는지 모르겠다, 편지도 안 온다, 조선말로 얘기하고 울고 해서 회피했죠. 다행히 전쟁이 끝나서 살아남으셨는데 오래 계속되었으면 어떻게 됐을지 모릅니다. 아버지가 아주 확고한 민족주의 이념이 있어서 저항했다는 것이 아니라 보통 서민의 소박한 삶을 지키려는 노력이었죠. 그걸 알아야 한다는 거예요. 그런 점에서 생각하면 징병 기피와도 공통점이 있잖아요. 물론 지금 돈을 많이 들여 미국으로 가는 것과는 다르다고 할 수 있지만요. 저는 국내에서도 군대에 가기 싫어서 기피하는 사람들을 보호해야 한다고 봐요.

보통 시민들 중에 군대에 가고 싶은 사람은 많지 않아요. 가고 싶지 않다고 해서 그 사람의 사고를 비국민적이라거나 비겁하다거나 이기적이라고 해서는 안 된다고 봐요. 그러니까 병역거부자가 도덕적, 윤리적으로 숭고해야 한다는 사고를 할 필요가 없어요. 나는 보통 사람인데 그냥 가고 싶지 않아서, 여자 친구하고 같이 있고 싶어서 안 갔을 뿐이라는 것도 나쁘지 않다고 해야 해요. 그런 권리까지 지켜져야 이 사회가 괜찮은 사회라는 거죠. 그런 사회라야지 전쟁이 터졌을 때 이 사회를 지키기 위해서 우리가 뭔가를 해야 한다는 마음이 생기죠.

이용석　병역거부가 가장 활발하게 일어날 때는 전쟁 때잖아요. 지금 한국 같은 상황에서는 사람들이 생각하기에 특별한, 이상한 사람들만 병역거부를 하는 것 같겠지만 실제로 전쟁이 터지면 달라지겠죠. 전쟁 터질 때 군대에 가는 건 죽으러 가는 것이 되기 때문에 지금이라면 군대에 갈 사람들도 굉장히 다양한 개인적인 이유들로, 정치적 병역거부가 아니라 흔히 말하는 병역기피를 할 거라고 생각해요. 산속에 숨어들거나, 뇌물을 줘서라도 병역거부를 하려고 하겠죠. 병역거부든 기피든 실제로 그런 게 전쟁을 막는 역할을 하기도 하기 때문에, 선생님께서 말씀하신 것에 저희도 당연히 공감합니다. 어떤 방식으로든 군대를 안 가는 사람이 늘면 늘수록 세상은 그만큼 좋아진다고 생각해요.

서경식　반대로 일본에는 오랫동안 병역제가 없었기 때문에 일본 젊은 사람들에게 현실감이 없어요. 지금 일본에서는 자민당이 헌법 개정을 내서 자위대를 국방군으로 바꾸자고 제안하고 있잖아요. 만약 이것이 실현되면 헌법상 위배가 돼요. 제가 학생들에게 '너도 군대에 가야만 한다, 알고 있느냐'고 하면 '아, 진짜요?' 하는 정도예요. 누군가 병역을 대신 해주는 거지, 자신이 갈 생각은 없어요. 이게 법적으로 규정되면 자신도 비국민이 되는데 '아, 진짜요?' 하고만 있는 거예요. 그걸 보면 이 사람들이 현실감이 너무 떨어지는 것 같기도 하지만, 그래도 그게 더 좋고 그렇게 되어야 한다는 것이죠.

또 지금 말씀하신 문제 말인데, 전쟁의 위기가 고조될수록 기피자가 많아진다는 것이 과연 사실일까요? 제가 일본에서 볼 때 2014년 1월에 전쟁 위기가 고조되었는데 어떻게 되었죠? 핵, 대규모 군사훈련…… 내일이라도 터지지 않을까 싶은 위기감을 느꼈어요. 그런데 한국에 사는 사람들은 그렇게 못 느끼는 것 같았어요. 일본의 젊은 사람들하고 상황은 반대이지만 현실감이 없는 건 비슷해요. 군이 있는 사회에 너무나 익숙해 있고, 이때까지 그래왔기 때문에 그냥 일상이었던 거죠. 그런데 이라크나 시리아 같은 경우, 하나의 국가가 무너졌잖아요. 수십 년 동안 있었던 사회가 무너지는 것을 우리가 눈으로 봤어요. 리비아도 그렇죠. 그런데 여기만 그런 일이 일어나지 않는다는 근거가 있을까요?

이용석 제가 파주에 살아요. 집 옥상에서 보면 북한이 보여요. 옛날 같으면 2013년 초 같은 상황이 일어났을 때 파주는 제일 먼저 라면이나 생필품 들이 싹쓸이됐을 거예요. 파주의 한 도서관에서 독서 모임을 하는데, 거기서 저에게 전쟁과 평화에 대해 얘기를 해달라고 해서 간 적이 있어요. 주로 도서관 사서, 출판사 편집자, 지역 주민들이 참여했는데, 거기 있던 사람들도 전쟁이 일어날 거라고는 아무도 생각 안 했어요. 제가 그때 했던 얘기가 전쟁은 누가 왜 일으키느냐는 것이었어요. 전쟁이라는 것이,

우리가 생각하기에는 조지 부시 같은 또라이 한 명이 일으키거나 김정은이 약간 똘끼가 있어서 일으키는 것 같지만 현대로 올수록 그렇지 않거든요. 사실 한국전쟁 이후에 소위 말하는 1세계 국가가 일으킨 침략 전쟁은 있어도 그 국가 영토 안에서 일어난 전쟁은 없고, 1세계 국가들끼리는 전쟁을 벌이지 않잖아요. 그리고 지금 미국 국방부를 봤을 때도, 먹고살기 어려워서가 아니라 무기를 팔고 전쟁으로 이득을 얻는 사람들이 계속 돈을 벌기 위해서 전쟁을 기획하고 분위기를 조성하는 거잖아요. 그렇다면 한반도에서 전쟁이 일어나는 것도 그냥 남북관계, 단순히 박근혜와 김정은이 사이가 나빠서 일어나지는 않을 거다, 다른 여러 가지 문제들이 겹쳐야 하지 않을까 하는 거죠. 예를 들어서 우리나라는 그렇게 큰 규모의 무기 산업체들이 많지는 않지만 만약 미국의 군수 산업이 이번에는 이라크가 아니라 한반도를 타깃으로 전쟁을 일으키겠다고 한다면 오히려 일어날 가능성이 더 높겠죠. 사실은 2013년 초에 남북한 정치 지도자들이 했던 얘기는 진짜 전쟁을 일으키려는 마음보다는 외교적인 수사가 아니었을까요?

서경식   그건 아무도 모르지요. 저도 모르고요. 저는 그런 차원에서 전쟁이 일어나면 모두가 손해를 보니까 안 일어날 거라는 설명을 항상 들어요. 제가 합리적으로 생각하더라도 그렇긴 하고요. 그런데 전쟁이 합리적으로만 이루어지는 건 아니에요. 과거에 일어났던 전쟁들도 그렇고. 연평도나 천안함 때처럼 군의 일부가 강력하게 반격하자고 해서 그때 방아쇠를 당겨요. 아슬아슬해요. 그리고 중국이니 미국이니 하면서 외교적인 요소를 따지는데, 아주 불안한 균형이 유지되고 있을 뿐이죠. 가장 중요한 측면은 이거라고 봐요. 군이라든가 국가, 전쟁 등이 여기 이 사회에 살고 있는 시민들의 의지하고는 다른 차원에서 정해져 있다는 것이죠. 우리가 우리를 지키기 위한 차원이 아니고, 국가나 외국이 결정권을 갖고 하는 전쟁이라는 거예요. 여기에 참여하는지 안 하는지를 가지고 국민인지 비국민인지를 결정하는 것은 비합리적이라고 생각합니다. 그러니까 국민과 비국민을 누가 어떻게 나누느냐가 중요해요. 우리 자신들이 그렇게 나눌 수 있다면, 우리가 바로 국민이라고 하면 돼요. 군에 안 가는 사람들도 우리 국민이다, 뭐가 나쁘냐, 하면 되는 거죠. 그러니까 지금 이것이 우리가 그은 선이 아니라는 것을 인식하는 게 가장 중요합니다.

국가를 넘어서는
다른 사회

이용석　　병역거부운동에서 대체복무제가 한때 뜨거운 감자였는데, 급진적인 그룹은 대체복무제 자체를 비판하기도 해요. 어쨌든 대체복무제는 징병제를 유지시켜주는 보완책이라는 거죠. 그 말이 어느 정도 일리는 있어요. 결국 국가 안에서 국민으로 존재하기 위해 인정해달라는 거니까요. 사실 저희 같은 병역거부자들은 병역거부를 하기 전까지는 평생을 국민으로 살아왔고, 비국민이라는 배제된 존재들이 있다고는 생각하지 못했어요. 저희가 여성이었으면 또 달랐을 텐데 남성에, 비장애인이거든요. 그리고 병역거부자들이 지금까지는 대체로 학력이 좋은 편이고, 어떻게 보면 국가에서 제일 원하는 국민상을 지니고 있는 사람들이죠. 그런데 여기서 병역을 거부했다는 그 이유 하나로 자발적인 비국민이 되어버린 거죠.

사실 저 같은 경우는 스무 살 넘게 국민으로 살아오다가 한순간에 비국민이 되면서 새로운 세상이 열린 것 같아요. 국민의 위치에서만 이 나라와 세계를 바라보다가 비국민이 되어서 바라본 세상은 전혀 다른…… 물론 병역거부자여서 받는 차별이나 배제가 있는데 그게 꼭 나쁜 의미로 다가오지는 않았고, 어떻게 보면 자발적으로 비국민이 된 거죠. 대체복무제와 관련해서 저희 안에서 그런 토론이 많이 있었어요. 대체복무를 인정해달라는 것은 우리는 비국민이 아니라 국민으로 들어가고 싶다는 것 아니냐, 우리를 국민으로 인정해달라고 하는 것이 아니라 비국민이 뭐가 나쁘냐고 주장해야 하는 것 아니냐. 그래서 국민과 비국민의 경계를 없애야 되는 것 아닌가. 예를 들면 대체복무제가 돼서 대체복무를 하면 우리는 국민이 되겠지만 장애인들이나 이주민들이나 여성들은 여전히 비국민인데, 우리만 국민이 되는 게 과연 무슨 의미인가. 이런 식의 반성을 했어요. 국민과 비국민을 가르는 선은 권력자들이 정치적인 이유에서든 뭐든 만들어놓고 거기에서 재일조선인 같은 경우는 자기의 의지와 상관없이 배제되고…… 여성들도 마찬가지고요. 물론 국민과 비국민이 나뉘어 있고 갈려 있고 구분돼 있는 건 나쁘지만, 우리가 비국민이 되면서 국민일 때는 보지 못한 새로운 것을 볼 수 있지 않을까, 오히려 새로운 세상의 가능성은 비국민에게서 열릴 수 있지 않을까. 비국민 정체성 자체를 너무 살기 힘들다고 볼 게 아니라, 특히나 운동적인 측면에서는 비국민의 의미를 차별받는 사람들로 한정시키는 게 아니라 오히려 새로운 세상을 만들어갈 수 있는 열쇠를 지니고 있는 사람들로 봐야 하지 않을까.

서경식　저는 대체복무제에 대해서는 이렇게 생각해요. 원칙적으로는 그것이 보완 제도다. 병역뿐만이 아니라 국가가 국민을 동원할 때는 여러 가지 다양한 형태로 동원하죠. 과거에 일제도 일본인을 징병 대상으로 하면서 조선인은 징용으로 동원해 노동을 시켰고요. 그것이 오히려 군인으로 징병하는 것보다 훨씬 나쁜 짓이었어요. 총 없는 군인이라고 하면서 청소년도 동원하고 여성도 군속으로 동원한 경우도 있죠. 아까 얘기했듯이 우리 아버지가 징용됐을 때 벌써 우리 아버지나 조선인들은 알고 있었어요. 치시마 열도(쿠릴 열도)나 남양군도로 파견되어 살아서 돌아오지 못한다는 걸 알고 도망친 거죠. 동원이라는 면에서는 대체복무도 병역도 기본적으로 비슷해요. 근데 그 차이가 전혀 없냐면 그렇진 않아요. 직접 총을 들고 남을 죽이는지 안 죽이는지가 기본적으로는 개인의 양심에 달려 있는 윤리적인 차원이긴 하지만, 이 선은 무시할 수 있을 만큼 가벼운 선이 아니에요. 그러니까 대체복무하고 싶다는 건 기본적으로 남을 죽이고 싶지 않다는 거죠. 결국 대체복무도 없어져야 하지만 과도기에는 이 제도가 정해지고 점점 늘어가는 것이 그래도 바람직하다고 생각해요. 그러니까 국가가 동원을 순조롭게 원활히 해야 한다는 것은 절대로 아니고요.

그리고 외부인이나 장애인이나 여성 들이 지금 주변화되어 있죠. 근데 이들도 아주 원만하게 동원할 제도가 만들어져요. 지금 미국 보세요. 여성들이 기꺼이 군인이 되어서 지금도 전선에 서게 해달라고 해요. 자신들도 남자들한테 뒤떨어지지 않는다고, 총을 쏠 수 있다는 식으로 지원해요. 그렇게 많이 늘어가고 있어요. 그러니까 주변화된 구조를 묻는 선이 있는데 그 선을 이놈들이 잘 사용한다는 거죠. 위계적으로는 배척하면서 활용은 잘하고…… 그걸 잘 알아야 합니다.

한편 국가가 뭐냐는 질문을 던져야 합니다. 근대 국가가 18세기 말, 19세기에 생겼습니다. 레닌이 얘기했듯이 자기 손으로 국방을 할 수 있는 나라여야만 제대로 된 국가이고 강대국의 침략에 저항할 수 있다는 것이었죠. 그것이 그때의 조건하에서는 마땅한 부분이 있는 이론이었다고 생각해요. 그런데 그렇게 국가가 생기면서 국민이 생겼지요. 국민이라는 것과 노동계급 해방이라는 것…… 노동계급 해방이라는 건 보편적으로 국민이 아니라 노동계급은 모두가 평등하다, 계급적 보편성이야말로 우리에게 가장 소중한 것이라는 사고였지요. 그런데 거기에도 똑같이 국민화가 이루어졌어요. 두 가지가 모순된 이념이면서도 서로 손을 잡아왔어요. 왜냐하면 국민화 교육 때문이죠. 농사만 짓던 사람들이 모두 초등학교에 가서 국어 배우고 도덕 배우고 그리고 군에 가고, 이런 제도들이 그때 이루어졌어요. 그러면서 자신들과 남을 가르는 선도 생기게 되었죠. 노동자계급에도 그 선이 아주 강하게 생겼어요. 제2인터내셔널이 그런 거지요. 제1차 세계대전이 터졌을 때 사회주의자 전부가 조국 애호, 조국 우호 같은 선언을 했어요. 역사적으로 봤을 때 계급적인 보편성이라는 이념이 이겼냐 하면 아쉽게도 그렇지 않아요. 오히려 국민적인 유대라는 줄이 더 강하죠. 국민이라는 것의 기본 개념은 하나의 계급이 다른 계급을 지배하기 위한 조직으로서 국가가 있는 세상에 우리가 아직까지 살고 있다는 거예요. 지금 존재하는 국가들이 그런 국가들이라는 걸 먼저 이해해야 해요.

재일조선인에게 국가란 무엇인가 생각할 때도 마찬가지예요. 재일조선인이 이 나라(조선)에서 비교적 못사는 계급이어서 해외로 갔던 거죠. 그런데 일본이라는 사회 속에서도 물론 예외는 있지만 대다수는 하층계급이어서 노동자로 조직되지도 않고 소위 지금 말하는 비정규직으로 살았어요. 오사카에서 한 조사 결과, 재일조선인 자영업 비율이 아주 높았어요. 가족끼리 하는, 말하자면 가내공장이죠. 그건 기업에도 들어갈 수 없다는 뜻이죠. 노조원도 될 수 없다는 거예요. 저는 이 나이까지 가난해서 아주 고통스러웠던 경험이 다행히 없는데, 정규직으로 도쿄경제대학에 취직했을 때 노조가 와서 노조원이 되어달라고 했을 때 깜짝 놀랐고 너무 반가웠어요. 나도 노조원이 될 수 있는 세상이 왔다, 기꺼이 노조원이 되겠다고 했어요. 그때 부위원장이 아주 고마워하면서 "걱정하지 마세요. 우리 노조는 절대 정치 활동 하지 않겠습니다"라고 하는 거예요. 그 말을 듣고 저는 그렇다면 노조원 될 수 없다, 안 되겠다고 했어요.

적어도 제가 아는 한 일본에서 노조는 정규직 노동자들의 기득권을 지키기 위한 조직이에요. 후쿠시마 원전에서 사고가 났지요. 도쿄전력이 비판받고 있지요. 그때 정권을 잡고 있던 민주당이 아주 애매모호하게 대응했기 때문에 정권을 잃어버리게 됐는데, 그 이유가 노조에 있어요. 도쿄전력 노조가 직원 지지 단체였기 때문이에요. 일본에 일본노동조합총연합회라는 제일 큰 노조 단체가 있는데, 거기에서 가장 큰 부분을 차지하는 게 도쿄전력 노조예요. 그러니까 도쿄전력 노조가 자신들의 조직을 지키기 위해서 원전 철폐를 반대했기 때문에 모호하게 된 거죠. 이런 걸 생각하면 계급적 보편성도 그렇게 일반적으로 이야기할 수 없다고 생각해요.

다시 아까 질문으로 돌아가서, 재일조선인에게 국가라는 게 뭐냐? 1945년 나라가 해방됐을 때까지는 우리에게 국가는 일본 제국 밖에 없었어요. 거기서 우리는 제2국민으로 차별 대상이었고, 해방된 뒤에 우리 조국인 조선 반도가 두 개로 나뉘어서 어느 한쪽을 선택하라는 외부적 압력에 시달려왔죠. 우리도 모르게 조선에 두 가지 정권이 생겼는데 어느 한쪽을 선택하라는 거예요. 우리 형 둘(서승, 서준식)이 그렇게 된 것도 그런 강요 때문이었어요. 어머니가 감옥에 있는 형들을 면회하러 다닐 때 일인데요, 교도관들이 '왜 어머니가 애국심이 없느냐, 자식들 손을 잡고 하루 속히 전향하라고 해야 이 나라의 정상적인 어머니 모습인데 왜 그렇게 안 하냐, 러시아 소설(막심 고리키의《어머니》)에 나오는 어머니인가?' 하는 얘기를 아주 심하게 했어요. 어머니는 "애국심이란 게 뭐예요?"라고 했는데, 그게 어머니의 재질이기는 하지만, 한편으로 자신도 모르는 사이에 대한민국이라는 국가가 여기에 생겼다고 해서 누군들 사랑할 수 있겠어요. 국가는 살아 있는 일반 시민하고는 거리가 있는 존재라는 거. 원래 그렇게 거리가 있는 것이 현실이고 진실이라는 거지요.

보통 시민들은 마치 국가와 자신이 똑같은 것처럼 국가를 대변하곤 합니다. 축구 경기를 하면 '우리가 이겼냐?'라고 하는 것처럼요. 그런데 우리 재일조선인들은 그런 것과 거리가 있죠. 왜냐하면 보호해주는 국가가 없으니까요. 국가라는 것은 국민을 보호해주는 대신 의무를 주는 것인데 재일조선인은 보호해주는 곳이 없어요. 일본의 헌법상 기본적인 인권의 보호 대상은 국민이라고 되어 있어요. 국민은 원래 영어로 피플people이었어요. 그런데 인민으로 번역하지 않고 국민으로 번역했어요, 의도적으로. 국민이라는 게 다양한 해석이 가능한데 일본 국적 보유자로 아주 제한된 해석을 했어요. 그래서 예를 들어 국민연금 대상에서 바깥으로 추방해서, 한마디로 난민화시켰어요. 나는 항상 일본에 있는 재일조선인은 난민, 특히 일본 국가에서 만든 난민이라는 얘기를 하고 있어요. 말하자면 재일조선인에게 국가란 그런 거지요.

그런데 아까 얘기했듯이 지금 이 세상은 한 국가의 영토가 아닌 곳에서는 살 수가 없게 돼 있어요. 그러니까 그 속에서 아주 어렵게 살고 있는 것이 재일조선인이라고 말할 수 있겠지요. 이런 재일조선인들이 어느 한 국가의 국민이 되어야 보호받을 수 있으니까 하루속히 국민이 되라는 것이 여태까지 있어온 국가의 논리예요. 일본인들은 일본 국적으로 귀화하지 않으면 하루속히 나가라는 것이고, 대한민국은 한국 국적이 돼야 보호해주겠다는 거죠. 김종필이 일본에 왔을 때, 자신이 보기에 '너희는 벌써 일본인이다, 우리말도 못하고, 왜 일본 국적으로 귀하하지 않느냐, 너희가 계속 버티고 우리한테까지 나쁘게 하니까……' 이런 얘기를 했어요. 일본인보다 더 차별적인 얘기를 한 거죠.

우리가 어느 국가에 속하지 않아서 이렇게 힘든 것이 사실이에요. 그래서 귀화한 사람도 많고 조선이라는 기호, 국적이 아니라 한국 국적으로 바꾼 사람도 많아요. 그것이 과연 순조로운 과정으로 진행되고 있는가 하면 그건 아니고, 19세기부터 이때까지 있어온, 인간들을 국민화하려는 압력에 마지막까지 버티고 저항하고 있는 사람들이 우리 재일조선인이라는 거예요. 잘 안 보이지만 세계 곳곳에 그런 사람들이 있을 거라는 거죠. 그렇게 생각하고 있기 때문에 저는 비국민으로서 조선인들이야말로 우리가 살아야 하는 포스트 근대랄까, 근대 이후의 세상을 보여주는 존재라고 봐요.

그러면 재일조선인에게 국가가 없어도 되냐? 앞으로는 국가가 없는 세상을 향해서 살아야 하는데, 국가가 없어도 된다는 게 국가적인 보호가 없어도 된다는 뜻은 아니라는 거죠. 유엔난민 조약에는 국민이어도, 국민이 아니어도 평등하게 인권이 보장 되어야 한다는 것이 이념으로 인정되어 있어요. 그래서 실제로 보호해주는 구체적인 기관이 필요해요. 그거 없이는 살기가 힘 들어요. 그러니까 아직은 어디까지나 꿈이기는 하지만, 이런 경 험을 겪어온 이 나라가 우리 디아스포라뿐만 아니라 지금 국가 로서는 적대 관계에 있는 이북 주민들까지 포함해서 인간의 권 리를 지켜주는 사회, 지금까지 있어온 국가와는 개념적으로 다 른 사회를 향해 나아가주었으면 해요.

이용석   제가 학생운동을 할 때까지만 해도 국가에 대해 고민 을 많이 하지는 않았던 것 같아요. 이 사회가 잘되면 좋겠다는 생각인데, 그것 또한 우리 국가가 잘됐으면 좋겠다…… 어쩌면 국가와 동일시했던 것 같아요. 병역거부를 하면서 확실하게 국 가에 대한 생각이 많이 달라지게 됐고 특히 감옥 안에서 선생님 책을 읽으면서 더 달라졌어요. 그때까지 저희에게 국가는 아주 자연스러운 공기 같은 것이었어요. 고민할 필요가 없었죠. 어쨌 든 여기에 태어나서, 이 나라 국민으로 살아왔고, 살고 있고, 앞 으로도 그럴 거고, 국가가 나를 고문할 순 있어도 어쨌든 내가 국민인 게 어긋나진 않을 테니까요. 국가라는 것 자체를 별로 인 식하지 않고 살았고, 국가가 인식 속으로 들어올 때는 피해자가 된 국가였어요. 일본의 식민지가 된 국가. 그런 교육을 계속 받았으니까요. 약소국으로 힘이 없고, 그러니 국가 힘을 키워야 하고, 그래서 스포츠도 이겨야 하고.

최근 병역거부하는 친구들은 이런 얘기를 많이 해요. 평택 대추리에서 겪은 한국 군대 때문에 병역거부를 고민하게 되었다고. 저항하는 주민들과 연대자들을 한국 군대가 와서 진압했거든요. 그전까지는 데모를 하면 경찰들만 출동했는데 그때는 군대가 출동을 한 거죠. 그리고 제주도 강정마을에서 한국 군대 기지를 만들기 위해서 주민들을 쫓아내는 걸 보면서, '나는 이런 군대는 갈 수 없다'고 생각하는 사람들이 생기게 되었고, 그런 경험을 통해서 병역거부자가 되기도 하더라고요. 국가가 우리 삶을 지켜주지 않는다는 자각을 병역거부를 통해서 하게 된 것 같아요. 그러면서 국가와 내가 동일하지 않고, 국가는 나를 지켜주지 않을 수 있고, 5·18 때처럼 오히려 우리한테 총부리를 겨눌 수 있고…… 그런 생각을 하면서부터는 국립공원이라는 데가 너무 끔찍하게 생각되는 거예요. 지리산이나 다도해상 국립공원도. 아름다운 자연인데 그것마저도 국가가 경계를 지어놓고 관리를 하잖아요. 지리산은 그냥 지리산인데 한국의 정부가 관리하는 공원이 되어버렸다고 생각하니 굉장히 무섭더라고요. 국가에 대해 비판적인 생각을 할수록 여기를 벗어날 수 없다는 자각이 더 강해집니다. 그래서 사실 재일조선인의 생각들, 처지들이 궁금했어요. 독특한 난민인 거잖아요.

서경식　　국가에 대한 인식이 피해자로서의 자각, 피해자로서의 민족적인 의식이었다고 하셨지요. 저는 그것이 소중한 부분이라고 생각해요. 우리가 피해자가 아니었다고 할 수는 없어요. 그런데 '우리'가 누군지를 아는 게 먼저예요. 피해자가 아니었던 사람들, 친일하던 특권층 사람들이나 정부의 지도자들을 피해자라고 하면 안 되죠. 그래도 피해자였던 역사적인 경험 자체는 소중해요. 이 나라 같은 경우는 일본한테 피해받고 미군한테 피해받고 국군한테 피해받았죠. 피해가 겹쳐 있어요. 가해자였던 경우도 있고요. 베트남에서 학살도 벌어지고 했죠. 그것들을 다 정리하고 어떤 관계로 되어 있는지 분석하고 이해해야 해요. 한꺼번에 '한국이라는 나라 혹은 한국인은 피해자'라고 할 수는 없어요. 이렇게 하면 피해자가 먼저 가해자를 용서해야 한다는 박유하 선생 식의 논리가 나오죠. 박유하 선생은 "네가 어떻게 피해자냐, 위안부 할머니가 피해자지"라고 하지요. 그런데 다시 말하지만 피해자의 경험이라는 것은 소중해요. 지금 내가 어느 부분에서 피해자와 공감할 수 있고, 어느 부분은 피해자를 이용하고 있을지도 모르고, 또 어느 부분은 피해자가 아닌가 하는 것들을 항상 냉철하게 분석하고 이해해야 한다는 것이죠.

그리고 국립공원 이야기를 하셨는데요. 이게 아주 중요한 문제인데, 사회적인 공동체를 지켜야 하는 환경이나 삶의 구조가 있지요. 그것과 국가는 달라요. 그런데 지금 유착되어 있어요. 원래 사회하고 국가는 다르지만 국가의 보호 안에서 이루어질 수 있기 때문에 유착돼버렸거든요. 국립공원이 안 좋다고 해서 지리산의 환경, 지리산의 아름다움을 누구도 안 지켜도 된다는 뜻은 아니에요. 가둬두고 정의하면 안 된다는 거죠. 사회에서 스스로 그렇게 할 수 있는 자율적이고 자발적인 힘이 나타나야지요. 그것이 사회주의죠. 원래 사회주의는, 지금 현실에 있는 사회주의가 아니에요. 사회 구성원 각각이 개인의 존엄을 가장 소중한 가치로 두고 자신의 존엄성을 어떻게 지켜내는지 생각해보면, 개인의 존엄성을 개인으로 지키기는 어려워요. 직장이 있고 가정이 있고 환경이 있죠. 그러니까 개인의 존엄성을 지키기 위해 사회가 있어요. 개인의 자발적인 참여로 사회가 있는 거예요. 그 사회로서 지리산을 지키고자 할 때는 그 사회 구성원 대다수의 합의하에서 관리하는 거죠. 이때 사회와 국가는 원래 다른 개념인데도 국가가 이걸 점령하고 있어요. 이 사회에서 너희가 존엄성을 지키고 살고 싶으면 국가의 명령에 따라라. 이건 순서가 역전되어 있다는 거죠. 개인의 존엄성을 소중히 하면 모두 이기주의가 되어서 이 사회가 무너진다고 흔히 얘기하는데, 조금 더 생각하면 자신의 존엄성을 지키기 위해서는 이 사회가 제대로 운영되어야 한다는 걸 알 수 있어요.

내가 흔히 쓰는 비유인데, 지하철 하나의 칸에 우연히 탔는데 스무 명 정도 승객들이 있다고 합시다. 서로 모르는 사람, 타자예요. 그런데 여기서 평화롭게 가려면 거의 모두가 합의해서 지켜야 하는 것이 있어요. 아주 폭력적인 사람이 있으면 억제하고 가지요. 사회라는 게 그런 거예요. 권력에 대해서 누군가가 문제가 있다고 국가한테 여기 이 사람을 제재해달라는 것이 아니고요. 물론 이건 어디까지나 비유이긴 하지만, 우리가 자연환경을 보호해야 한다는 생각으로 자발적으로 참여하면 그것이 사회라는 거죠. 그것에 국가라는 호칭을 붙이고 있을 뿐이지. 그걸 왜 붙이냐면 의무적으로 징수한 세금을 쓰기 위해서죠. 그래서 국립(공원)으로 하는 거예요.

모르겠어요. 인간이라는 게 그렇게 어리석은 존재일지도 몰라요. 국가가 해주지 않으면 못할 정도일 수도 있어요. 하지만 원래는 그렇지 않고 스스로 관리할 수 있는 것이 인간이라고, 그래도 그것이 우리가 포기할 수 없는 이념이라고 저는 생각해요. 그런데 국가도 마찬가지예요. 계속 국가, 국가 하는데 대부분이 지금 이야기한 사회라는 뜻이에요. 평화주의와는 조금 다른 얘기지만 군도 그래요. 개개인의 판단으로 이 사회를 지키기 위해서 자신이 할 수 있는 일을 자발적으로 하는 것, 원래 그것이 군이라고 할 수 있는데 역전된 것일 뿐이라는 겁니다.

프랑스혁명 때 국민군도 이념으로는 그거예요. 제3신분인 부르주아계급이 제1신분(성직자), 제2신분(귀족)을 타도해서 국민국가가 세워졌잖아요. 그때 주변 국가가 프랑스혁명에 전쟁을 걸어오니까 스스로 우리를 지키자고 해서 국민이 자발적으로 참여해 〈라마르세예즈〉를 노래했다는 것은 어디까지나 하나의 서사이지만, 원래 군이 그런 것이어야 한다는 원칙이기도 하죠. 그런데 그러한 군이 법이 되고, 강제가 되고, 심지어 타자에 대한 폭력이 됐다는 거예요. 나폴레옹 군이 한때 쫓겨나고 7월 왕정이 복귀했을 때 다시 7월혁명이 이루어졌죠. 7월혁명 때 알제리를 식민 지배했어요. 우리는 유럽의 자유주의 혁명에서 아름다운 부분만 보는데, 실제로는 아프리카 침략이 모순 없이 양립한 거죠.

우리는 식민지 피해자 경험을 겪어온 드문 사람들이에요. 그런 경험은 소중하다는 거죠. 선진국 국민은 그거 몰라요. 가해자로서밖에 몰라요. 그런 피해자, 약자의 심정이나 삶에 대해서 공감할 수 있는 공감대가 과연 진짜 있는지는 모르겠어요. 그래도 있을 법하다고 할 사람이 대한민국 사람들, 재일조선인들이죠. 저는 어폐가 있지만 항상 이런 얘기를 하는데, 이 나라는 불과 삼십 몇 년밖에 식민 지배를 안 받았어요. 그전까지는 전근대 국가였고 삼십 몇 년간은 일본의 식민지였고 그 이후는 분단국가였죠. 그러니까 이 나라에는 제대로 된 국가가 없었어요. 어떤 사람은 그래서 강대국이 되어간다고 생각하는데 저는 그것보다 이런 경험들이 더 소중한 교훈들을 많이 준다고 봐요. 비교적 짧긴 했지만 식민 지배 경험을 겪었는데도 이 정도 교육 수준, 생활수준이 되는 국가가 세계적으로 드물어요. 그러면 라틴 아메리카나 아프리카처럼 200~300년 식민 지배를 받아왔고 문화나 언어도 전부 잃어버린 사람들의 심정에 대해서 우리가 선진국 시선이 아니라 이 사람들 시선으로 공감하면서 발언해야 하는 거죠. 그들에게 국가라는 것은 선진국이 생각하는 국가가 아닐 거라고 생각해요.

병역거부라는 것은 대한민국이라는 틀 안에서 병역제도의 비합리성, 폭력성에 저항하는 것이겠지만, 그것을 넘어서 국민화하려는 폭력에 저항하는 것은 물론 이런 국민화 과정이 아닌 다른

_____ 서경식 + 이용석

사회, 다른 나라에 대한 비전을 제시하는 행위라고 생각합니다.

이용석　선생님 책 중에 팔레스타인 소설가 가산 카나파니의 소설을 인용한 부분이 있잖아요. 팔레스타인 난민이 아들한테 '이런 차별과 폭력과 배제가 없는 그 자체가 우리의 조국'이라고 말하는 장면이 되게 인상적이었어요.

서경식　거기서 문제가 되는 것은 그렇다면 그 나라가 외부적인 침략을 당하면 누가 지키냐, 그런 얘기가 나온다는 거죠. 가산 카나파니도 무장투쟁을 했잖아요. 저는 그런 의미의 무장투쟁은 전면적으로 부정하지 않습니다. 그러니까 가산 카나파니가 하던 투쟁, 그리고 과거 우리의 항일 무장투쟁은 합리성이 있는 투쟁이었다고 봐요. 효과가 있는지 없는지는 떠나서요. 그런데 지금 이 시대에, 다른 국가도 마찬가지지만 이 대한민국이라는 국가를 지켜야 한다는 것은 다르다는 거죠. 그런데 국가의 힘이라는 게 이렇게 강대하기 때문에 국가에 맞서 일반 시민들이 무장으로 자신들의 가치를 지키려고 하면 5·18이나 팔레스타인같이 되죠. 압도적인 비대칭적 불합리함이 있어요. 그게 있다는 걸 알아야 한다는 것이고, 그렇기 때문에 국군을 안 가질 수 없다는 것이 아니라, 그럼에도 우리가 포기하면 안 되는 가치라는 거죠.

　그런데 일본에서는 전쟁이 끝나고 헌법상 군대와 교전권을 포기했잖아요. 사실상 미국이 강요해서 일본이 두 번 다시 군사적 위협이 되지 않도록 무장해제했다는 거죠. 이걸 평화헌법이라고 하면서 이때까지 지켜왔는데 우파는 '미국이 강요한 거다, 우리의 독립 자립성을 훼손한 거다' 외치고 있어요. 사실 일리가 있죠. 일본에서는 일리 있다고 하기가 조금 그렇지만(좌중 웃음). 일본의 평화 세력들은 이중성이 있어요. 평화라는 가치를 아주 소중히 생각하고 어디까지나 헌법 그대로 지켜야 한다는 건데, 실제로는 자신들이 미국 핵무기의 우산 아래에 있고 미군 기지가 있으니 전쟁이 터지면 미군이 전쟁해줄 거라고 생각해요. 또 나는 자위대에 안 가더라도 자위대가 전쟁할 거라고 해요. 남의 일로 생각하는 거예요. 어떻게 보면 무책임한 처사죠. 그러니까 보수파가 '넌 무책임하다, 넌 자신이 살고 있는 사회를 지킬 각오가 없는 놈이다'라고 비판하죠. 그렇게 우익이 늘어가고 있어요. 우리가 전 세계적으로 직면하고 있는 문제가 그거예요. 그런데 다카하시 데쓰야 교수를 비롯한 진짜 골수 평화주의자는 '괜찮다, 이제야 겨우 진짜 평화헌법 9조의 가치를 묻게 되었다. 우리는 그래도 군을 안 가질 테고 무장을 안 하겠다'는 각오를 다지고 있어요. 과연 일본 국민 대다수가 그걸 따라가는지는 모르겠어요. 세계적으로 사례가 드물긴 해요. 그래도 우리는 무장하지 않겠다, 국가 간, 민족 간 분쟁에는 군사력을 행사하지 않겠다는 나라가 이 지구상에 살아남을 수 있을지 없을지 기로에 서 있어요.

제가 아쉽게 생각하는 것은 국내의 진보적인 사람들하고 얘기해도 그 부분에 대해선 얘기가 잘 안 되는 것 같다는 거예요.

_____ 서경식 + 이용석

국가면 군이 있는 것이 당연하고 일본이 다시 무장했다 하더라도 보통의 국가가 될 뿐이고 우리도 우리 나름대로 군사력으로 대항할 뿐인데 왜 그렇게 큰 문제냐? 그런 대응이 많아요. 이런 대응에 제가 동의할 수 없는 두 가지 이유가 있는데, 하나는 일본이 여전히 위태로운 국가라는 거예요. 역사적인 과거를 청산하지 않고 다시 무장하고 군사력을 갖게 된다는 것은, 지난 전쟁 책임을 전면적으로 부정하는 행위라는 거죠. 중국이 이렇게 말하고 있는데 타당해요. 두 번째 이유는 점령국인 미국이 강요한 결과라 하더라도 일본의 평화헌법에 내포되어 있는 의미는 나름대로 숭고하다는 거예요. 그건 우리 조선인과 아시아인의 희생 위에 이뤄진 겁니다. 그러니 너희 멋대로 포기할 수 없다는 거죠. 필사적으로 끝까지 지키라는 것이에요.

제 나이가 60인데 죽을 때까지 일본이 헌법 9조를 잘 지켜줄지, 아니면 죽기 전에 나쁜 세상을 봐야 할지 모르겠어요. 후손 세대를 생각할 때는 걱정이 많이 돼요. 피해자 국가들이 일본 평화 세력을 응원해야 해요. 동아시아 한구석에 군사력을 포기한 국가가 앞으로도 살아남게 해야 하고, 그것이 동아시아, 세계적인 문제를 평화로운 길로 해결하기 위해서 아주 중요한 항목이라는 거예요.

이용석　실제로 일본이 군사를 가지면 대한민국과 군비경쟁을 하는 건 불 보듯 뻔하겠네요. 숭고한 가치 때문이 아니라 실리적인 판단을 하더라도 일본이 군대를 갖지 않는 게 우리나라에도 무조건 좋은데……

서경식   물론이죠. 일본이 군사력을 강화하고 헌법을 개정하려고 하는 것이 얼마나 비합리적이고 얼마나 적대적인 행위인지를 주변 국가들이 알아야죠. 그런 세력이 일본을 포위해서 고립시켜야 해요. 그렇다면 그런 국가에서 어떻게 평화를 지키느냐? 나는 일본에서 교육받았기 때문에 1960년대 중학생 때부터 계속 그런 얘기를 들었어요. 보수파에서 이런 얘기가 늘 나오죠. 조선이 침략했을 땐 누가 지키느냐, 일본인 여성이 강간당했을 때 그냥 방관하냐. 그런 얘기가 나왔을 때 어떻게 대답하겠어요? 여기서도 아마 나올걸요. 일본에서, 중국에서, 이북에서 침공해오면 어떻게 하지? 이런 질문에는 뭐라고 답하나요?

이용석   '전쟁 나기 전에 막으려고 노력해야지, 전쟁에서 이기려는 노력이 중요한 게 아니다'라고 교과서적으로 대답하죠. 사실 그렇게 질문하는 분들은 궁금해서 묻는 것이 아니라 공격하기 위한 것이기 때문에 어떻게 대답해도 만족시킬 수는 없을 것 같아요.

서경식   아까도 이야기했듯이 역사적인 교훈에 비춰보면 전쟁하고 싶은 사람들은 벌써 시작해버려요. 시작해버리고 나면 흐름이 생기고 아무도 막아낼 수 없게 되죠. 그렇기 때문에 아슬아슬해요. 저는 그럴 때에는 전쟁하는 것보다 오히려 희생이 더 클 수도 있지만, 세계 역사에 있었던 불복종의 교훈을 우리가 배워야 한다고 봐요. 불복종이라는 것은 무저항하고는 달라요. 인도에서 간디가 한 것도 그렇고 미국의 민권운동도 그렇죠. 폭력의 피해자가 되더라도 저항하지 않고 그대로 기꺼이 죽겠다는 게 아니라 무기가 아닌 방법으로 저항한다는 거죠. 그때 자기 자신은 죽을지도 모르겠어요. 그런데 군에 가도 죽을 가능성은 크고 남을 죽일 수도 있죠. 냉철하게 비교하면 어느 쪽이 나은지…… 아무도 알 수가 없어요. 불복종은 폭력을 행사하지 않겠다는 것도 중요하지만, 개인의 양심을 지켜 자기만족하는 것뿐 아니라 그렇게 하면서 폭력을 이길 수도 있다는 것을 알아야 한다고 생각해요. 그렇다고 해서 반드시 이길 수 있다는 얘기는 아닙니다. 그렇다면 거짓말이 돼요. 역사상 그런 사례가 있다는 거지요.

그리고 엄청 큰 군사력에 대항해 아주 미세한 사람들이 저항해낸 사례도 있죠. 우리나라가 비록 분단이 됐다 하더라도 독립한 것이 그런 결과라 할 수 있어요. 전쟁을 해서 일본을 타도하고 독립한 게 아니기 때문에 아쉽다는 얘기도 일리가 있지만, 그래도 30년간 식민 지배를 받으면서 계속 저항했으니까 이 결과를 얻게 됐죠.

학생들을 가르칠 때 항상 1960년대 미국의 공민권운동을 이야기해요. 아직까지 인종차별이 있던 남부에서 흑인들에 대한 차별 반대운동으로 백인들이 흑인들과 함께 버스를 탔던 것. 흑인 친구 옆에 앉아서 다른 백인들이 야구방망이에다가 못을 박아서 때리는 것도 맞아가면서요. 그 백인들 중에는 그때 큰 상처를 입고 지금도 장애가 있는 사람이 있어요. 그 사람들은 후회하지 않는다고 해요. 저는 그게 거짓말이 아니라고 봐요. 지금 그 결과로 흑인 장성도 생기고 국방부 장관, 대통령까지 있게 됐죠. 긴 시각으로 보면 아주 귀한 움직임이었고 불복종운동의 성과라고 할 수 있죠.

군에 안 간다는 것이 바로 그런 거라고 봐요. 그것 때문에 1년 6개월 긴 기간 동안 고생하고 나온 분에게 이런 말 하는 게 죄송하지만요. 진짜로 죄송해요.

병역거부와
불복종 평화운동의 미래

이용석 제가 감옥에서 느낀 건데, 많은 한국 남성들이 감옥에 가면 적응을 잘할 것 같아요. 감옥이 고등학교랑 너무 똑같았거든요. 그리고 회사 다니면서 느낀 건데 회사도 상당 부분 비슷했고요. 제가 뛰어난 사람이라 버틴 게 아니라 사실 어떻게 보면 이 사회 전체가 학교든 병원이든 직장이든 군대든 감옥이든 똑같다는 거죠. 물론 단절감은 더 심하지만 그 외에 기본적인 구조나 폭력이 작동하는 방식은 거의 똑같았기 때문에, 그런 면에서 감옥 밖과 감옥 안이 큰 차이가 나지 않는다는 거죠.

서경식 　앞으로 병역거부자가 늘어가고 나라의 큰 문제가 되면, 이를테면 대상 연령자 중 20퍼센트 정도가 거부하게 되면 그냥 방치할 수 없으니 더 심하게 제약하려고 하겠지요. 그렇게 되면 징역생활도 더 힘들게 될 거고요. 그때 또다시 본격적인 불복종이 필요해지겠지요. 저는 일본인이 아님에도 우연히 일본이라는 차량 한 칸에 탄 재일조선인으로서, 일본이라는 나라가 더 이상 나쁜 길로 가지 않도록, 특히나 평화헌법을 지킬 수 있도록 나름대로 불복종을 할 테니까 여기서는 여러분이 해주시고요. 차원이 다르고 서로가 눈에 잘 안 보이겠지만 전체적으로 보면 서로가 다 연관되어 있는 움직임이라고 생각해주시면 조금 마음이 편해요.

　안우생이라는 선생님이 계시죠. 안중근의 조카예요. 안중근 의사는 이토 히로부미를 총으로 쏴 죽였고 무장투쟁을 했죠. 안우생은 에스페란티스토Esperantisto로 활약한 국제 평화주의자였어요. 그리고 일본의 하세가와 데루라는 유명한 여성 에스페란티스토도 있고요. 전쟁 때 그녀의 남편이 중국인이었어요. 중국 유학생. 중국 침략 전쟁이 벌어지고 있을 때 중국인과 결혼했으니 매국노 취급을 받았죠. 이 여성이 남편하고 중국으로 건너갔고 중국에서 일본에 대한 방송을 했어요. 그 방송에서 지금 자신의 나라가 어떤 짓을 벌이고 있는지 일본 국민들이 깨달아야 한다고 했던 거예요. 이걸 듣고 당시 언론이 '교성嬌聲 매국노'라고 해서 온갖 국민들의 비판의 대상이 되었죠. 그래서 아버지가 신문에 딸과 절연하겠다고, 더 이상 딸도 아니고 아버지도 아니라고, 자기가 할복하겠다고 할 정도로 사과를 했어요. 그런데 하세가와 데루는 계속 중국에서 반일, 반전 방송을 했어요. 거기가 어디냐면 중국의 충칭이었고, 그러다 안우생과 만났어요. 데루의 에스페란토 이름이 '베르다 마요(녹색 5월)'예요. 안우생이 하세가와 데루에 대해, 〈베르다 마요에게〉라는 시를 썼어요. 하세가와 데루도 그것을 평생 지키고 전쟁이 끝나고 나서 만주에서 죽었죠. 그때 중국이라는 국가의 영웅이 되었다고 할 수도 있어요. 그 사람들은 자발적으로 총을 들고 전쟁을 한 것이 아니라 평화라는 이름의 불복종 저항을 해냈다고 할 수 있죠. 그 하세가와 데루의 동료였던 유이 주노신이라는 남자가 있어요. 1960년대에 미국이 일본 기지에서 폭격기를 보내 북베트남을 폭격했거든요. 이 사람이 그것에 저항하는 뜻으로 일본에 있는 미국대사관 앞에서 분신자살을 했어요. 반전 의지의 표시로. 그렇다고 해서 미국이 부끄러워하지는 않았지만, 그렇다 해도 하세가와 데루의 그 줄이 베트남 반전운동까지 이어진 거죠. 이 사람이 남을 죽이는 것보다, 오히려 자기 자신을 죽이는 길을 택했다는 것이…… 아, 글쎄요. 일본 사람들이 얼마나 기억하고 있는지는 모르겠지만 우리는 기억하고 있어요. 1960년대니까 내가 고등학생 때, 이런 일본 사람도 있구나, 이런 일본 사람의 동료가 하세가와 데루구나, 하세가와 데루의 동료가 안중근 의사의 조카였구나, 하는 걸 느꼈어요.

내가 죽기 전까지 아주 평화로운 세상을 볼 수 있을지는 모르지만 그런 사람들이 있는 것이야말로, 희망이라 할 수 있을지 모르지만, 그래도 희망이지요. 그런 사람들이 세상의 다수가 될 수는 없다고 단언할 수는 없겠지만…… 사실 되기가 어렵지요. 그러니까 분신자살하라는 이야기가 아니라, 이런 소수자가 있다는 것이야말로 불복종의 가치라는 거지요. 에스페란토 운동이 국제적 평화운동으로 아주 적극적인 역할을 했습니다. 스페인내전 때도 그렇고요. 그런데 지금은 그렇지 않은 것 같아요. 그냥 사교적인 차원이 되었지요? 그런데 원래 에스페란토어는 러시아 제국에 속해 있던 폴란드의 유대인 자멘호프가 민족 간 분쟁 때문에 전쟁이 일어나는 것을 어떻게든 막아내려고 공통 언어를 생각해낸 거지요. 그러니까 그런 이념하고 같이 있던 운동이었어요.

제가 지금 농담처럼 이야기하는데, 이 나라에서 어떤 정당이 '이제는 병역제를 철폐하겠습니다' 하는 공약을 내걸면 국민은 지지할까요?

이용석 　지지를 받기는 어려울 거예요. 젊은 세대도 군대를 안 갔다 온 사람들은 지지할 수도 있는데, 갔다 온 사람들이 훨씬 많기 때문에. 저희가 2000년대 초반 맨 처음 활동을 시작했을 때만 해도 대체복무 입법을 위해서 서명을 받고 다녔어요. 서명을 많이 받기 위해서 진보적인 사람들이 많이 모여 있는 장소들, 집회에 갔었는데, 그때만 하더라도 잘 안 해주는 분들이 꽤 많았어요. 남자라면 군대에 갔다 와야지, 이런 생각이 진보 진영 안에서도 팽배해 있었어요. 진보적이지 않은 사람은 말할 것도 없고요. 아마 군대 폐지를 내거는 당이 있으면 사람들이 '아, 저 당은 집권할 마음이 없고, 시민단체처럼 활동하려는 당이구나' 생각할 거예요, 아마.

서경식　비교적 세계적으로 볼 때도 이 나라 같은 나라가 드물어요. 이스라엘 정도가 있을까. 시야를 넓혀보면 자신들의 사고방식이나 문화가 얼마나 왜곡되고 얼마나 이상한 것인지 모르는 것 같아요.

이용석　그래서 아까 말씀하신 대로 대체복무제라도 실현되면 좋겠지요. 사실 대체복무제가 유럽 같은 데서는 진보적인 것도 아니지만 우리나라에서는 그것만으로도 철옹성 같은 군사주의에 균열을 낼 수 있다고 생각하거든요. 그게 끝은 아니고 시작이겠지만요.

이용석

'비국민'이라는 단어가 언제 내게로 왔는지 또렷하게
기억난다. 감옥에서 서경식 선생님의 책을 읽으면서였다.
재일조선인으로서 던진 말들, 예컨대 '모국어와 국어의 괴리,
조국과 고국과 모국의 분리' 같은 문제는 나로서는 한 번도
생각해보지 않은 문제였다. 아니, 생각해보지 않은 것이 아니라
생각해볼 수 없었다. 그의 말대로 나는 다수자에 속해 있었기
때문이다.

생각해보면 단 한 번도 이 국가가 요구하는 삶에서 완전하게
벗어난 적이 없었다. 대학생 때 학생운동을 했지만, 어쩌면
그조차도 이 체제의 한 모습이었을지도 모른다. 이 세상은,
이 나라는 이대로라면 별로 좋아질 가능성이 없고 통째로
바꾸는 혁명만이 길이라고 혼자서 자못 비장하게 생각했지만,
국가는 어쩌면 내 삶이 국가의 테두리를 벗어날 수 없다는 것을
알고, 내 저항 따위는 한때의 철없는 투정 같은 거라고 여겼을
것이다. 말로는 한때나마 계급혁명을 이야기하고, 국경선을
넘나드는 연대 같은 것을 꿈꿨지만, 사실 내 삶의 모든 조건은

대한민국을 떠나서는 성립될 수 없는 것들이었다.

병역거부자가 되고 나서는 모든 것이 바뀌었다. 전과자가 되었고, 국가는 나에게 '병역기피'라는 낙인을 찍었다. 나는 순식간에 '1등 국민'에서 '비국민'으로 전락했다. 이제 나는 더 이상 이 국가가 원하는 국민이 될 수 없다는 것을 깨달았다. 병역거부자들이 대체로 다 그랬다. 병역거부가 아니었다면 대학을 나와서 취직하고, 결혼하고, 아기 낳고, 세금을 꼬박꼬박 내는 착한 국민으로 살았을 사람들. 더러는 사회운동을 열심히 하는 사람도 있을 테지만, 그들도 이 국가의 당당한 국민으로 살았을 가능성이 높다. 왜냐하면 우리는 아주 많은 것을 가지지는 않았지만, 국가의 국민으로 살아가기 위한 여러 조건들은 갖추고 있었기 때문이다.

병역거부는 국민으로서 크게 흠잡을 수 없던 조건들에 커다란 균열을 냈다. 하지만 그 균열은 내게 추락이 아니라 새로운 삶으로 가는 문이 되었다. 그 이전까지, 충실한 국민으로 살아오면서는 볼 수 없던 것들이 내 앞에 새롭게 펼쳐졌다. 나는 병역거부를 하면서부터 자전거를 타기 시작했고 채식을 하기 시작했다. 자발적으로 내 삶을 이 사회의 변방으로 옮겼다. 세상을 새롭게 볼 수 있는 자리를 찾은 뒤부터 '비국민'은 더 이상 내게 차별받는 대상이 아니라, 새로운 세상을 바라볼 수 있는 사람을 가리키는 열쇳말이 되었다. 비국민이라는 단어를 알게 해준 서경식 선생님과의 대담을 나는 무척 기대했다. 사실 서경식 선생님과 만난 게 처음은 아니었다. 전쟁없는세상에서 그의 책을 함께 보고 초청해 이야기를 들은 적도 있고, 어느 책에는 서경식 선생님이 다른 병역거부자와 주고받은 편지가 실리기도 했다. 직접 만나서 이야기를 나눈 그는, 책에서 읽은 모습과 크게 다르지 않았다. 다만 전쟁을 체감하는 면에서는 그가 우리보다 더 민감했다. 특유의 예민함 때문인지, 아니면 그의 말대로 한반도에 살면서 우리가 정말로 둔감해진 탓인지는 모르겠다. 전쟁의 원인을 좀 더 구조적으로 인식하는 나에 비해, 그는 어떤 식으로든 전쟁이 일어날 가능성들을 하나하나 심각하고 진지하게 고려했다. 국민국가와 징병제도, 그리고 국민국가를 넘어서는 가능성을 가진 존재로서 비국민에 대한 이야기는 그가 들려준 이야기 가운데 백미였다. 국가 폭력을 행사하는 가장 대표적인 기구가 바로 군대다. 군대는 국민국가를 지키기 위해 폭력을 행사하는데, 이 폭력은 때로는 국가 간의 전쟁으로 나타나기도 하고, 한 국가 안에서 내전으로 나타나기도 하며, 어떨 때는 끔찍한 학살로 나타나기도 한다. 이 폭력에 맞서고 저항하는 일은 쉽지 않다. 사회운동보다 더 강한 물리력을 가지고 있기 때문이기도 하지만, 그보다는 우리 모두가 결국 이 국민국가의 존속을 강하게 바라고 있기 때문이다. 우리는 국가와 군대가 우리를 지켜준다고 생각하지만, 사실은 국민국가 너머의 조국을 생각하지 못하는 것이다. 우리가 상상할 수 있는 것은 결국 우리가 보고 듣고 겪은 세상을 바탕으로 하기 때문이다. 비국민들은 바로 그 지점에서 국민국가로부터 버림받았기 때문에, 그 바깥을 볼 수 있는 눈을 가지고 있다. 평화운동이 나아갈 길, 국민국가의 폭력에 저항하며 다른 세상을 만들어가는 길은, 국민국가로부터 추방되어 자유로운 비국민들이 가리키는 곳이 아닐까?

교육

폭력을
다스리는
더큰
폭력의
울타리

조영선 ● 교사, 인권교육센터 들 활동가
김훈태 ● 병역거부자, 슈타이너사상연구소 연구원

폭력을 폭력으로
다스리는 교육

김훈태   제가 교사로서 병역거부를 하게 된 경험부터 말씀드리는 게 좋을 듯합니다. 저는 2001년에 교대 4학년으로 졸업 준비를 하고 있었는데, 당시 박노자 선생의 《당신들의 대한민국》이란 책이 우리 사회에 충격을 주었습니다. 책에는 놀랍게도 '양심에 따른 병역거부'가 평화의 문제라는 주장이 담겨 있었습니다. 당시에는 '병역거부'라는 것 자체가 낯선 용어였죠. 그 책을 읽고 얼마 뒤 오태양 씨의 병역거부 선언을 접했습니다. 이두 가지 일이 저에게 문제의식을 던져주었습니다.

다음해인 2002년 봄에 학교 현장에 나갔습니다. 하지만 그때까지 병역거부를 할 마음은 없었습니다. 그러다가 우연히 서울 인사동에서 열린 '부처님 오신 날' 행사에서 오태양 씨를 만나게 되었고, '나는 이대로 군대에 갈 준비를 하는 게 맞는가?' 하는 고민을 시작했던 것 같습니다. 왜냐하면 군인이 된다는 건 살상 훈련을 통해 다른 사람을 죽일 수 있다는 것이고, 그것은 불

살생의 계율과 맞지 않기 때문입니다. 아이들을 가르치면서 생각과 달리 아이들에게 행하는 폭력, 예를 들어 큰소리를 치거나 체벌을 하는 것 역시 함께 고민하게 되었습니다. 머리로는 평화와 인권을 추구한다 하면서 손발과 입으로는 폭력을 행사하는 저 자신에 대해 혐오감이 들 정도였으니까요.

어떻게 해야 폭력적이지 않은 수업을 할 수 있을지, 평화적으로 어떤 실천을 해야 하고 어떤 사상을 가져야 할지 많이 생각할 때였습니다. 군대에 가면 결국 사람 죽이는 훈련을 할 텐데 내가 과연 할 수 있을까, 내 삶의 원칙과 맞는 것일까. 그 뒤 오태양 씨와 종종 만나며 병역거부를 하기로 마음을 먹었지요. 오태양 씨도 교대를 졸업했고 봉사활동으로 대안교육 기관에서 아이들을 가르치고 있기도 했으며 같은 불교 신자이기도 해서 서로 말이 잘 통했습니다. 2002년 가을부터 '양심을 나누는 사람들'이라는 병역거부자 모임에 나갔습니다. 그럼에도 실제로 감옥에 간 것은 2006년인데, 그동안 대체복무제가 도입되길 바랐던 거지요. 그사이에 전교조 참실 활동을 주로 했고, 성공회대 대학원에서 평화교육을 전공하기도 했습니다.

2006년 3월 말에 평택시청에서 기자회견을 열고 병역거부 선언을 했습니다. 현직 초등학교 교사로서 하는 병역거부가 사람들에게 생각할 거리를 주길 바랐습니다. 몇몇 신문과 공중파 뉴스에 그 소식이 나오면서 학교는 발칵 뒤집혔습니다. 미리 말씀을 드렸지만, 교장과 교감 등 관리자 선생님들은 지속적으로 만류하고 있던 상황이었지요. 당시 저는 충격을 줄이기 위해 담임은 맡지 않고 영어 전담을 했는데, 가르쳤던 아이들이 찾아와 병역거부가 뭔지, 감옥에 왜 가는지, 그러면 못 보게 되는 건지 계속 물어보더군요. 아이들에게는 이렇게 말해주었습니다. 군대는 나라의 평화를 지키기 위해 있는 것인데, 선생님은 다른 방식으로 평화를 지키고 싶은 것이라고. 그게 받아들여지지 않아서 잠시 학교를 떠나는 거라고.

조영선　　제가 처음 학생 인권과 학교의 평화교육에 관심을 갖게 된 계기는 신규 교사 때의 경험 때문이었어요. 아무리 '평화적'으로 말해도 말을 듣지 않고 윽박을 질러야 눈길 한번 주는 교실에서 '도대체 학생들은 왜 이럴까?'라는 의문에 빠졌죠. 그런데 학생들의 생활을 잘 들여다보니, 학교 자체가 약육강식의 정글인 거예요. 학생들에게는 준법을 가르치지만, 그 법인 학칙은 사실 교사 맘대로죠. 체벌을 당하는 경우에도 사실 맞는 데는 별 이유가 없잖아요. 선생님 말 안 들으면 그냥 맞는 거고, 때리지 않는 선생님이 하는 말은 안 들어도 되는 거고. 학교가 사회법 체계에서 벗어나 있는 일종의 치외법권 같은 구역이었고, 학생들은 준법을 '눈치 보는 법'으로 배우게 되는데, 이게 큰 문제라고 생각했죠. 학교에도 '인권'이라는 기준이 들어와야 한다는 생각은 이런 과정을 통해 하게 된 거죠.

　2013년 여름, 태안 해병대 캠프에서 다섯 명의 학생들이 죽은 사고가 큰 사회문제가 되었잖아요. 사실 얼차려, 선착순, 이런 것을 처음에 경험하게 되는 것이 수련회에서죠. 수련회 취지가 공동체 의식을 함양하는 거라고 하지만, 거기서는 낙오되지 않는 것이 공동체 의식으로 둔갑합니다. 공동체 의식을 함양하러 수련회에 가서는 정작, 몸이 약하다거나 체육을 잘하지 못하는 아이들에게 분노만 쌓여서 오게 되죠. 학생들마다 다 차이가 있으니까요. 특히 남학생들끼리는 낮에 얼차려를 하고 나면 그 분노가 특히 약한 애들에게 쏟아져요. 그래서 괴롭힘이나 폭력이 발생하기도 하죠. 그러면 몸이 약하거나 체육에 자신이 없는 애들은 수련회를 안 가고 싶어하고, 두려워하고, 그런데 안 가면 왕따 된다고 학교는 굳이 참여를 시키려고 하고. 이런 것이 교사로서 스트레스였어요. 꼭 가야 되는 수련회라면 답사를 가보고 나서 수녀님이 운영하는 곳 같은 데를 가려고 했어요. 그런 곳도 훈육이 없지는 않지만 좀 덜하기는 하죠. 해병대 사건을 보며 정말 곪아온 문제, 수련회 문제가 이렇게 터져 나오는구나 생각했죠.

학교 폭력 문제도 마찬가진데요. 경찰이 학교에 와서 너무 무리한 것을 많이 해요. 학교 폭력 예방 교육이 경찰에게는 다 실적이죠. 한번은 경찰이 전화를 해서 반별로 감옥 투어를 시켜주겠다고 해서, 담임들이 회의에서 반대해 겨우 그만둔 일도 있었죠. 그랬더니 가해 경험이 있는 학생만 시켜보자고 해요. 사실 해병대 캠프를 보내는 것도 극기심, 인내심이 부족한 아이들에게 그런 힘을 키워주어야 학교 폭력이 없어진다는 생각 때문인데, 오히려 폭력을 경험하고 오게 되는 것이죠. 이런 현실을 보면 학생들의 개별적인 폭력 행위가 아니라 교육 자체의 폭력성이 드러나고 있다는 느낌이에요. 이미 터질 준비가 다 되어 있는데 불씨가 당겨지니 불길이 확 타오르는 그런 느낌.

김훈태　　이 체제의 대응은 폭력을 더 강한 폭력으로 다스리려고 하는 방식이죠. 관료들은 뭔가 하는 시늉만 하고 그때그때의 상황을 어떻게든 모면하려고 합니다. 폭력에 대한 성찰이나 교육에 어떻게 평화를 가져올지에 대한 문제의식이 전혀 없어 보입니다. 교육부나 학교 현장 역시 학교 폭력과 관련해 사람들에게 뭔가 하는 것처럼 보여줘야 하니 그렇게 가는 것이죠. 학교 폭력이 이렇게 심한데 어떻게 할 것이냐고 시민사회가 압박을 하면 '우린 뭔가 하고 있다, 그것도 아주 강력한 대책을 준비했다, 엄격한 규율을 통해 폭력이 더 이상 일어나지 않도록 할 것이다' 같은 답변을 내놓습니다. 군대 체험을 통해 규율이 잡히면 폭력이 사라질 거라는 발상이겠지요. 예전에 비해 아이들의 정신력이 약해져서 폭력을 당한다는 생각도 그 바탕에 있을 것입니다. 그런데 폭력으로 폭력을 다스리겠다는 것은 참 어이없는 발상이라고 생각해요. 저는 수련회나 캠프에 갔다 와서 변화된 학생이 과연 한 명이라도 있는지 궁금합니다. 결국 형식적인 활동이고, 오히려 체제에 복종하고 '알아서 기는' 것, 약자를 괴롭힘으로써 불만을 해소하는 것 등을 배우고 오겠지요. 원래 군대라는 게 그런 것이잖아요. 폭력을 내면화하는 것이죠.

　이런 현상이 초등학교, 아니 유치원까지 내려왔다고 생각해요. 유치원 꼬맹이들까지 해병대 캠프에 가서 총을 들고 뛰고, "할 수 있습니다!"를 외치는 영상을 봤습니다. 그것이야말로 극단까지 간 한국 사회의 모습이죠. 문제의 본질은 전혀 짚지 못하면서 사람들을 체제에 순응하는 로봇처럼 만들려고 하는구나, 하는 생각이 들었지요. 어쩌면 학교가 그전과는 달리 조금은 민주화가 되어서 더 이상 학교에서 대놓고 체벌을 할 수 없으니까 뭔가 대체물을 이용하는 것일까요? 폭력이 대체 무엇이고, 학교가 왜 폭력적인 공간이 되었는지에 대해 의도적으로 외면하고 있는 듯합니다. '폭력 없는 학교'를 만든다는 것도 어떤 방법을 쓰든지 폭력이 눈에 안 보이면 된다는 것이죠. 참 무섭다는 생각이 듭니다.

교사가 때리면 체벌
학생이 때리면 폭력

조영선　　폭력이 내면화되고 사회 원리가 되는 양상은 어디에서나 매우 비슷하다고 생각해요. 예를 들어 가정 폭력의 경우도 갈등과 긴장이 있으면 그것이 폭력적인 방식으로 터지고, 그런 뒤에 가해자가 사과하고, 서로 울고, 다시 돈독해지고, 또 갈등이 생기면 다시 폭력이 발생하고, 이런 반복이 있잖아요. 수련회나 캠프에서도 낮에는 애들을 막 굴리고 나서 밤에는 촛불 의식을 해요. 엄마 아빠 생각하며 울고, 댄스 타임에 춤도 추고, 그러면서 '우리가 하나가 되었다'는 느낌을 갖고, 낮에 있었던 폭력적인 얼차려, 선착순과 같은 경쟁을 합리화하고, '우리는 공동체 의식을 함양해서 학교로 돌아간다'고 하면서요.

그리고 교사들의 평소 행동도 사실 마찬가지죠. 애들을 때린 뒤에 짜장면 사주고, 다시 돈독해지고, 또 때리고. 폭력을 행사한 다음에 권력자가 주는 달콤함이 폭력의 본질을 가리는 셈이에요. 권력에 대해서 무조건 복종하게 만들고, 권력이 행사한 폭력은 그대로인 채 성찰 없이 폭력을 내면화하게 되는 양상이 학교든 가정이든 사회든 모두 비슷하죠. 학생들 사이에서도 그래요. 일진 애들이 삥 뜯으면서 돈 많이 가지고 오면 칭찬해주고, 실제로 보호도 해줘요. 그러다 돈을 안 가져오면 욕하고 위협하고. 사실 모든 폭력의 사이클은 동일한데 이 사이클을 보지 않고 학생들의 어떤 부분만 떼어내서 그것을 고치려고 하니까 당연히 해결이 안 되는 것이죠. 학생들이 어떤 폭력적인 사이클 속에 있는가를 잘 봐야 할 것 같아요.

가정에서도 마찬가지예요. 학교 폭력 가해 학생을 보면 집안 상황이 극과 극이에요. 부모님이 일하면서 아이가 완전히 방치되어 있거나, 아니면 너무 심한 관리형이죠. 그 관리라는 것이 정서적 교류는 없이 학원만 보내고, 시험 성적이 떨어지면 굉장히 폭력적으로 대하고, 시험 성적이 오르면 아주 친밀하게 바뀌고 하는 거예요. 심지어 이런 경우도 있어요. 학교에서 공부를 잘하는 아이와 못하는 아이 하나씩을 멘토와 멘티 관계로 맺어준 거예요. 그런데 공부를 잘하는 아이가 못하는 아이의 공부를 도와주다가 "내가 너한테 공부 가르쳐주니까 뭐 좀 사 와"라고 하고, 그게 반복되다보니 금품 갈취, 소위 '셔틀'이 되는 것이죠. 그 친구는 공부 잘하고 모범적으로 보이지만 사실 집안에서 부모랑 맺고 있는 관계를 보면, 금전적 보상과 잔인한 보복으로 이루어져 있어요. 그러니 아이는 자신이 무엇을 잘못한 것인지 모르죠. 성적이 좋고 똑똑한 친구인데 자신의 폭력성은 성찰하지 못해요.

저는 일진이 따로 있다기보다는 일진성이 있다, 일진 짓을 하는 사람들이 있다고 생각해요. 다른 말로는 갑-을 관계에서 '갑질'이라고 할까요? 어떤 사람이 어떤 상황에서 일진 놀이를 계속 하는 것이죠. 사실 교사들도 폭력적인 구조에서 자유롭지 못하니 어느 순간 학생들에게 일진 짓을 하고 싶은 욕망이 분출된다고 생각해요. 학교의 폭력적 질서에 저항하지 않는 한, 학교에서 교사는 그 폭력성과 혼연일체된 절대 권력이죠. 실제로 일진 놀이를 잘할 때 교사로서 인정받기도 하고요.

권력, 위계가 있는 한 누구나 일진 놀이를 할 수 있어요. 폭력이 없어진다는 것은 누구도 일진 놀이를 할 수 없는 균형, 견제의 상태이고, 이런 것이 평화의 분위기라고 생각해요. 흔히 사람들은 평화로운 상태를 아무것도 없는 무중력 상태와 비슷한 것이라고 착각하지만, 오히려 서로의 적당한 견제, 알력이 있어서 어느 누구도 일진 놀이를 할 수 없는, 힘의 균형이 잡힌 상태, 장력이 팽팽한 상태인 것이죠. 그래서 조용한 학급은 오히려 폭력이 있을 가능성이 높다고 봐요. 조용하다는 이야기는 서열이 분명하다는 이야기일 수 있죠. 그런데 대부분의 교사들은 우리 반은 조용했으면 좋겠다고 생각하죠.

_____ 조영선 + 김훈태

김훈태　저는 학교에서 다른 시스템에 대한 상상을 할 수 없게 만드는 것이 문제라고 생각해요. 그 가운데 우리가 가지는 절망감, 뭘 바꿀 수 있겠는가라는 무력감, 이런 것들이 더 노골화되고 전면적으로 교육의 원리로 사용되는 것은 아닌가 싶어요. 새로운 학교 문화를 상상하고 하나씩 시도해가는 것이 여전히 어려운 상황 같습니다. 학교가 국가에 의해 지배되어 자율성을 상실해버린 것이 중요한 이유겠죠. 그리고 입시 교육이 우리 교육 전체를 짓누르고 있습니다. 뭔가 새로운 것을 시도하는 것을 두고 튀는 행동이라 여기는 집단 문화도 한몫하고 있다고 봐요. 그러니 남들 하는 대로 하고, 말썽 없이 조용히 한 해가 가길 모두 바라는 거겠죠.

　한편 언론만 보면 학교 폭력 때문에 이 사회가 곧 망할 것처럼 떠들어대는데 그 프레임에 대한 의구심이 있습니다. 사회적인 폭력이 만연한 사회에서 학교 폭력에만 관심을 집중시키는 듯해 불편하다는 생각도 들고요. 갑작스럽게 학교 폭력이 이슈로 부각되는 것이 자연스럽지는 않아 보입니다. 예전에도 학교 폭력은 존재했죠. 양상이 달라졌을 뿐이라고 생각해요. 또 예전에는 당연하게 생각되었던 것이 지금은 사회적 관심을 받는 측면도 있고요. 학교에서 선생님에게 맞거나 친구들과 싸우는 것에 대해 지금과 같은 정도로 관심을 두지는 않았죠. 오히려 옛날에는 학교 폭력이 더 심하지 않았나요?

조영선　사실 학교가 폭력적인 구조 안에 있으니까 학교 폭력도 비일비재했죠. 그렇다고 그게 괜찮다는 뜻은 아니에요. 저는 학교를 변화시키는 방향에서 학교 폭력에 대해 관심을 둔다면 환영할 만한 일이라고 생각해요. 하지만 지금은 제도적인 폭력을 합리화하는 해결책의 근거로 사용되는 것이 문제죠. 예를 들면 학교가 폭력의 숙주로 작용하는 건 성찰 없는 권력의 문제, 즉 내가 어떤 사람에 대해 어떤 행동을 해도 되고 안 되고를 결정할 때 인간에 대한 예의나 정당함으로 판단하는 것이 아니라 내 지위와 권력 안에서 내 맘대로 할 수 있다고 공인되면서 폭력에 대한 제어 장치를 없애는 것이거든요. 내가 그냥 교사일 때, 담임교사일 때, 생활지도부 교사일 때, 교감일 때, 교장일 때, 내가 행사할 수 있는 권력만큼 행동의 범주, 양식이 달라지는 것이죠. 학생들의 경우에도 내가 회장일 때와 아닐 때, 공부를 잘할 때와 못할 때, 싸움을 잘할 때와 못할 때 등등, 상대적으로 우위에 있는지 아닌지에 따라 자신의 행동 반경이 달라지는 거죠.

교사가 때리면 체벌이고 학생이 때리면 폭력이고, 이렇게 행위가 같은데 가진 권력에 따라 행위의 의미가 달라지잖아요. 이런 자의적 기준에 따라 폭력과 폭력 아닌 행위가 갈리게 되니까, 당연히 학생들 사이에서도 폭력을 많이 사용하게 되죠. 이런 문제에 대해 성찰하는 목소리는 없고 그저 폭력 행위를 하는 학생들을 안 보이게 숨아내려고 하고, 오히려 이를 막기 위해 학교에 경찰을 파견하고, 처벌 기준을 높여서 학생들에게 낙인을 찍는 방식으로 제도적 폭력을 강화하는 것이 해결책이 되는 게 문제예요. 강제 전학이야말로 '폭탄 돌리기'라고 교육부 스스로 이야기해요. 퇴학은 학교 밖으로 청소년을 내모는 것이고요. 지금 28만 명의 청소년이 거리를 떠돌고 있다고 하는데, 애들이 거리를 떠돌고 싶어서 그런 게 아니라 학교에서 내몬 것이죠. 이렇게 학생들을 폭력적으로 내보내거나 생활기록부에 기재해서 인생을 끝장내겠다고 엄포를 주고, 학교 폭력의 심각성을 이야기하면서 이런 방식으로 해결해야 한다고 하면 정말 짜증나죠. 평화로운 학교를 만들어야 하고 더 이상 이런 교육은 안 된다면 교육에 대한 성찰, 사회에 대한 성찰부터 시작되어야 하는데, 사회가 폭력적이라면 교육은 사회와는 다른 원리로 다시 구축되어야 하는데 그렇게 논의가 진행되지 못하는 것이 한계예요.

학생들을 솎아내겠다고 하면서 정서행동 반응 검사를 해요. '나는 이유 없이 화나고 짜증이 난다' '잠시도 가만히 있지 못하고 손가락을 꼼지락거린다' 같은 문항으로 조사해서 지수가 높게 나온 애들은 가해 학생이거나 피해 학생일 확률이 높으니 병원에 가서 상담을 받도록 학부모에게 알려주는 거죠. 증상은 폭력적인 학교 문화, 입시 교육이라는 환경의 결과인데, 폭력의 결과를 오히려 폭력의 원인으로 지목하는 셈이죠. 제도나 구조, 상황에서 벌어지는 폭력의 결과가 학생들의 행동인데, 마치 이것이 학교 폭력의 원인인 것처럼, 학생 자체가 원인인 것처럼 말이에요. 그러면서 학교의 폭력성은 싹 꼬리를 감추는 것이죠.

삶을 잃어버린 교육
살려달라는 아이들

김훈태　　학교에서 가해 학생만 들들 볶는 것처럼, 마치 이 사회에서 학교가 제일 큰 문제라고 말하고, 학교만 해결되면 한국 사회가 뭔가 달라질 것처럼 생각하는 풍조가 있습니다. 학교처럼 만만한 데가 없죠. 다들 교육 전문가처럼 말하지만 문제의 핵심을 건드리기보다는 그냥 외주, 용역에 의존하려고 해요. 학교에 경찰을 들여보내고, 정신과 의사를 들여보내는 식으로요. 학교 본연의 역할, 그러니까 학생들이 어떤 삶을 살아갈 것인가를 성찰하고, 올바른 사고방식으로 사고하게끔 하는 것은 등한시한 채 말이죠.

　한편에서는 교육 역시 소비되고 있습니다. 학교가 상품이 된 것은 꽤 오래된 일이죠. 명품 학교라는 말은 교육이 상품화되었다는 걸 명확히 드러냅니다. 학교는 우리 학교가 명품이니까 와서 사라고 광고하고, 부모들은 어디가 더 좋은 교육 상품일까 알아보고, 소비자와 상품의 관계에서 문제가 생기면 다시 그것을 해결할 수 있는 상품을 찾아요. 이런 가운데 사회에서 학교가 희생양이 되고, 학교 안에서는 학생들이 희생양이 되는 식입니다. 학생들은 자기가 살아 있다는 느낌을 전혀 받지 못하고, 더 자극적이고 더 폭력적인 것에 길들여지게 되는 것 같습니다. 그러다 아주 조그마한 권력이 생기면 그 권력을 행사하고 싶어지죠. 저는 이 모습이 병적인 징후, 어떻게 보면 아이들의 살려달라는 애절

한 요청처럼 들리기도 해요. 살아 있고 싶다는 메시지로 봅니다.

요즘 학생들과 이야기해보면 살아 있다는 느낌을 잘 못 받아요. 자기 욕구를 잘 들여다보지 못하죠. 특히 우리나라는 고등학교 졸업할 때까지 좋은 대학을 가는 것이 유일한 목표이고, 대학에 가서는 안정된 직장을 구하는 게 목표이니 제대로 된 삶을 살아보지 못하는 것이라고 생각합니다. 이런 구조 안에서는 친구들과의 관계, 부모와의 관계, 교사와의 관계 형성이 참 어렵죠. 부모도 아이를 어떻게 대해야 할지 잘 모르고 두려워합니다. 어린아이가 떠들면 시끄럽다고 애들에게 스마트폰을 쥐어줍니다. 아이가 좀 크면 학원으로 보내고요. 서로 어떻게 해야 할지 모르는 경우가 많습니다. 함께 시간을 보내고 관계를 돈독히 할 수 있는 기회가 줄어들었습니다. 우리 삶 전반이 실종되었고 교육에서도 삶을 잃어버린 지 오래되었습니다.

조영선 또래집단을 보면서 어른들은 애들이 휩쓸려 다닌다고 하지만 학생들에게는 그것이 최소한의 연대 단위예요. 사회에서, 학교에서 존중받을 수 있는 여지가 없고 안전하지 않으니 어떻게 해서든 집단을 이루는 것이 유일한 방법이에요. 그런데 학교에서 그 집단을 동등하게 대접해야 하는데, 학교에 순종적이고 성적이 좋은 학생들 위주로 대접을 하고 그렇지 않은 학생들을 배제하는 경향이 심하죠. 그러면 배제된 학생들은 그에 대한 앙심이 생기고, 그게 결국 배제당하지 않는 사람에 대한 공격으로 나타나면서 학생 간 폭력이 많이 일어나요. 배제당하지 않는 사람들 중에서도 약한 사람이 있으니까 결국은 최소한의 연대 단위조차 갖지 못한 사람들에게 그런 폭력이 집중되는 것이죠.

사실 학교 폭력에 대한 근본적인 질문은, 인간이 어떤 식으로든 살아가기 위해 지지대가 필요한데 그것을 어떻게 만들 수 있을 것인가라고 생각해요. 이에 대한 답이 학교 폭력을 어떻게 예방할 수 있을 것인가에 대한 답이 될 수 있을 것 같은데, 지금은 학생들의 죽음이 뉴스조차 안 되죠. 예전에는 학생의 자살이 영화화될 정도로 사람들에게 큰 충격을 줬는데 이제는 성적 비관 자살은 아무런 조명도 받지 못하죠. 2012년 한 해 동안 중고생 139명이 자살을 했는데 이건 내전이 있는 나라에서 죽는 비율과 비슷하다고 해요. 청소년들은 지금 준 전시 상태, 내전을 치르고 있는 셈이죠. 그런데 자살이 일어나는 사회적 맥락에 초점을 맞추는 것이 아니라, 자살한 학생이 평소에 우울하고 심약했다고, 그 아이가 문제였다고 하면서 개인의 선택으로 치환하잖아요. 그러니 검도, 태권도 학원 같은 곳에서 학교 폭력을 대비해준다고 하고, 국영수 학원을 전전하는 학생들이 스스로를 지키기 위해 검도와 태권도까지 배워야 하는 상황이죠.

김훈태   이제 국가교육으로서 학교가 아이들을 교육한다는 것은 불가능한 일이 되지 않았을까 하는 생각도 들어요. 근대 국민국가에서는 국민을 노동자로, 나라를 지키는 군인으로 양성하기 위해 학교를 만들었는데, 그 역할이 이제 거의 사라진 것이 아닐까요? 학교 붕괴, 공교육 붕괴 현상이 '지금 시대에서 교육을 어떻게 바라봐야 하는가'라는 질문을 던진다고 봅니다.

아이들 개개인의 고유성을 중요하게 생각하고, 발달 단계에 따라 아이가 지금 요청하고 있는 것은 무엇인가 파악하는 것이 교육의 중심에 서야 하는데, 이런 방식은 지금의 국가교육에서 감당하기에 근본적으로 어렵지 않은가 싶어요. 물론 지금의 공립학교가 전혀 의미 없다는 것은 아니지만요.

또 대안학교에도 왕따가 있고, 폭력적인 모습들이 많이 있는 게 사실입니다. 그런데 그런 문제에 교사가 접근하는 방식이 약간 다른 것 같아요. 발도르프 교육에서는 교사가 아이들 개개인과 내적인 관계를 만들어가는 것이 가장 중요한 일입니다. 발달 단계에 따른 아이들의 내적 요구에 잘 맞춰가는 것, 그래서 아이들의 삶과 교육이 계속 호흡하는 것, 이런 노력들이 아이들에게 안정감과 만족감을 주고, 그러면서 폭력적인 모습이 상당히 줄어들 수 있죠.

폭력적인 아이들의 모습은 제대로 된 삶을 살고 싶다는 절규일 수도 있는데, 구조가 그것을 들어주지 못하는 것 같습니다. 폭력은 사랑이 없는 상태로 볼 수 있습니다. 우리는 폭력의 바다에 살고 있는데 어떤 돌출 현상만을 폭력으로 여기지 않나 생각합니다. 그래서 학교 폭력의 해결 방안은 아주 근본적인 질문부터 다시 하는 거라고 봐요. 교육이란, 인간이란, 삶이란 무엇인가. 이런 질문이 우리 사회에 없다고 할 수는 없지만 아주 희박하다는 것이죠. 학교 현장 역시 인간에 대한 이해가 몹시 부족합니다. 이런 질문에서 시작할 때 오히려 단순하지만 강력한 해법이 나올 수 있지 않을까 하는 생각도 합니다.

조영선　　제가 있던 학교는 일반 고등학교인데 지역에서 가장 낙후되었다고 할까, 흔히 후졌다고 평가되는 학교죠. 그런데 이러한 학교라고 해도, 공교육이라는 시스템을 벗어나는 순간 아무런 보호 장치가 없어지는 것이에요. 최소한 공교육 틀 안에 있으면 학생 신분이라는 것으로 사회적 보호는 되거든요. 그 학교에서 고1쯤 되면 온갖 사고를 다 치고 그중에 심하게 사고 친 애들은 학교에서 잘리고, 그 정도 사고를 치면 학교에서 잘린다는 것을 알게 된 아이들은 그다음부터 그냥 잠만 자죠. 그래서 고2가 되면 다 자요. 그렇게 인생을 낭비하느니 차라리 학교를 안 다니는 것이 낫겠다는 생각이 진심으로 들죠. 실제로 학교를 관두고 싶다고, 알바를 하는 게 낫겠다고 상담하는 친구들도 있어요. 물론 학교를 다니면서 식당 알바를 하는 학생들도 많죠. 검정고시는 어려울 것 같고 졸업장은 왠지 필요할 것 같으니 학교에서는 내내 자고 저녁에 아르바이트하는 학생이 다수인 것이죠.
　이렇게 무능하고 욕을 많이 먹고 있는 것이 공교육이지만 이만큼 저렴한 값에 학생들을 수용할 수 있는 시설이 없기 때문에 쉽게 없애거나 할 수는 없을 거예요. 저는 그 안에 있는 사람으로서, 학교 밖이 더 위험하다면 적어도 중학교까지 의무교육이라는 것이 아주 억압적인 시스템임에도 어쨌든 일정 정도 삶에 대한 감각을 배울 수 있는 곳이면 좋겠다는 생각을 해요. 왜냐하면 세상은 더 엄혹하니까요. 그렇다고 학생들도 엄혹하게 키울 것인가, 그것은 아니잖아요. 평생 인큐베이터에서 키울 것도 아닌데 대안학교에 보내서 어쩔 것이냐는 반론이 있지만, 사실 사회에 폭력이 난무한다고 학교에서 폭력을 가르칠 수는 없잖아요. 교육에서라도 인간다운 삶의 감각을 배우고 세상에 나가야지 이 세상도 조금이나마 인간다워지는 것이죠. 그것이 공교육이든 대안교육이든 버릴 수 없는 가치이지 않을까 싶어요.

김훈태　그래서 용기가 필요한 것 같습니다. 사회가 엄혹하다 보니 체제에서 밀려날지도 모른다는 불안이 굉장히 큽니다. 사회 안전망이 없는 상황에서 한번 밀려나면 빈곤의 나락으로 떨어지고 맙니다. 학교에서는 대안적인 사회를 고민할 수 있도록 가르치는 것이 아니라 이 사회에서 어떻게든 살아남을 수 있도록 복종과 순응을 가르치죠. 그런데 이런 시스템은 정말 자본가들에게 가장 좋은 것이라고 생각해요. 자기들끼리 싸우게 해서 일부는 탈락해 값싼 노동력이 되고, 남은 아이들은 자기 돈 들여서 스펙을 쌓아 또 고분고분 말 잘 듣는 노동자가 됩니다. 현재의 시스템은 철저하게 자본에 이익이 되는 구조로 만들어진 것이란 생각이 듭니다. 파국으로 치닫고 있는 자본주의라는 열차를 어떻게 세울 것인가, 아니면 뛰어내릴 것인가 하는 것이 교육의 중요한 문제여야 한다고 봐요. 그래서 저는 용기가 필요하다고 생각합니다. 그런데 그 용기는 어디서 나오는가를 보면, 어렸을 때 경험했던 따뜻함, 세상에 대한 경외감, 우주에 대한 놀라움, 이런 것들에서 나오더군요. 그리고 옛날이야기를 들었을 때 재미있고 감동적이고 신비로운 느낌, 이런 경험들이 나중에 커서도 사람들에게 용기를 줄 수 있습니다. 그런데 우리는 지금 그런 것이 '가능하냐, 불가능하냐'를 떠나서 인식 자체를 못하고 있다는 것이죠.

저는 지금 당장 우리가 할 수 있는 일은 질문을 던지는 것, 그리고 자기 스스로 생각하고 결정내린 것을 조금씩 실천하는 것이라고 봅니다. 경제라는 것이 과연 무엇인가 대학생들에게 물어보면 다들 '적게 일해서 많이 버는 것' '물건을 싸게 사는 것' '이윤을 최대로 남기는 것'이라는 답을 해요. 그런데 사실 경제라는 것은 우리가 어울려서 사는 것이잖아요. 일하고 먹고 서로 필요한 것을 나누고, 그리고 사랑하고 결혼하고 아이를 낳아 키우고, 이런 것이 사실 삶이고 경제인데 학교에서 그런 삶을 가르쳐주지 않죠. 친구와 어떻게 우정을 만들어갈 것인지, 연애를 어떻게 하면 잘할 수 있는지, 이런 일에는 관심이 없습니다. 공동체 안에서 사람들과 같이 일하는 법, 서로를 돕는 법을 배울 수 없잖아요. 사실 교육이란 것이 별게 아니라 어른들이 사는 모습을 보여주는 것인데, 어른들이 지금 무엇을 하고 있는가, 성장하려 하고 있는가, 공동체를 위해 어떤 일을 하고 있는가, 문제의 본질을 보려 하고 있는가 생각해보면, 그러지 못하고 있죠.

교사들은 무엇을
가르칠 수 있을까

조영선　　학생들 사이의 폭력에서 가해자와 피해자가 생기고 사법적 조치가 뒤따르는 상황에서 교사가 어떤 여지를 갖기는 어려운 처지예요. 그냥 매뉴얼을 따라갈 수밖에 없는 구조이죠. 그것을 조정한다는 것은 자칫하면 쟁송에 휘말리는 일이 될 수 있으니까요. 하지만 학교 폭력을 학생들 사이의 폭력으로 가두는 착시효과 때문에 폭력적 구조의 일부인 교사가 심판관의 역할을 해야 하고, 어떤 폭력에 대항해서 어떻게 연대할 것인가를 생각하기 어려운 상황에 놓이죠. 예를 들면 학교 폭력 예방 차원으로 '멈춰'라는 프로그램을 합니다. 학생들이 폭력적인 상황에 놓였을 때 "멈춰!"라고 말하면 그 상황을 멈추고 그 상황에 대해 같이 회의하고 역할을 바꿔서 서로의 고통에 대해 되돌아보고 해법을 찾는 것이죠. 이 일시적인 소격효과가, 멈추라고 했을 때 다 같이 멈출 수 있다면 분명 의미가 있는데, 저는 그것이 꼭 학생들 사이의 폭력만이 아니라 교장 선생님에게도 '멈춰!'라고 이야기할 수 있고, 담임 선생님에게도 '멈춰!'라고 할 수 있을 때 진정한 의미가 있을 수 있다고 생각해요. 권력에 따라 행동의 권한이 자의적으로 분배되는 구조가 깨지지 않는 한, 사실 폭력 문제가 해소되는 것은 불가능하다고 생각해요.

그런데 지금 학교 폭력은 학생들 사이의 폭력이니 학생들끼리 관계만 잘하면 된다고 생각하고, 학교의 비민주성, 비정규직

에 대한 차별 같은 것들은 별도로 이야기되는데요. 사실 이런 것
도 학생들이 폭력을 배우는 계기, 중요한 고리라고 생각해요.
예를 들어 선생님 앞에서는 쓰레기를 못 버려도 청소 노동자 앞
에서는 버려달라는 듯이 버린다는 것이죠. 학교가 비정규직을
대하는 자세를 학생들이 보고 배우는 것이죠. 다 연결되어 있는
문제인데 폭력을 보는 시선은 다 끊어져 있고 그러다보니 대응
하는 것도 분절적이에요. 많은 교사들은 이렇게 생각할 것 같아
요. '나는 학교에서 주어진 역할을 하고 있을 뿐, 내가 학생들에
게 특별히 폭력을 가르친 것도 아닌데 왜 자꾸 교사 탓을 하느
냐, 나는 주어진 매뉴얼대로 하고 있다'고요. 폭력적 구조와 학
생들의 폭력적 행동을 분리해서 사고하는 것이죠. 그 매뉴얼에
도 폭력적인 요소들이 있는데 연결해서 사고하지 못하는 것이
한계예요.

김훈태　　저는 학생들과 마찬가지로 교사들에게도 '교사들이
살아 있는가' 묻고 싶어요. 학교는, 교사는 누구를 위해 존재하
냐고 질문했을 때, 오해를 감수하고서라도 독하게 이야기하자
면, 교사들을 위해, 교사들의 봉급을 위해, 승진하고 교장이 되
려고 있는 것이 아니냐고. 아이들의 수업이 승진에 그렇게 중요
하지 않죠.

조영선　　학교가 싼값에 어느 정도까지, 정년까지 숨을 수 있는
공간으로서 역할을 하고 있죠. 교사는 그 공간을 관리하는 것,

간수의 역할도 하고 있는 것이고요.

김훈태　그렇다면 교사들부터 먼저 깨어나야 하지 않나 싶어요. 교사 한 명 한 명이 교사로서 무엇을 할 수 있는가, 무엇을 바라고 교사가 되었나, 이런 생각을 해보면 지금 교사들이 굉장히 비참함을 느낄 것 같아요. 제가 병역거부로 감옥에 있을 때 불만을 제기하면 간수들은 책을 들고 와서 '여기에 있는 절차대로밖에 못한다'고 했어요. 그러면 감옥에 갇힌 사람들은 여러 이유로 불만을 제기하는데, 그건 결국 우리도 인간처럼 대접해달라는 것이거든요. 그런데 간수들이랑 이야기를 해보면 간수들도 불만이 많고, 자기 역할을 못하면 시스템에서 떨어져나갈까봐 불안해하고, 뭘 해야 할지 잘 몰라서 힘들어하는 거예요. 그런 부분에서 선생님들도 계속 고민하고, 뭘 해볼까 생각하고, 뭔가 살아 있으려고 한다면, 그런 교사의 모습을 보고 학생들이 감동받을 수 있다고 보거든요.

　그리고 지금 초등학교는 교과서가 너무 어려워요. 기득권 집단들이 각 챕터를 장악하고 있어서 내용이 자꾸 많아지고 어려워질 수밖에 없죠. 그 틈에서 정작 그 교과서를 가지고 배울 아이들에 대한 고민은 빠져 있습니다. 평화에 대한 교육도 사실 도덕 교과서에서 대표적인 내용이, 이스라엘 사람들은 전쟁이 나면 외국에 있다가도 조국에 들어와서 싸우고 이겼다는 이야기 정도예요. 정작 시민들에게 필요한 인권, 노동기본권, 이런 것은 가르치지 않죠. 교과서도 교육과정도 아이들을 위한 것이 아니란 생각이 들어요.

조영선　시민교육의 영역, 시민교육의 가치라고 할 수 있는 부분이 절대적으로 부족하죠. 표면적으로는 사회 교과서나 도덕 교과서에 인권, 양성평등, 다문화 교육, 이런 것들이 있기는 하지만 그 관점도 문제가 있고 그것을 교육하는 방식도 문제가 있죠. 다문화 교육을 받고 나면 애들이 예전에는 깜둥이라고 놀렸다면 이제는 "야, 다문화"라고 해요. 저는 교육과정의 문제도 있지만, 또 한편으로는 평화교육에 교재가 있어야 한다고 생각하는 것이 문제라고 봐요. 선생님들이 저한테 인권 교육에 좋은 자료가 뭐가 있는지 물어봐요. 그런데 사실 교사 자신이 가장 좋은 텍스트이고, 나와 우리 아이들이 교실에서 무엇을 하고 있는지가 가장 좋은 수업 자료이죠. 한때는 저도 EBS〈지식채널 e〉에서 인권 관련 자료를 찾으려고 했던 적이 있었어요. 지금도 그런 자료가 많은 도움이 되기는 하죠. 그것이 필요 없다는 것이 아니라 그 이전에 우리 삶을 둘러싸고 있는 것들에 대해 다시 들여다보는 것이 중요하다고 생각해요.

　주변에 너무 문제 있는 기술들이 많아요. 평화든 다문화든 인권이든. 한 가지 예로 도덕 교과서에 인권 관련해서 '합리적 차별'이란 말을 쓰더라고요. 맥락을 보니 남자들은 군대에 가지만 여자들은 군대에 안 간다는 것, 이렇게 차이를 배려한 것을 '합리적 차별'이라고 부른다는 것이죠. 아무런 검증도 받지 않은 개념, 단어가 교과서에 들어와 있다는 것이 놀랍더라고요. 또 하나, 입시 교육이 참 형식적이고 영향력이 없다고 느끼면서도 한편 큰 영향을 미친다는 것을 깨닫게 되는 일이 있어요. 고등학교 3학년 12월이 되면 학교에 트럭이 와요. 그러면 학생들이 그동안의 참고서를 트럭에 다 버려요. 그 트럭에 실려서 폐지로 팔려가는 것이죠. 저는 그 모습이 공교육의 진풍경이라고 생각해요. 그런데 놀라운 것은, 예를 들어 학생들에게 갈등은 어떻게 풀어야 하느냐 물어보면 대화와 타협이라고 대답한다는 거예요. 입시 교육의 힘이죠. 그래서 파업하는 장면을 보면 평화롭지 않다고 생각하게 되는 것이죠. 그렇기에 제대로 된 관점을 가진 교과서를 만드는 것도 중요한 일이라고 생각해요.

한편 진보적인 교육감이 나오도록 목을 맬 필요까지는 없지만 행정 권력이 할 수 있는 일이 있으니, 그러한 행정력을 통해서 시민교육의 영역을 확보하고 확보된 영역에서 제대로 된 관점의 교육이 진행될 수 있도록 하는 것도 중요한 일이죠.

김훈태　저는 얼마 전 공립학교를 방문했다가 놀란 일이 있어요. 인권 교육이 경기도에서 중요한 화두잖아요. 그런데 인권 교육 시범학교로 지정된 학교에서, 인권 교육을 하고 있다는 것을 보여줘야 하니까 인권 3행시 짓기, 인권 문제 퀴즈 대회, 인권 백일장 같은 걸 하고 있더군요. 이것이 예전에 하던 반공 백일장과 뭐가 다른지 모르겠어요. 아이들이 그래서 반공 싫어했는데, 인권도 그렇게 싫어하게 만드는 건 아닐까, 감수성에 상처를 주는 일이지 않을까 싶어요. 저는 인권, 평화 교육이라면 그에 맞는 교과서를 만드는 것보다 오히려 있는 교과서를 없애는 것이 더 맞을 것 같습니다. 교과서뿐만 아니라 '티나라'나 '아이스크림i-Scream' 같은 멀티미디어 교육 자료도 가능하면 사용하지 않았으면 합니다. 교과서와 멀티미디어 자료들은 결국 교사와 학생들을 밀접하게 관계 맺지 못하도록 방해하는 역할을 한다고 보거든요. 마찬가지로 평화교육이 프로그램으로 자리 잡는 것도 반대해요. 프로그램으로 정형화되기보다 삶에서 자연스럽게 익힐 수 있는 방향이어야 한다고 생각합니다.

그리고 교사들의 고민이 녹아 있고, 교사가 읽고 고민할 수 있는 교사들의 교과서가 있으면 좋을 것 같아요. 교사들이 고민해서 교실의 문화를 바꿀 수 있는 그런 교재를 만들어가면 좋을 듯합니다.

교육을 거부할 권리가
보장돼야 좋은 학교

김훈태　　공교육 안에서 교사의 노력도 큰 의미가 있고, 공교육을 박차고 나와서 대안학교를 만들거나 거기서 교사로 일하는 것도 큰 의미가 있다고 봐요. 그런데 공교육이든 대안교육이든 학교라는 공간에서 저항을 어떻게 하느냐가 중요합니다. 학교는 저항을 용인하지 못하는 공간이죠. 그것이 어떤 저항일지라도. 저항이라는 것 자체가 학교에서 부정적인 의미를 가지는

조영선 + 김훈태

것이니까요. 저는 신념, 스스로의 생각이 중요하다고 보는데요. 본인이 옳다고 여긴다면 그 생각을 끝까지 지키고 실현할 수 있는가 하는 것이 교육적으로 의미 있다고 봐요. 네 생각이 뭐냐, 나는 다른 생각이다, 이런 것에서 민주적인 토론이 시작되니까요. 그러니 더 장려를 해야죠. 저항이라는 것은 자기 생각을 고집하는 것이기도 하고 좋게 말하면 신념을 지키려고 하는 것인데, 결국 생각이 다른 사람들이 같이 살아야 하는 게 사회입니다. 학교에서는 그런 다양한 생각, 다른 가치를 가진 사람들이 갈등을 성숙하게 해소하고 서로를 더 이해하고 신뢰하고 더불어 사는 것을 배우고 익히는 곳이라고 할 수 있죠. 싸우기도 하고 화해도 하고 토론도 하면서 이렇게 사는 것이구나, 하는 것을 배워야 사회에 나가서 어울려 살 수 있을 텐데 학교에서는 아이들의 생각을 중요하게 생각하지 않죠. 대입을 향해 달려가는 게 중요할 뿐이죠. 유치원에서까지 "축, ○○초등학교 입학" 플래카드를 거는 사회이니 말 다했다고 봅니다.

조영선　　저는 지금 대안교육이 '탈주냐, 탈출이냐'라고 묻는다면, 공교육이 너무 열악해서 '탈출'한 것이 아닌가 싶어요. 그리고 대안학교 학생들의 삶은 그렇게 많이 다를까 의문이에요. 대안학교도 너무 다양해서 입시 스펙을 잘 쌓아주는 대안학교도 있고, 또 어떤 친구는 이런 말을 하더라고요. '공교육 안에서는 자기 익명성이 보장됐다. 큰 사고만 안 터트리면 아무도 안 건드리는데 대안학교에서는 작은 문제만 있어도 상담하자고 하고, 부모님 자주 오시고, 피할 곳이 없다.' 공교육은 거대한 집단이다보니 어느 정도 방어막을 치면 자기를 드러내지 않을 수 있는데, 대안교육에서는 '대안적인 방식'의 '전체주의'가 작동하면 그나마 피할 곳도 없어지는 거죠.

그래서 '대안교육이냐, 공교육이냐' '어디가 낫고 어디가 못하다'가 중요하다기보다는, 대안학교를 선택할 수밖에 없었던 학생이 분명히 있고 공교육에 남아 있을 수밖에 없는 학생이 또 분명히 있다고 생각해요. 어느 공간이든 뭔가를 거절하고 거부할 수 있다는 것을 교육에서 가르치는 것 자체가 대단히 힘든 일이죠. 대안학교라고 해도 학생이 '전 선생님의 수업을 거부해요'라고 말하기 쉽지 않겠죠. 물론 분위기는 분명히 다르겠지만 교육의 속성상, 가르치는 자와 배우는 자의 권력관계가 있기 때문에 쉽지 않아요. 그 권력관계를 끊임없이 성찰하는 게 필요할 것 같아요. 평화와 같은 가치 교육에 대해, 그 내용보다는 방법, 가치가 내면화되는 공간의 시스템, 공간을 운영하는 원리로서 그 가치가 작용하고 있는가 계속 고민해야 하는 것이죠. 마치 노동하지 않을 권리가 노동할 권리를 보장하는 데 굉장히 중요한 지렛대가 되는 것처럼, 사실 학생들이 교육을 거부할 권리가 보장되어야 좋은 학교, 교육이 되거든요. 외국은 학생들이 부당한 교육 환경에 저항해 수업을 빼먹고 데모해서, 심지어 교사 수도 학생들이 확보를 해주는데, 한국은 그렇게 하지 못하니까 이 상태로 지지고 볶고 있는 것이죠.

어쨌든 학생들의 작지만 중요한 반항의 경험들이 학생들 사이에서 권력을 작취하는 것으로 끝나는 것이 아니라, 어떻게 그걸로 저항의 물꼬를 틀 수 있을까 고민이에요. 반항이 저항으로 갈 수 있는 고리를 우리가 찾아야 될 텐데 말이죠. 우리 편이 분명히 학교에 있거든요. 일진, 문제를 일으키는 학생들은 자신들이 인간적인 대접을 못 받는 것에 반감이 강해요. 순응적이지 않다는 것은 어떤 부당함에 반응한다는 것이죠. 이들이 권력에 포섭되지 않고 자기 언어를 가지고 살아날 수 있으려면 도대체 뭐가 필요할까 고민이 되죠. 공간을 만들고 거기서 꾸물꾸물 이야기하며 해나가는 것이 중요하다고 생각해요.

김훈태　　동감합니다. 자꾸 모여서 얘기를 나누고 뭔가를 작당하는 게 중요하죠. 자기 언어를 찾아나가는 것이 참 중요하다고 생각해요. 그러기 위해서는 다양한 활동을 해보고 부딪쳐보는 게 필요합니다. 저는 제가 가르쳤던 제자들이 병역거부를 한다고 할 때마다 가슴이 덜컹합니다. 실제로 진지한 마음으로 찾아온 제자가 있었어요. 대견하면서도 마음이 짠했죠. 더 살아보고 결정하라는 이야기를 했어요. 그것이 자기 언어에 의한 것인지 좀 더 숙고해보라고요. 너무 일찍 결정해서 그것을 끌어안고 살지 말고, 군대에 갈 수도 있고 안 갈 수도 있고 그건 상관없으니, 좀 더 세상을 보고 판단해보라고 했습니다. 그 과정이 자기 언어를 찾는 과정일 거라 생각해요.

　그리고 저는 우리 사회의 평화교육이나 민주주의 교육에서 발달단계에 대한 고려가 너무 없지 않나 생각합니다. 특히 초등학교 시절에 너무 비판적인 것, 지식적인 것을 많이 가르치지 않나 싶어요. 어린아이는 특히 세상을 긍정하고 싶어합니다. 그래야 세상을 배울 수 있거든요. 또 초등학교에서는 교사의 권위가 대단히 중요하죠. 권위적이어야 한다는 것이 아니라, 아이들이 혼란스러울 때 올바른 권위가 아이를 보호해줄 수 있어야 한다는 것이죠. 교사가 권위를 다 버린다고 해서 교실이 평화로워지지는 않죠. 교실이 무정부 상태가 될 수도 있거든요. 평화가 권력을 모두 없애는 것도 아니고요. 사춘기 아이들은 또 다르겠죠. 발달 단계에 따라 좀 더 세심한 접근이 필요하다는 생각입니다.

조영선　학생들이 시위를 하고 싶다든가 그럴 때, 곤란하게 꼭 저를 찾아와서 상담을 해요. 징계를 받고 혼나고 하는 것이 그 시기에는 굉장히 큰일이잖아요. 각 단계별로 양상은 다르지만 압박감은 마찬가지죠. 그때마다 제 스스로 다짐하는 것은 '나는 누구의 롤모델도 우상도 아니다'예요. 그것은 그 친구가 결정하고 감당하는 것이고, 만약 그 친구가 정당한 일을 하고 탄압을 받는다면 나는 지지와 연대를 하는 것이지, 보호해야 할 일이 아니라고 생각하려고 노력하죠. 그래도 자꾸 보호해야 한다고 생각하게 돼요. 가치 교육에 대해 고민하는 사람은 누구나 갖고 있는 딜레마인 것 같아요.

———
후기

김훈태

조영선 선생님과 대담을 한 것은 아직 교직에 있을 때였다.
대담 이후 나는 학교를 떠나 개인 연구소를 차려서 그동안
집중하지 못했던 공부를 더 이어나갔다. 슈타이너의
인지학뿐만 아니라 평화교육의 한 갈래로 최근 들어 더욱
중요하게 다뤄지는 '회복적 정의(회복적 생활교육)'에 대해서도
연구를 심화해나갔다. 발도르프 교육이 세간에는 일종의
예술교육으로 알려져 있지만, 인간에 대한 올바른 이해와
사회운동에 관한 새로운 비전을 추구하는 평화교육으로
보는 게 맞다고 생각한다. 발도르프 교육과 함께 회복적
정의에 주목하는 이유는 거기에 근본적인 관점의 변화가 있기
때문이다. 회복적 정의는 우리 사회 폭력의 원인을 파괴된
공동체 관계로 보고, 관계를 회복할 대안적인 방안을 제시한다.
발도르프 교육과 회복적 생활교육은 앞으로 평화교육 차원에서
더욱 주목받게 될 것이다.
대담을 하면서 교육 현장에 대한 조영선 선생님의 치밀한
관찰과 이해에 감탄했다. 공교육 현장에서 아이들을 중심으로

벌어지고 있는 일들을 구체적으로 파악하고, 그 핵심을 정확히 간파하고 계셨다. 그에 비해 나는 공교육 외부에서 던질 수 있는 질문들을 생각했다. 학교가 실질적으로 변화하려면 어떻게 해야 하는가? 우리는 국가가 교육을 혁신할 수 있을 거라고 믿지 않았다. 정부가 짜내는 궁여지책이 거짓이라는 점은 아이들의 반응에서도 증명된다. 무언가 사건이 터질 때마다 대책이 쏟아지지만 현장은 변하지 않고 오히려 더 악화되기 일쑤다. 그 과정에서 비명을 지르는 것은 아이들이다. 대담은 대체 무엇을 건드려야 교육을 올바른 변화로 이끌어갈 수 있는지, 더듬더듬 어떤 버튼을 찾는 과정처럼 느껴졌다. 세월호 참사가 벌어진 것은 대담 이후 이듬해 봄이었다. 대담 당시 우리를 놀라게 했던 해병대 캠프 사건보다 수백 배나 큰 참사였다. 그렇다고 해서 해병대 캠프 사건의 의미가 작아지는 것은 아니다. 사실 그 두 사건은 하나의 사건이라고도 할 수 있을 것이다. 학교에서 보내는 캠프 또는 수학여행에 따라갔던 학생들이 납득하기 어려운 이유로 숨졌다. 어른들은 "가만히 있으라, 시키는 대로 하라"고 지시했다. 구조는 없었다. 당장은 난리가 나지만 시간이 흐른 뒤 우리 사회는 이 끔찍했던 일들을 잊고 싶어한다. 차곡차곡 쌓였던 부조리의 무게에 의해 참사가 벌어졌음에도 학교는 변한 게 없다. 그러니 이러한 일은 반복될 것이다. 아이를 군대에 보내는 것만큼이나 학교에 보내는 것도 두려운 나라가 되었다. 무엇을 어떻게 해야 하는 것일까? 이제 우리는 정색하고 아이들에게 저항을 가르쳐야 한다.

옳지 않은 일은 거부하라고 말해야 할 것이다. 그러나 그럴 수 있을까? 학교는 아이들의 거부를 받아줄 수 있을까? 아니, 교사들은 잘못된 이 시스템에 저항할 수 있을까? 지금 내가 생각하는 것은 교사 개개인의 일상적 저항이다. 아이들 앞에서 권력자로 서지 않는 것, 권력 구조를 과감하게 까발리는 것, 나아가 새로운 문화를 구축하는 것. 학교는 정신-문화 공간이 되어야 한다고 믿는다. 그것이 내가 발도르프 교육과 회복적 정의에 희망을 거는 이유다. 조직이 할 수 없는 일을 개인이 해낼 것이다. 그런 개인들이 모여 새로운 조직이 만들어질 거라고 믿는다.

비폭력운동

삶을 재구성하고 세상을 바꾸는 직접행동

하승우 ● 풀뿌리자치연구소 이음 운영위원

오리 ● 전쟁없는 세상 상근 활동가, 두레방 활동가

비폭력에 대한
오해들

하승우   비폭력운동에 대해서는 참 많은 오해와 비판이 있어 왔다고 알고 있는데요. 비폭력운동을 해오면서 어떤 이야기들을 들어왔는지요?

오리   지금은 덜하지만 여전히 비폭력을 주장하는 운동에 대한 반감이 존재해요. 궁극적으로는 한국의 운동이 그것을 통해 이루고자 하는 미래의 비전과 목표에 도달하기 위한 전략이 부재하기 때문이라고 봅니다. 구체적 목표를 달성하기 위한 전략은 여러 가지가 있겠지만 어떤 방식이 가장 효과적이고 부작용이 덜한지 논의해본 적이 없어요. 1980년대, 1990년대 한국의 운동이 상당히 남성중심적, 폭력적이었는데 그런 방식이 당시의 상황에서 매우 유효한 투쟁의 전략이었다기보다는 매서운 국가 폭력에 대응하기 위한 성격이 강했다는 것이지요. 때문에 비폭력운동에 대한 오해와 비판도 이 방식의 효과에 대한 의심보다는 폭력을 사용할 수밖에 없는 상황의 불가피성을 토로하는 방식이 되는 경우가 많은 것 같아요.

또 많이 들었던 얘기는 비폭력운동은 수동적이다, 합법적 테두리에 갇혀 있다는 비판이었어요. '오른뺨을 때리면 왼뺨을 내밀어라' 류의 운동으로 비쳐지는 것이죠. 물론 비폭력에 분명 이런 측면이 있지요. 그런 일면 바보 같은 이미지가 '비폭력=합법'이라는 이미지를 만들어낸 것 같고요. 2008년 촛불집회 당시를 생각해봐도 그때 비폭력을 주장하던 시민들은 대부분 '비폭력=합법', '폭력=불법'으로 등치시켰죠. 하지만 비폭력(행동)은 합법(행동)에 대응되는 개념이 아니에요. 오히려 폭력 그리고 전통적인 방식의 정치적 행동과 반대편에 있는 것이라고 봐야 합니다. 비폭력(행동)은 가장 효과적인 방식을 취하기 때문에 합법과 불법의 경계를 넘나들죠. 대표적으로 병역거부와 같은 시민불복종을 보세요.

이 외에도 굉장히 커다란 오해 중 하나인데, 비폭력 행동은 팔레스타인에서 이스라엘의 불도저를 막아서다 사망한 레이철 코리처럼 목숨을 내던질 정도로 영웅적인 행동이라 생각하는 분들도 있었죠. 그래서 개인의 영웅주의와 등치시켜서 생각하는 경향도 있고, 또 한편으로는 필리핀의 피플 파워를 떠올리며 아주 대규모로 사람들이 모여야만 비폭력운동은 가능하다고 생각하고 한 개인의 활동을 등한시하는 경향도 있죠. 또 "비폭력운동은 양키의 것 아니냐?" 이렇게 물어오는 사람도 있었어요. 그런데 미국이나 유럽에서는 비폭력운동은 인도에서 왔다고 하기

_____ 하승우 + 오리

도 하거든요. 비폭력 저항, 운동이 간디로 대표되는 측면이 있잖아요. 어쨌든 외국에서 들어온 것이고 우리 상황에는 맞지 않다는 이야기도 많았죠. 아주 다양한 이야기들을 들었죠.

하승우　　그럼에도 비폭력운동을 고민했던 이유는 무엇인가요?

오리　　저는 비폭력이라는 말보다 병역거부라는 말을 먼저 알게 되었어요. 병역거부는 딱히 제가 그 운동에 대해 알고 있어서 시작했다기보다는 국가 폭력에 대항하는 활동에 대한 존경심과 동경심이 있어서 매우 새롭게 보였죠. 특히 군대에 저항하는 운동이라 더 대단하게 보였고요. 처음에는 '병역거부=대체복무' 정도의 문제의식이었어요. 근데 운동을 하다보면 이런저런 고민을 하게 되고 지식도 늘어가고 사람도 많이 만나게 되고 토론도 하게 되잖아요? 그러다가 병역거부가 개인적 자유권보다는 일종의 운동의 방법론으로서 사고되어야 한다는 것, 즉 부당하다고 생각되는 권력의 명령에는 협조하지 않는다는 운동의 전략이 매우 효과적이라는 것을 알게 되었죠.

　　이러한 운동의 방법론은 기존 사회운동이 권력을 대하는 태도와는 다른 입장을 가지고 있어요. 기존의 사회운동이 권력은 누군가, 예를 들어 군대, 경찰, 대통령, 국회의원 등등이 가지고 있고 다른 사람들에게는 없는 것이라고 본다면 비폭력운동은 권력이 일종의 사회관계의 역학이라 생각하죠. 권력에 복종하니까 권력이 유지된다는 거예요. 따라서 민중들이 복종하길 거부한다면 권력은 서서히 무너질 수밖에 없죠. 사실 우리의 일상에서 이런 권력관계의 역학을 관찰하기는 쉽지 않아요. 하지만 세계적으로는 많은 사례들이 있죠. 특히 전 세계의 독립운동이라든가 반독재운동들은 비폭력적 관점이 아니고선 그 승리의 동력을 이해하기 어렵습니다.

하지만 제가 이런 이론이나 역사적 근거에 따라서 비폭력운동에 관심을 가졌던 것은 아니고요, 제가 맘에 들었던 부분은 이런 접근법이 사람 개인의 자존을 강조하고 행동하기를 고무하게 된다는 거였어요. 병역거부운동을 하면서 여성 활동가를 영웅을 보조하는 사람쯤으로 취급하는 분위기에 맘이 상하기도 했지만, 개인을 임파워empower하는 이런 문화에서 많은 용기를 얻었죠. 또 비폭력의 철학은 '평화로 가는 길은 없다. 평화가 바로 길이다'라는 유명한 문구로 대표되는 것처럼 결과만큼 과정을 중시해요. 비폭력 데모의 성과만큼 그것에 도달하는 과정도 평가되고 조직의 운영도 마찬가지죠.

조직이 어떤 성과를 내고 얼마나 이름을 알리느냐도 중요하지만 이에 도달하기 위해 조직이 얼마나 민주적으로 운영되었으며 조직의 구성원들은 모두가 동등하게 존중받고 있다고 느끼는가 하는 것도 매우 중요합니다. 원래 제 관심사도 이것이었어요. 어느 순간 제 옆의 여성 활동가가 조직을 그만두면 성폭력 사건과 연관이 있다든가, 남성이든 여성이든 나이가 어린 신입 활동가가 그만두면 조직 내 위계질서 문제와 관련되어 있다든가 하는 일이 많았죠. 자기 옆의 동지에게 이런 폭력이 가해지는 것을 두고 보면서 무슨 사회변혁이고 나발이고…… 이런 생각을 했어요. 기회가 있을 때마다 비판하는 글도 쓰고 했지만, 문제는 어떻게 이런 조직 내 문화를 실제로 바꿀 것인가 하는 거였어요. 그래서 처음 비폭력 트레이닝에 참여했을 때 이런 점이 저에게 참 매력적으로 다가왔던 것 같아요. 비폭력 직접행동을 준비하기 위한 트레이닝이었는데 그 행동 중 벌어질 수 있는 다양한 상황, 변수들을 트레이닝에서 다 다루더라고요. 그러니까 참가자들이 자신들이 처한 상황을 더 잘 이해하게 되고 효과적이고 주체적으로 데모를 할 수 있게 되었죠. 물론 그 트레이닝이 조직 운영에 관한 것은 아니었지만 나중에 이런 직접행동 트레이닝 말고도 조직 운영에 관한 것, 의사소통에 관한 것, 젠더 문제와 관련한 것 등 다양한 트레이닝이 있다는 것을 알게 되었어요.

하승우　　사실 비폭력운동은 폭력이냐 아니냐를 떠나서 방법이자 목적으로서의 운동이 어디로 갈 것인가를, 기존의 사회운동의 근본적인 전환을 이야기한 것이라고 생각해요. 역사를 따져보면 한국 사회에 어떤 결절점이 몇 번 있었죠. 가장 최근의 예를 보면, 1980년대 조직적인 비합법 운동이 있다가 1987년 6월항쟁이 있고 나서 1988년 경실련이 표방했던 합법 운동이 등장했죠. 이것은 더 이상 폭력을 쓰지 않겠다는 선언이었어요. 폭력적으로 충돌하지 않고 합리적으로 대안을 찾겠다고. 그때 비폭력운동이라는 말을 쓰지는 않았지만 비폭력이 하나의 운동 방법으로 나온 것이죠. 물론 경실련의 주장이 그 시대의 사회 상황에 적절했는지는 따져봐야 할 문제이지만 전환의 필요성을 주장한 것이라 생각합니다.

이렇게 현실에서 사용되는 말인데도 왜 사람들은 비폭력운동에 대해 많은 오해와 다른 생각들을 가지고 있을까? 그것은 단지 비폭력이라서가 아니라 아까 말씀하신 것처럼 운동 자체를 근본적으로 다시 설계하는 것에 대한 반감이지 않았을까 싶어요. 운동을 이런 식으로 하면 안 된다는 문제 제기가 사람들을 불편하게 했던 거죠. 모든 사람들의 가능성에 주목하고 조직 내 민주주의를 실현한다는 운동이 비현실적이라고 생각하거나 아니면 기존에 이미 조직화된 운동에서는 매우 불편한 이야기였겠죠.

오리　　저희가 말 걸기를 좀 더 현명하게 했더라면 하는 생각도 있어요. 구체적인 운동의 효과, 즉 누가 정당성을 획득해 더 많은 지지자를 얻는가, 제3자에게 우리 시위가 어떻게 비춰질 것인가, 조중동 같은 못된 심보의 주류 언론들이 우리 시위를 어떻게 다뤄줄 것인가, 이런 아주 실용적인 측면에서 접근하거나 아니면 이번 시위만은 이런이런 원칙을 정해보자 하는 식으로 합의 지점을 찾고자 했다면 어땠을까. 노동해방, 평화, 평등, 정의, 이런 커다란 당위적 비전 말고 중기적인 캠페인의 목표, 그에 대한 합의 같은 건 좀 부족한 듯싶어요. 동상이몽적인 측면도 있는 것 같고요. 어떤 사람은 비폭력이 효과적인 운동으로 크건 작건 어떤 성공을 거두었다면 그것은 폭력 투쟁이 일궈놓은 뒤에 수반되었던 것이다, 그렇기 때문에 그 운동의 성공은 폭력 투쟁과 비폭력 투쟁의 효과적인 협력으로 평가해야 한다는 이야기도 해요. 동의하고 못하고를 떠나 재미있는 주장인 것 같아요. 이런 연구도 있어요. 예를 들어 남아공 아파르트헤이트 반대운동이나 팔레스타인 인티파다 같은 지속적인 운동의 성격을 분석한 후 어떤 시기에 운동이 좀 더 효과적이었고 성공적이었나 평가한 것인데 비폭력운동이 전체 운동의 주류를 차지했던 시기에 더 많은 국내적, 국제적 지지를 얻었고 더 성공적이었다는 거예요.

하승우　사실 폭력인가, 비폭력인가 하는 질문, 그 프레임에 들어가는 순간 우리가 할 수 있는 말과 행동이 제한되어버리는 측면이 있죠. 송기숙의 《암태도》라는 소설에 나오는 이야기인데요. 전남 신안에 있는 암태도라는 섬에서 소작쟁의 형태로 항일운동이 벌어져요. 그때 농민들이 '저쪽이 폭력을 쓰더라도 우리가 반응하면 안 된다'고 말해요. 1920년대였는데 일제가 의도적으로 우리를 거칠게 대할 것이고, 그럴 때 우리는 어떻게 할 것인가, 이런 문제를 심각하게 의논하죠. 사실 폭력이냐, 비폭력이냐의 문제는 상대방이 우리가 하고자 하는 일, 목적이나 방법을 원천적으로 봉쇄하려 할 때 우리가 어떻게 대처할 것인가의 문제이고 그 대처 방법은 여러 가지가 있겠죠. 폭력적인 대처라면 누군가는 잡혀가고, 책임을 져야 하고, 그런데 책임을 지는 사람은 저쪽에서 보기에 핵심 인물, 그런 사람을 잡아갈 거예요. 그렇게 되면 결과적으로 우리에게는 손해이고. 그러니 힘이 약해서라기보다는 그런 상황을 피하는 것이 현명하다고 생각하니까 비폭력이라는 방법을 택한 것이라고 볼 수 있죠. 저는 운동의 힘이 강해도 비폭력을 택할 수 있다고 봐요.

제 대학 시절 경험인데, 교문 앞에서 시위를 하면 화염병과 쇠파이프가 등장하는 것이 일반적이었죠. 하루는 부총학생회장이 무슨 생각으로 그렇게 했는지 모르겠지만 "오늘은 화염병과 쇠파이프를 다 놓고 나가자" 이렇게 말했어요. 분위기가 썰렁해졌죠. 이미 학교 정문 앞에 전투경찰이 진을 치고 있는데 오늘 맨몸으로 우리의 결의를 보이자고 하니 사람들이 당황하고 한편 비장미도 흐르고. 교문에서 10미터 정도 가다가 연좌를 했더니 바로 백골단이 달려와서 연행을 하려고 해요. 그때부터 사람들이 웅성웅성하고, 선배들이 "빨리 가져와라", 항상 그전까지 싸우던 방식이 있었기 때문에 다른 방법으로 어떻게 싸워야 할 것인지에 대해서는 미처 생각이 없었던 것이죠. 짐작하건대 일반 시민들과 같이 할 수 있는 방법이라고 생각했던 것 같지만 정작 시민들이 참여할 통로는 전혀 마련되어 있지 않았으니 결국 쇠파이프 들고 싸움을 했죠. 폭력인가, 비폭력인가보다 이것으로 무엇을 할 것인지 고민이 없으면 계속 익숙한 방법으로 돌아갈 수밖에 없어요. 사실 화염병을 쓰고 쇠파이프를 드는 것이 때론 필요할 수도 있지만, 문제는 그것이 아니면 우리는 무엇을 할 것인가 하는 고민이 먼저 있어야 한다는 것이죠.

먼저 말씀하셨듯이 각자가 가지고 있는 가능성을 드러내는 방법, 그것이 드러날 수 있는 장을 만들어야 하는데 사실 우리가 해온 집회는 굉장히 동질화된 사람들이 동질화된 목소리로 외치는 거잖아요. 그러다보니 목소리를 어떻게 관철시킬 것이냐 했을 때, 치고 나갈 것인가, 아니면 여기 그냥 있을 것인가, 또 계속 있기 위해 사수대를 어떻게 꾸릴 것인가, 이런 논의에 머물다보니 다른 상상력이 갈수록 줄어든다고 생각해요. 2008년 촛불은 어쨌든 한국 사회에서 그런 상상력들이 밖으로 드러난 것이었죠. 각자가 각자의 방식으로 광장에서 무엇인가를 하는 것. 그런데 이것이 기존 운동에서는 불편한 부분이기도 했어요. 사람들이 많이 모였으니 뭐라도 해야 하는데, 그냥 이대로 눌러앉아 있으면 되나? 그래서 연단이 만들어지고 사회자가 나오고. 저는 운동 조직들도 두려워하는 것 같아요. 자기들이 통제하거나 조절할 수 없는 상황에 대한 두려움이 있는 거죠.

비폭력, 새로운 사회운동의 방법론

오리　　자꾸 폭력이냐, 비폭력이냐 하는 구분에 빠지는 것은 정말 좋지 않다고 봐요. 운동가들도 경계해야 하는 부분이죠. 비폭력운동을 하는 활동가들 사이에서도, 어떤 개망나니 짓이라도 무조건 비폭력이면 된다고 생각하거나 뭐가 효과적인지 고려하지 않고 그냥 하고 싶은 것을 비폭력으로 하면 된다고 생각하는 경향도 있다고 보고요.

제가 생각하는 비폭력의 제일 큰 장점은 이런 거예요. 사회운 동은 결과적으로는 어떤 사회적 부정이나 모순을 없애려고 하 는 것인데 그러기 위해서는, 법이건 제도건 관행이건 뭐건 간에 그것을 고치거나 없애기 위해서는 우리 편이 많아야 된다고 생 각하거든요. 집회에 얼마나 사람들이 많이 모이냐의 문제라기 보다는 '이 모순이 모순이다' '이 문제가 문제다'라고 생각하는 우리 편이 많아져야 하는데, 저는 그런 사람들의 공감을 끌어내 는 데 폭력은 성공적인 방법이 될 수 없다고 생각해요. 그건 너 무나 오해받기가 쉬운 운동의 방법이죠. 폭력적인 장면을 누군 가가 봤을 때 그 상황의 맥락을 다 보고 저 폭력은 거대한 국가 의 폭력에 비하면 별것 아니라고 판단하기는 쉽지 않죠. 또 폭력 은 어쨌든 물리적 힘을 수반하기 때문에 장애인이나 여성, 아동 이 참여하기 어렵죠. 다수의 마음을 얻는 데 폭력은 결코 성공할 수 없다고 보기 때문에, 비폭력이 제 운동의 철학이기도 하고 제 가 몸담고 있는 조직의 운동철학이기도 해요. 비폭력운동이 더 효과적이라는 것이 오랜 시간 동안 입증이 되었다고 저는 생각 해요.

한편 저는 2008년 촛불 때 왜 그렇게 많은 사람들이 모였을까 에 대해서, 광장과 인터넷에서 드러났던 다양한 재치와 해학 때 문이라고 생각해요. 광우병 쇠고기 문제, 나중에는 정권 퇴진이 라는 어마어마한 주제였지만 그 속에 유머와 풍자, 익살이 있어 서 그렇게 많은 이들을 모을 수 있었다고 봐요. 비폭력이 철학적으로, 즉 평화적이지 않은 방식으로 평화를 쟁취할 수 있는가, 그리고 실질적으로, 즉 권력자들이 폭력의 도구를 죄다 점하고 있는 상황에서 폭력으로는 절대로 이길 수 없다는 면에서 우리의 대안이 되어야 한다고 했을 때 유머는 그중에서도 우리가 사용하기에 가장 효과적인 운동의 도구였던 것 같아요.

하승우   웃음에는 반란이나 전복의 폭발성이 있죠. 제 관심사인 아나키즘에서는 직접행동이라는 것이 중요한 운동 방식이에요. 아나키즘, 아나키스트라고 하면 많은 사람들이 테러, 테러리스트를 떠올리죠. 그래서 비폭력과 상관없는 것처럼 알려져 있지만 아나키스트들은 직접행동이라는 공통점을 가진 굉장히 다양한 사람들이에요. 아나키즘에서도 극단적인 테러리즘은 배제하려고 했지만 그럼에도 많은 테러리스트들과 같이 가야 한다고 생각한 것은 테러를 구조의 모순을 드러내는 방법으로 봤기 때문이죠. 실제로 암살도 많이 했지만, 그 시대에 그런 방법을 택했던 이유는 저 사람이 개인적으로 싫다는 것보다는 저 사람이 다수의 사람에게 고통을 안겨주는 법안을 만든다든지, 극단적으로 군대를 동원해서 노동자들을 학살한다든지, 그런 것에 대항했던 것이죠. 영화 〈26년〉에 사람들이 호응했던 이유는 '나는 못하지만 누군가는 저렇게 해줬으면 좋겠다'는 생각을 하고 있었기 때문 아닐까요. 크로포트킨은 모든 테러를 인정하는 것이 아니라 고귀한 동기가 있는 테러를 인정했어요. 사회적인 모순이 집약되어 있는 상황에서는 테러가 하나의 방법이 될 수 있다고 봤어요. 그렇지만 그 방법이 사람들의 공감을 얻기 어렵기 때문에 가급적 쓰지 말아야 하고 직접행동을 통해 사람들을 모으고 조직하는 것, 더 중요하게는 이 사회와 우리가 싸우기 위해 지금 우리의 삶을 미루는 것이 아니라 지금부터 사회와 싸우면서 우리가 원하는 사회를 만들 구체적인 방법을 고민했죠. 싸우는 것도 필요하지만 민중이 생활을 유지할 수 있는 협동조합, 노동조합을 조직하면서 우리의 영역을 넓혀나가는 것이 결국 국가와 자본주의와 싸우는 방법이라는 거죠. 협동조합이라고 하면 지금 우리 사회에서 매우 안전한 것이라고 생각하지 폭력을 떠올리는 사람은 없잖아요. 그런데 아나키즘은 협동조합 운동과 싸움을 같이 진행했고, 이 두 가지가 자연스럽게 공존했어요. 물론 어떤 국면에서 어떤 방법을 사용할 것인가의 논쟁이 있었지만 어떤 방법은 우리의 방법이 아니라고 배제하지는 않았다는 것이죠. 물론 톨스토이와 같이 생각했던 사람도 있죠. 톨스토이는 폭력에 대한 동의만 빼면 아나키즘에 다 동의한다고 했거든요.

사회운동이라는 것이 단지 우리가 적대시하는 어떤 세력을 몰아내는 것에만 목표가 있는 것은 아니죠. 아나키즘에서는 파괴와 창조가 동전의 양면이라고 이야기해요. 폭력만 써서 몰아내는 것에만 집중하면 문제가 생기죠. 우리도 군대를 만들어야 하고 경찰도 필요하게 되니까요. 자본주의 속에 살고 있지만 자본주의와 싸우면서 자본주의와는 다른 관계로 사회를 조직해나간다면 파괴적인 것들이 상쇄되면서 창조적인 힘이 될 것이라고 봤기에, 직접행동이라는 방법, 누구 한 명이 대신해주는 것이 아니라 우리가 해나가야 하는 직접행동을 방법론으로 채택한 것이죠. 때로는 무장을 해서 싸우기도 하지만 때로는 농사를 지으며 마을을 만들기도 하고, 그런 것이 사실 아나키즘의 직접행동의 의미라고 할 수 있어요. 군인이 총만 들고 있는 것이 아니라 뜨개질도 하고, 그래야 사람이 균형 잡힌 삶을 살 수 있다고 보는 거죠.

돌이켜보면 대학에서 학생운동을 할 때 불편함이 있었어요. 경찰이 오니까 화염병을 던지지만 그 화염병이 날아가서 누구에게 맞는지 보이잖아요. 얼굴이야 안 보이고 눈을 마주치지는 않지만 말이죠. 마찬가지로 쇠파이프로 전경을 때릴 때, 때리는 사람도 내상을 입을 수밖에 없죠. 이런 방법밖에 없을까? 집회에 나가서 나는 이 구호는 동의하기 어려운데 계속 외쳐야 하나? 다친 학생들, 선후배들을 보고 있으면 마음이 불편했죠. 우리도 저들의 폭력에 맞서 방어를 하긴 해야 하지만 그다음은 뭘 하지, 하는 생각도 들고, 정체성의 혼란을 느끼다가 아나키즘을 만나게 되었어요. 삶을 살아가면서 내가 저들과 싸우기 위해 뭔가 하긴 해야 하는데, 게릴라가 되지 않는 이상 현실에서는 다른 무엇인가를 해야 하고 그것도 다른 사람들과 같이 고민해야 하는데, 그 방식이 무엇일까. 사람의 심성이 분노로 달려갈 때도 있지만 좀 지나고 나면 그렇게 심하게 할 것은 아니었는데 하는 생각도 들잖아요. 그랬을 때 그 마음을 설명할 수 있는 방법이 없었던 것 같아요. 무리 속에서 함께할 때는 불타오르지만 그

불이 꺼지고 난 뒤에 일상으로 돌아왔을 때 그것을 이어서 갈 수 있는 방법은 무엇일까. 우리끼리만이 아니라 다른 사람들과 같이할 수 있는 것은 뭘까. 아나키즘은 그런 고민을 직접행동이라는 말 속에 담았어요.

오리　　저는 대학 시절 화염병을 던져본 적은 없고 화염병을 만들거나 거리에서 돌을 깨거나 그랬죠. 그때는 몰랐지만 돌이켜보면 내가 시위대의 중심이란 생각이 없었어요. 시위대의 꽃은 사수대였고 저는 사수대들이 지나갈 때 박수쳐주는 사람이니 내가 주체라는 생각, 내가 이 이벤트의 중심에 있다는 생각을 할 수 없었죠. 또 군사독재 정권, 노태우 정권에 맞서는 것은 너무나 정당한 것이었기에 폭력을 사용하는 것에 대해 어떤 문제의식도 당시에는 없었고요. 물론 폭력만의 문제는 아니었어요. 어디서 어떻게 집회를 하는지, 어떤 내용의 집회인지 전혀 모르고 굉장히 비밀스럽게 상명하달 식으로 모든 게 진행되다보니. 내가 기획하지도 준비하지도 않은, 그러니까 내가 주인이 아닌…… 정말 오래 버티기가 힘들죠.

　현재의 사회운동, 시민운동은 많이 달라진 것 같아요. 선생님이 말씀하신 것처럼 일상적으로 장기적으로 그리고 참여적으로 어떻게 세상을 바꿀까 고민하니까요. 최근에 저는 이런 고민이 들었어요. 우리가 진짜 세상을 바꿀 수 있다고 생각하고 진짜 세상을 바꾸기 위해 활동하고 있는가. 예를 들어 한국에서 민주주의가 후퇴했다고 하지만 어느 정도 민주주의가 정착이 되었고 시민사회가 국가에게 줄기차게 요구했던 것이 어느 정도는 수용이 되어 국가의 몫으로 가져간 부분도 있죠. 일정 정도 운동의 승리라고도 할 수 있는데 또 그렇다고 완전한 승리냐, 또 그건 아니거든요. 국가의 속성상 계속 감시하고 비판하고 제안해야 하는 것도 있고 때론 더 큰 운동을 보면서 분야를 옮겨야만 할 때도 있고요.

제가 참여하는 여성 단체가 있는데 거기도 이미 제도화된 지 10년이 지났고 그러면서 상당 부분 관료화되지 않았나 하는 느낌이 들 때도 있거든요. 어느 분야의 운동이나 다 이런 고민이 있을 텐데 이런 운동의 전략을 논의하고 연구하는 걸 중요하게 생각하지 않는 것이 현재 운동의 약점인 것 같아요. 앞서 말했던 것처럼 비폭력은 철학적 측면에서, 또 실제적 측면에서 우리의 대안일 수밖에 없거든요. 그렇다면 실제적 측면에서 우리가 상대보다 가진 게 현저히 부족할 때 우리는 어떻게 해서 승리할 수 있을까 하는 거예요. 그래서 유머가 중요한 요소 중 하나고요. 저들의 유머는, 유머가 없기도 없지만 있어도 너무 유치하잖아요. 우리 상대는 광범위한 전략적 계획을 수립하고 있는데 우리는 가진 것도 없으면서 너무 주먹구구식이다, 전략을 잘 세우면 한정된 자원의 낭비를 없애고 효과는 오히려 배가할 수 있을 텐데…… 주변에서 완전히 지쳐 나가떨어지는 활동가들, 너무 분노하고 절망해서 아무것도 할 수 없다고 말하는 사람들을 많이 보는데, 이런 운동의 장애물에 적절하게 대응하는 것도 운동의 전략화에 도움을 줄 수 있지 않을까. 선생님이 말씀하신 것처럼 우리 운동이 이런 과정을 충분히 거칠 때 더 많은 사람들과도 함께할 수 있을 거고요.

하승우　비폭력이라고 하는 것이 결국 새로운 사회운동의 조직론, 방법론, 운동론이라는 생각이 드네요. 풀뿌리자치운동도 그런 측면이 있어요. 굉장히 새롭다기보다는 삶의 영역을 재구성하는 일종의 방법론이라는 것이죠.

오리　비폭력운동이 대안적인 삶을 찾는 데 풀뿌리자치운동과 잘 연결되어야 한다고 생각해요. 간디가 영국제 옷감을 사지 말자고 이야기하면서 "자, 우리 물레를 돌리자"라고 한 것이 정말 좋은 사례죠. 한국의 운동은 겉으로 보기에 우아해 보이는 운동과 뭔가 대항해 미친 듯이 울며불며 싸우는 운동이 너무 동떨어져 있고, 옷감을 사지 말고 물레를 돌리자는 식으로 딱 맞아떨어지는 느낌이 별로 안 들죠. 같이 모여서 논의하고, 어떤 건설적인 운동과 무엇에 반대하는 운동이 어떻게 같은 목표와 철학을 가지고 함께할 수 있는가, 그리고 그 연관성을 쉽게 보일 수 있는가, 이렇게 저렇게 연관성을 애써 찾아보는 것이 부족해요. 그런 면에서 고민이 필요하겠죠.

하승우　그런 면에서 우리 운동이 많이 분리되어 있다고 생각해요. 강정마을만 보더라도 해군기지라는 국가 정책의 문제만이 아니라 주민들의 살림살이 문제가 있어요. 정부에서는 군산

복합, 해군기지가 들어서면 지역경제가 살아난다고 꼬드기는데 우리는 국가 정책의 잘못만 비판하지 주민의 살림살이에 대해서는 별다른 이야기를 하지 못하고 있잖아요. 정치운동은 정치운동, 경제운동은 경제운동에만 관심을 가지고 서로 손을 잡지 못하고 있는 것 같아요. 비슷한 예로 지역에서 협동조합운동을 하는 사람들은 다 협동조합에만 관심이 있고, 지역운동을 하는 사람들은 협동조합운동에 잘 나서지 않아요. 자기 영역이 아니라고 생각하는 거죠. 간디가 자치와 자급의 삶을 이야기했잖아요. 물레를 돌리면서 결국 자치적인 공동체를 어떻게 만들 것이냐, 먹고사는 문제와 시민이 되는 문제가 분리되어 있지 않듯이 같이 가야 할 문제인데 한국의 사회운동은 너무나 분리해서 사고하는 측면이 있죠. 사회적 경제를 말하는 사람 따로, 정치운동, 민주주의를 말하는 사람 따로. 그리고 만나면 서로 소통도 잘 안 되고요.

싸우면서 우리의 영역을 넓혀나가야 지배자들이 두려워하지 않을까요. 정치적으로만 반대하는 것이 아니라 저항하는 사람들이 자기 완결적인 삶의 구조를 갖춘다면 지배자의 입장에서는 가장 말을 안 듣는 세력이 될 수 있죠. 정치적으로 아무리 급진적이고 과격하다고 해도 밖에서 모든 것을 공급받아야 하는 처지의 사람들은 그 공급 라인만 끊으면 쉽게 굴복시킬 수 있잖아요. 자급하는 공동체는 결국 그 공동체를 해체시키는 것 외에 다른 수단이 없기에 지배자에게는 매우 큰 부담일 수밖에 없죠. 그런데도 우리 사회에서는 비폭력을 매우 정치적인 행위라고 생각하지, 자기 삶을 근본적으로 바꾸는 행동, 물레를 돌리는 것처럼 삶을 재구성하는 행위로는 잘 생각하지 않는 것 같아요.

비폭력 직접행동은 한진중공업 희망버스일 수도 있고 대한문의 쌍용자동차 농성일 수도 있는데, 우리는 농성은 정치적인 것이라고 분리해서 사고하면서 삶을 재구성하는 상상력을 스스로 차단하고 있다고 봐요. 비폭력의 개념에 대해서 《녹색평론》의 김종철 선생은 비非를 긍정적으로 이야기하거든요. 정正이 아닌 것, 가지 않은 길이라면 가면 되는 것, 정도 반도 아닌 것으로서의 비, 이 비가 훨씬 더 근본적인 것 아닐까. 정이 가지 않았던 근본적인 의미로서의 비가 있는데, 우리는 비의 의미를 축소하고 그것을 무저항이나 순진한 것으로 사고하도록 배워왔다는 것이죠. 비근대의 길이라고 하는 것이 이반 일리치의 삶을 통해 보였는데, 사람들은 그것을 이야기하면 순진한 생각이다, 소농 이야기를 하면 지금 시대에 TV 끄고 원시시대로 가자는 것이냐, 이렇게 이야기하니까 비의 상상력이 자꾸 제한된다는 것이죠.

'비'는 있었지만 하지 않은 것이니, 할 수 있는 가능성이 더 풍부한 것일 수도 있죠. 그런데 아직 없는 것이니 자꾸 아무것도 안 하는 거라고 생각하는 것 같아요. 비어 있기 때문에 사람들이 채울 수 있는 것인데 운동을 자꾸 빨리, 효과적으로 해야 한다는 강박감을 가지면서 비어 있는 것을 보면 참지 못하는 경향도 있고요. 비폭력운동에서 간디의 물레와 비슷한 사례들이 있으면 더 이야기해주면 좋겠어요.

무기 파괴, 지역 점령……
비폭력운동의 사례들

오리　　트라이던트 플라우셰어즈Trident Ploughshares란 운동이 있어요. 유럽이나 미국에서 사회적 반향을 일으킨 운동인데 "칼을 쳐서 보습을 만든다"는 성경 구절을 목표로 하고 있는 반전, 반핵 운동이죠. 주로 성직자들과 평화 활동가들의 네트워크인데 틈만 나면 진짜로 망치를 들고 가서 여기저기 때려 부숴요. 물론 때려 부수는 행위 자체가 폭력을 연상시키기 때문에 이것이 과연 비폭력 직접행동인가 논쟁거리가 될 수 있겠지만, 사전에 나오는 정의가 중요한 것이 아니라 사회운동에서 비폭력운동이라는 것은 그 운동을 하는 사람들이 그 행위를 어떻게 생각하고 합의하느냐의 문제이니까요. 그 사람들은 어떤 고통을 느낄 수 있는 대상에게 위해를 가하는 것이 아니면 비폭력이라고 봐요. 앤지 젤터는 트라이던트 플라우셰어즈 영국 활동가인데 이 사람이 전 세계적으로 유명해진 것이 라이블리후드 어워드Livelihood Award라고, 여러 시민사회 단체들이 모여서 만든 '대안 노벨상'을 수상했기 때문이에요. 그녀의 많은 활동 중 특히 인도네시아로 수출되어 동티모르 사람들을 학살하는 데 사용될 수 있는 영국제 호크 기라는 전투기를 때려 부쉈는데 스코틀랜드 법원에서 무죄를 받은 일이 있죠. 그 소식을 들었을 때 저는 이런 '꿈의 법원'이 있나 하는 생각을 했죠.

　나중에 이 운동에 대해 좀 더 알게 되었을 때는 우리가 생각하는 국제연대가 이런 것이구나 하는 생각이 들었어요. 당시 인도네시아가 동티모르를 탄압해서 정말 많은 사람이 죽었는데 그때 저도 동티모르에 한국군 파병을 반대하는 캠페인에 참여했거든요. 우리는 그 캠페인도 참 참신한 행동이었다고 생각했는데 나중에 이 행동 소식을 듣고는 우리 활동도 충분히 의미 있었지만 이렇게 직접적으로 학살을 막을 수 있는 액션은 왜 꿈에도 생각하지 못했을까, 한국군은 파병되었지만 그 호크 기는 결국 동티모르 사람들을 죽이는 데 사용되지 못했죠. 지금도 이 단체는 틈만 나면 무기들을 부수려고 하고 있어요.

또 하나, 제가 직접 참여했던 행동이 있는데요. 스웨덴 북쪽 룰레오라는 도시가 있어요. 거기에 유럽 최대의 군 사격장 겸 군사훈련장이 있어요. 주로 드론이라는 무기를 실험하는 곳이죠. 그때 직접행동의 목적은 바로 여기에 이렇게 큰 군사훈련장이 있다는 것을 스웨덴 사람들이나 유럽 사람들에게 알리는 것이었어요. 군사훈련장이니 들어가기가 쉽지 않았죠. 그래서 활동가들은 그 전날 출발해서 북한산 같은 산을 넘었어요. 지도와 나침반을 갖고 출발해서 담장을 뛰어넘어 들어가서 활주로에 페인트를 칠하고 나오거나 자신들이 기획한 행동을 하죠. 어떤 때에는 경찰이 허가한 곳까지 가서 피크닉이나 파티를 하는 경우도 있어요. 굉장히 다양한 수위와 편차의 행동을 하죠. 잡혀가는 사람도 있고, 잡혀가는 것이 어렵다면 잡혀가지 않는 선에서 행동하는 사람도 있고. 또 반드시 직접행동을 하기 전에 트레이닝을 해요.

그리고 제가 운이 좋아서 오큐파이occupy 운동이 시작되었을 때 런던에 있었어요. 런던은 미국에 비해 상당히 적은 규모, 1,000명 정도가 모였는데 총회를 하더라고요. 진행자가 앞에 있었는데 그 모습이 2008년 촛불과 비교가 되었어요. 한국에서는 당시 이 촛불이 어디로 가야 하는가를 논의하기보다는 왜 이 행동이 정당하고 미국산 쇠고기 수입이 무슨 문제가 있는지를 주로 이야기했잖아요. 런던에서도 물론 우리가 왜 여기 나왔는지를 이야기하기도 했지만, 총회를 통해서 이 운동이 앞으로 어떻게 갔으면 좋겠다, 우리가 이 오큐파이 농성촌을 운영하기 위해 어떤 원칙이 필요한가, 이런 것을 주로 논의했어요. 또 농성촌을 유지하기 위해 어떤 커뮤니티나 팀이 필요한지, 필요하다면 자원하는 사람들을 즉석에서 모아 법률 팀, 의료 팀, 모금 팀 등을 구성해서 운영하고요. 그런데 2008년 촛불은 너무나도 감동적인 비폭력 직접행동의 현장이었지만, 훌륭한 비폭력운동이었다고 평가하기에는 허점이 많았다고 생각해요.

하승우   2008년 촛불이 끝나자 허망함이 생겼어요. 진짜 많은 사람들이 모였는데, 특히 6월 10일에는 거의 해방구 같은 느낌이었는데 결과적으로 아무런 변화도 가져오지 못했다는 사실이 답답했죠. 그러다가 우연히 3·1운동을 연구하게 됐죠. 3·1운동은 성공한 운동이었어요. 처참하게 짓밟혔지만 그 뒤로 조직운동으로 전화되었거든요. 3·1운동을 이끌었던 주체가 당시 10대 후반, 20대 초반이었는데 이들이 나중에 조직 활동가, 지역 활동가가 되었어요. 3·1운동은 3월 1일 서울에서 운동이 시작되고 지방으로 들불처럼 번져나갔죠. 그러니까 일본의 경찰력이 부족해서 진압을 못했던 것이 아니라 언제 어디서 시위가 벌어질지 모르니 병력을 어디 배치할지도 모르고, 결국 마을을 찍어서 대표적으로 파괴하는 본보기를 보여야만 했죠. 우리는 그걸 일제의 잔인함으로만 배워왔지만 그 방법 외에는 운동을 잠재울 방법이 없었던 거죠.

그런데 2008년 촛불은 계속 광화문으로만 집결하는 방식이었던 것 같아요. 그러니까 광화문만 명박산성으로 막으면 된다, 아주 쉽죠. 지금 생각해보면, 광화문에 모이는 사람들도 있고 지역에서 활동하는 사람들도 있었다면 더 크게 잘했을 수 있었는데 그렇게 되지 못했던 것 같아요. 3·1운동처럼 지역으로 갔으면 그것이 지역에 조직으로 남을 수 있고 사람들이 성장할 수 있었을 텐데 말이죠.

그리고 3·1운동을 비폭력 만세운동이라고 하지만 막상 들여다보니 일본 순사를 때려죽이기도 하고 그랬더라고요. 운동에서 주장하는 요구도 다양했고요. 어떤 면에서는 민중봉기에 가까운 3·1운동을 민족 지도자에 의한 만세운동이라고 하는 것은 잘못된 것 같아요.

이에 비해 현대로 들어올수록 삶을 재구성하는 운동의 사례가 잘 안 보이는 것 같아요. 그건 사람과 사람 사이의 관계의 구조와 문화가 변했기 때문이 아닐까 싶어요. 과거에는 아이 한 명을 마을이 키운다는 이야기가 있었잖아요. 어릴 때부터 같이 놀이하고 노동하고. 3·1운동에서도 10대 학생들이 운동의 핵심이었거든요. 지금 같으면 10대 후반 학생이 나와서 나라가 어떻다고 이야기하면 누가 들어주겠어요. 그런데 그때는 학생이 마을 사람들이 같이 키운 아이, 마을에서 공부를 시켰던 아이인 것이죠. 그러니까 그 학생의 이야기에 진지하게 귀를 기울이게 되고 맞는 이야기라고 생각해서 마을 전체가 운동에 참여하게 됐던 거예요.

생각해보니 한국에서도 이미 민중의집 운동이 있었더라고요. 윤봉길 같은 사람은 스무 살부터 스물네 살까지 만주 가기 전에 충남 예산에 마을회관을 지어서 농협, 야학, 체육회 같은 것을 했어요. 일종의 민중의집이죠. 협동조합이기도 하고 공부하는 학교이기도 하고, 놀이나 축제를 하는 거점이기도 했죠. 그 시기가 1920년대라는 것을 생각해보면 일본이 사람들의 모임을 막거나 관변단체들을 만들던 시절이고 사람들이 모이는 것에 긴장했던 시기인데, 그럼에도 사람들을 모은 것이죠. 당연히 계속 감시도 받았겠죠. 모인다는 것 자체가 정치적인 행위였으니까요. 우리에게도 이런 전통이 있었는데 왜 우리는 스웨덴, 유럽의 민중의집 운동만 보면서 운동을 고민할까요.

한국의 비폭력 직접행동 사례도 많다고 생각해요. 1970년대까지만 해도 노동운동에서 공장의 점거는 일상적이었죠. 그리고 공장을 멈추기 위해 기계를 부수는 것도 당연한 행동이었어요. 하지만 지금은 바로 손해배상이 들어오겠죠.

비폭력 직접행동의 사례는 많았으나 그렇게 호명해주지 않았기에 잘 모르는 것이라고 생각해요. 3·1운동처럼 국사책에 나오는 위대한 사건도 그 실체는 잘 알려져 있지 않고요. 사회운동 내에서 운동 조직을 거치지 않은 운동은 운동이라고 생각하지 않는 경향도 있는 것 같아요. 사실 우리가 주목해야 할 다양한 사례들이 있는데 말이죠. 경기도 부천시의 경우 담배 자판기가 설치되었을 때 주부들이 서명운동을 하고 압력을 가해서 조례를 만들고 자판기를 철거했던 운동이 있었어요. 거기에 참여했던 사람들은 그 운동이 인생에서 매우 중요한 경험이었을 텐데, 그렇게 지역에서 일어난 일은 중앙 언론에서 다뤄지지 않으니 그냥 잊히기도 하죠. 역사도 민족주의 사관에서 볼 때 중요하지 않다고 하면 잘 기술되지 않고요. 사례가 가진 힘이 있는데 그 힘이 점점 사라지고 있죠.

오리　　간디나 마틴 루서 킹처럼 유명한 사람들의 사례가 아니면 사람들은 잘 모르죠. 한번은 《소셜 디펜스》라는 책을 읽게 되었는데 놀라웠어요. 한창 냉전 시기, 소련의 군사력이 막강할 때, 군대 없는 세상을 상상하기 어렵던 시절에 평화운동가들이 '소셜 디펜스'라는 새로운 방어, 안보 개념을 창출했더라고요. 그런데 그 책 내용의 대부분이 사례들이에요. 폴란드의 아주 조그만 시골 마을에서, 밀양의 할머니, 할아버지 같은 사람들이 외국 점령군인 독일군이 왔을 때 어떻게 협조하지 않고 저항하며 살았는가 하는 이야기들이죠. 앞부분에 나오는 소셜 디펜스의 개념이 무엇인가 하는 이론보다는 뒤의 사례를 보면서, 이런 것이 가능한 일이구나 생각했어요. 군대가 없어도 우리가 우리 스스로를 방어할 수 있다는 논리도 실제 사례와 합쳐놓으니 큰 설득력과 힘을 발휘하는 것이죠.

하승우　지역에 가보면 그런 목소리나 사례들이 많이 나올 텐데 활동이 중앙, 서울 중심으로 이뤄지니까 발굴되거나 기록되지 못하는 면이 있죠. 지역에 가면 지역 사료관이 있고 향토사를 하는 분들이 있죠. 그런 분들 이야기를 들어보면 지역에서 벌어진 흥미로운 일들이 많았던 것 같아요. 얼마 전에 한살림운동을 연구하면서 알게 된 것인데요, 원주 장일순 선생 문파가 어떻게 만들어졌는지에 대한 현재 살아 계신 분들의 녹취가 있었어요. 4·19 직후에 자기 고향으로 내려간 대학생들이 있었더라고요. 고향에 와서 동네 분위기도 파악해보고 행정기관도 접수해서 불태우려고 왔는데, 장일순 선생이 접수하는 것은 좋지만 불은 안 질렀으면 좋겠다고 설득했다는 거예요. 이처럼 4·19도 서울에서 일어난 고대생들의 시위만 기억하지, 이것이 지역으로 어떻게 전파되었는지는 잘 모르잖아요. 그때 지역에서는 이승만 하야 발표가 난 뒤에 경찰관들이 도망을 다녔다고 해요. 해방 이후 경찰 조직이 친일파도 많았던 조직이잖아요. 4·19 이후 경찰서가 한동안 비어 있었다는 이야기를 들으면서, 그때도 잠깐이지만 뭔가 사람들이 했던 직접행동이 있었겠다 생각했는데 참 찾기 힘들죠. 사례가 풍부할 것 같은데 남아 있지 않다는 안타까움이 있어요.

비폭력운동,
스스로 삶을 바꾸는 것

오리   병역거부는 운동으로서 비폭력의 철학을 따르고 있어요. 왜 병역을 거부하는가라고 물어보면 군대는 전쟁을 준비하기 때문이고, 전쟁은 핵과 함께 가장 악한 폭력이기 때문에 거부한다고 말하죠. 이 지점에서 비폭력운동의 철학과 맞닿아 있어요. 비폭력운동의 이론적 토대가 되는 것이 독특한 권력론인데, 모든 존재하는 권력은 일반 사람들이 위정자에게 위임한 것이고, 그 위임을 철회하거나 협조를 철회하면 그 사람들의 권력도 사라지게 된다는 것이죠. 또 한편으로 비폭력 직접행동의 철학과도 맞닿아 있죠. 우리가 군대를 안 가고 모두가 군대를 가지 않는다면 군대는 없어질 것이라고 하는 망상에 가까운 생각을 하고, 병역이든 무엇이든 거부하는 방법 자체가 비폭력 직접행동인 것이죠.

하승우   사실 시민불복종을 이야기한 소로우도 비슷한 이야기를 하죠. 소로우는 독재정부 아래서 불복종이 아니라 시민의 정부 아래서 불복종를 이야기합니다. 정부가 어떤 정책에서 합의 과정을 민주적으로 거쳤다고 할지라도 내가 한 인간으로서 그것이 불합리하다고 생각한다면 나는 그것에 복종하지 않겠다, 그것을 거부하는 것이 국민 이전에 인간으로 내가 택하는 것이란 이야기죠. 이때 불복종은 복종에 대한 반대라기보다는 개인의 존엄이 먼저이고 존엄한 개인이 정부의 권력을 구성해준다는 거예요. 그런데 시민불복종이라고 하면 불합리한 권력에 저항하는 것을 떠올리죠. 불복종은 내가 하나의 생명, 인간으로서 위임할 수 없는 권리가 분명히 있고 그 근본적인 권리는 결코 침해받을 수 없다는 것이죠. 그런 점에서 양심적 병역거부와도 연결이 됩니다. 개인의 도덕적 판단을 묻는 것일 수도 있지만 소로우는 개인의 도덕을 넘어서는 문제이고 이것이 침해된다면 인간이라는 존재는 결국 권력의 통치를 받는 국민으로 살아갈 수밖에 없다고 말합니다.

그런데 한나 아렌트는 약간 다르게 이야기해요. 한나 아렌트는 양심적 병역거부를 양심의 문제로 보지 말자는 입장이죠. 소로우가 살았던 시대의 국가는 지금과는 좀 달랐어요. 미국은 특히 연방 국가이고 개인의 삶에 국가가 막 개입해 들어왔던 시기가 아니었으니 마음에 안 들면 월든으로 가는 것이 가능했던 시기죠. 그렇게 갈 곳이 있는 시대였는데, 한나 아렌트는 1960년대, 국가를 피해갈 데가 없었던 시대를 살았습니다. 그래서 양심이라고 하는 순간 개인의 문제가 되기 때문에 사회운동, 사회를 변화시키는 데는 유효하지 않다, 결국 시민권의 문제로 가져가야 한다고 생각했죠. 개인의 양심이 아니라 그 사회를 구성하고 있는 사람들의 신념에 대한 것으로 사회에 문제 제기를 해야 하고, 따라서 이것은 법정에서 판단하거나 법관이 재판해서 결정할 수 없는 문제라고 이야기하죠. 사회적 신념의 문제이기 때문에 그 사회, 공동체를 어떻게 다룰 것인가 논의를 해야 하고 그래서 헌법적인 문제이고 시민불복종은 헌법적인 권리라고 이야기합니다.

오리　전쟁없는세상은 병역거부운동에서 출발해서 지금은 크게는 두 가지 프로그램을 하고 있어요. 하나는 병역거부 캠페인으로 전쟁없는세상의 기존 수임 활동을 이어가는 거라고 볼 수 있고요. 2012년부터 비폭력 프로그램이라는 새로운 프로그램을 시작했어요. 물론 과거에도 전쟁없는세상의 활동 원칙은 비폭력이었지만 따로 프로그램을 운영하지는 않았거든요. 우리가 이 운동을 단체의 또 다른 수임 활동으로 설정하고 물적 자원, 인적 자원, 시간 등등을 할애한다는 것은 이제 본격적으로 우리 외부에도 비폭력운동의 힘을 알리고 함께 활동하도록 독려하겠다는 의미예요. 현재 이 프로그램은 비폭력운동에 관한 자료 발간, 비폭력 트레이닝 개최, 트레이너 양성 등에 힘쓰고 있죠. 어떻게 하면 조직을 민주적으로 운영할 것인가, 비폭력 행동의 전략 세우기, 비폭력 행동에서 어떻게 우리는 두려움을 떨칠 수 있는가, 사람들을 행동하게 만드는 것은 무엇인가 등 평상시 관심은 있으나 우리가 답을 못 내리는 주제에 대해 사람들과 같이 모여서 답을 찾는 것이라고 볼 수 있죠. 2년 동안 이와 같은 주제로 여러 트레이닝들을 진행했고 아시아 최대 무기박람회 ADEX 대응 행동, 제주 강정마을 해군기지 건설 저지운동 등 현재 진행되고 있는 운동과도 긴밀한 연계를 맺고 있어요.

영국에서 돌아와서 처음으로 방문한 강정마을, 저는 거기서 다른 것보다 사람들이 너무나 많이 지쳐 있다고 느꼈어요. 그러다보니 경찰과 소모적인 싸움이 반복되고 있었죠. 경찰이 시위대에게 일말의 동정조차 갖지 못하도록 만들어버린 거예요. 강정의 운동에 쉼표가 절실히 필요하고 우리 운동이 현재 전체 운동에서 어디쯤 와 있는지, 다른 활동가들은 이렇게 앞이 보이지 않는 상황을 어떻게 받아들이고 있는지, 얼마나 더 싸우면 끝이 보일지, 서로 격려하고 풀고 평가하는 시간이 필요하다고 생각했어요. 하지만 마침 정부와 삼성이 구럼비 바위를 발파해서 이런 고민을 나눌 겨를도 없이 발파를 막기 위한 직접행동을 고민해야만 했고, 몸에 쇠사슬을 묶는 등 직접행동으로 전쟁없는세상이 유명(?)해지는 계기가 되었죠. 2년 전 강정에서 느꼈던 그 느낌은 지금도 유효해요. 오히려 2년 전보다 더욱 공사가 많이 진행되었으니 주민과 지킴이 들이 느낄 좌절감은 더 클 것이고 정말로 다윗과 골리앗의 싸움이라는 생각이 들겠죠. 그럴 때일수록 더 많은 얘기를 나눠야 하겠고요. 단기적 실패가 완전한 실패가 아니잖아요. 우리 싸움은 져도 져도 지지 않은 싸움이니까요.

하승우　　사회적 연대, 운동에서 연대가 중요하다고 말은 많이 하지만 잘 안 되죠. 왜 안 되냐고 물어보면 사람이 없다는 말을 가장 많이 합니다. 방식을 약간 바꿔보면 어떠냐고 해도 그렇게 답하죠. 어떤 면에서는 비폭력 직접행동이 하나의 운동 전술이 아니라 운동을 새롭게 하는 방법이라는 인식이 중요한데 아직도 그걸 이야기하는 것을 불편해하는 것 같아요. 우리가 뭘 잘못했다는 거냐? 이렇게 받아들이는 거죠. 투쟁을 강화하기 위해서 어떻게 하면 잘 조직할 수 있을까라는 물음인데 과거 운동에 대한 평가의 문제로 받아들이는 것 같아요. 어쩌면 운동의 패러다임이 바뀌는 시기라고 보는데요, 이 전환기를 어떻게 보내냐가 앞으로 10년, 20년 뒤에 아주 중요할 것 같습니다. 비폭력운동을 통해 많은 사람들이 스스로 자기 삶을 바꾸면 좋겠습니다.

_____ 하승우 + 오리

오리

나에게 비폭력 직접행동은 굉장히 넓고 다중적인 것이다.
내가 채식을 결심하고, 가능하면 자전거를 타고, 확산탄 생산
기업인 한화와 풍산에 투자하고 있는 은행과 거래를 끊을
때, 비폭력 직접행동은 나에게 일종의 삶의 원칙과도 같다.
병역거부를 결심하고 고민하는 사람들도 '군에 입대하는 것이
내 삶의 원칙에 부합하는가' 라는 비슷한 고민에서 출발한다.
물론 전자는 미시적 수준의 실천으로 감옥에 가지 않으나,
병역거부는 거시적 수준의 저항으로 감옥행(혹은 정치적 망명)을
감수해야 한다.

한편 전쟁없는세상이나 두레방에서 비폭력(직접행동)을 얘기할
때 그것은 어떻게 하면 우리에게 주어진 한정된 자원을 가지고
가장 효과적으로 활동할 수 있을까 하는 문제에 가깝다. 우리
반대편이 벌이는 비싸고 고급스런 홍보에 맞서, 어떻게 하면
돈을 적게 들이면서도 유머러스하게 사람들의 이목을 끌
수 있을까. 민주화를 위한 그 어떤 집회나 모임도 불가능한
에리트레아에서는 거꾸로 사람들이 '불금'에 집에만 있어

시내를 텅텅 비우는 것으로 시위를 대신했다. 밀로셰비치의 폭정을 끝내기 위해 광장으로 모였던 시민들은 대규모 집회가 길어지고 날도 추워지면서 점점 집회 참가자들이 줄어들자, 그 시각 편파적인 공영방송 뉴스가 나가는 동안 각자의 집 베란다에서 냄비와 프라이팬을 두드리는 것으로 항의를 표시했다.

하승우 선생님과의 대담은 비폭력에 대한 오해와 개념, 직접행동의 역사와 실제 사례들, 비폭력 직접행동으로서의 양심적 병역거부, 우리가 비폭력을 주장하는 이유 등을 차례로 다뤘다. 사실은 거리에서 이미 화염병과 짱돌이 사라진 시대에 괜스레 자꾸 '비폭력, 비폭력' 하고 강조하는 것이 아닌가 싶어 민망하기도 했다. 하지만 대담에서 좀 더 강조해서 말하고 싶었던 것은 '폭력 VS 비폭력'이라는 이분법보다는, 전쟁과 돈을 사랑하고 추구하는 저들이 그 전쟁을 벌이고 돈을 강탈하기 위해서 하는 노력만큼이나, 더 나은 세상을 만들고자 하는 우리 역시도 많은 노력을 들여야 한다는 것이었다. 특히나 저들과 비교할 수 없을 정도로 미미한 자원을 가진 우리는 어떤 측면에선 더욱 영리하고 더욱 창의적으로 싸워야 할 것이다. 하승우 선생님의 말처럼 비폭력 직접행동은 새로운 사회운동의 조직론, 방법론, 운동론이다. 사회변혁의 과정은 멀고 지난하기 때문에, 비폭력 직접행동을 하는 단체는 충분한 시간을 두고 민주적으로 의사 결정을 하며, 단기적 성과에 연연하기보다는 서서히, 그러나 근본적으로 사람의 마음을 움직일 수 있는 방법을 찾는 것이 좋다고 본다. 이것은 활동가 개인도 마찬가지다. 개인의 기여도는 의미가 있지만 상대적으로 미미할 수밖에 없기 때문에 호흡 조절을 잘하는 것이 중요하다. 우리의 장점과 우리가 가진 자원을 잘 살피고 저들의 약한 고리도 잘 파악해서, 결국엔 단체 구성원 모두가 동의하는 가능하고 편안한 활동을 펼쳐나가야 할 것이다.

비폭력 직접행동에서는 사회 구성원들의 다양한 직접행동이 민주주의의 열쇠라고 보기 때문에 이들이 행동할 수 있도록 '임파워링empowering' 하는 것을 중요하게 생각한다. 이를 위해 다양한 워크숍과 트레이닝을 고안하며, 설명하기보다는 보여주고 강의하기보다는 서로 지혜를 모으고 경험을 나누는 자리가 될 수 있도록 한다.

대담은 떨렸고, 무엇보다 대담 내용이 책으로 발간되었을 때 어떤 오해가 생길 수도 있지 않을까 하는 생각에 살짝 겁이 나기도 했다. 조직론, 방법론, 운동론에 대해 마치 잘 알고 잘 실천하는 것처럼 말했지만, 매번 후회하고 갈등하고 망설이고 쉬운 길에 유혹을 느끼는 것이 나다. 김연아의 연기를 평가하고 해설하는 사람이 김연아 수준의 실력을 갖고 있는 것은 아니듯이, 그런 정도의 위치에서 이야기했다고 봐주었으면 좋겠다. 마지막으로 이러한 최소한의 비폭력 이론이나 원칙도 하늘에서 뚝 떨어져 단독으로 존재하는 것이 아니라, 당연히 사회적, 역사적 맥락과 구성원들에 따라 유동적으로 존재하며 결정된다는 점을 강조하고 싶다.

트라우마

평생 몸에 남아있는 '군대'라는 상처

최현정 ● 트라우마 치유센터 '사람 마음' 상근 활동가

윤정화 ● 한국기업지배구조원 연구원, 전쟁없는세상 회원

이덕현 ● 성소수자, 동성애자인권연대 활동가

군대를 하나의
트라우마라고 할 수 있을까

최현정　제가 일하는 곳은 트라우마 치유센터 '사람 마음'이라는 곳입니다. 저희 센터는 트라우마의 범주를 좀 더 넓혀서 사회적으로 배제된 사람들, 또는 사회적으로 이름 붙여진 정체성 때문에 침해를 당하는 분들을 지원하고 있습니다. 군대를 하나의 트라우마라고 할 수 있을지 의문이 들기도 하지만, 그렇게 이름 붙였을 때 어떤 의미가 있는지 생각을 나눠보는 자리였으면 좋겠습니다.

이덕현　군대에 갔다 온 사람들을 만나면 다들 군대에 다시 가는 악몽을 꾼다고 합니다. 농담처럼 말하곤 하지만, 꿈을 꾸는 그 순간에는 아주 큰 공포를 느끼죠. 이런 것이 진짜 트라우마가 아닐까 하는 생각을 해봤어요. 군대를 전역한 사람들 중 굉장히 많은 이들이 다시 군대에 가는 꿈을 꾼다는 것만으로도 군대가 트라우마일 수 있다고 봐요.

예전에 《트라우마》라는 책을 읽은 적이 있는데 거기에 이런 구절이 있었습니다. 사소한 불친절이나 냉대에도 사회가 나를 버린 것 같은 느낌을 받을 수 있다고. 많이 와 닿았어요. 지금은 저를 지지해주는 사람이 주변에 있고 편하게 제 자신을 드러내고 이야기를 나눌 사람이 있지만, 군대에 있을 때는 아무와도 친구가 될 수 없다고 느꼈어요. 나를 드러내는 것이 불가능하다고 생각했고 어떤 사람과도 제대로 소통하고 있다는 느낌이 들지 않으니 아주 외롭고 우울하고 답답함이 너무 컸어요. 지금은 제 생각이나 제가 동성애자라는 걸 이야기했을 때 공감해주는 사람들이 있는데, 당시에는 저를 전혀 이해하지 못하고 오히려 혐오의 대상으로 바라보는 사람들이 많았으니까요.

한 후임병과 이야기가 잘 통해서 이런저런 이야기를 하다 커밍아웃을 했어요. 후임병이 제 이야기를 잘 들어주기에 저는 잘 소통하고 있다고 느꼈죠. 그런데 그 후임병이 다른 병사들, 특히 신병들을 대할 때 너무나 다른 모습인 거예요. 너무 폭력적이고 도저히 제가 용납할 수 없는 행동을 하는 것이죠. 그런 모습을 보면서 저는 저 사람이 도대체 어떤 사람인지 모르겠다, 나에게 보여주었던 모습이 가식이었나 하는 생각을 할 수밖에 없었죠. 어떤 사람인지 감을 잡을 수 없으니 더 이상 관계를 맺을 수가 없더라고요. 군대 동기들에게도 실망을 많이 했죠. 처음에는 우리가 선임병이 되면 내무반의 시스템을 좋게 바꾸자고 동기들하고 얘기했는데 다들 시간이 지나고 선임이 되니 생각이 바뀌는 거예요. 저만 잘 어울리지 못하는 것 같고 그래서 더 외로

웠죠.

후임병에게 커밍아웃을 한 뒤에 별 문제가 있었던 것은 아니에요. 그런데 제가 예민해서인지 그 후임병이 다른 병사들과 아무렇지도 않게 동성애 혐오적인 농담을 하는 모습을 지켜보는 것이 참 견디기 힘들었어요. 배신감이 들었죠. 그래서 그 후임병에게 편지를 쓰기도 했는데 답장은 미안하다고, 이해한다고 왔지만 바뀌는 것은 없고 계속 반복됐어요. 어느 순간 제가 그렇게 한 것이, 다른 선임병이 후임병에게 하듯이 일방적으로 강요한 셈이 아닌가 싶어지더라고요. 그래서 더 이상 관계 맺는 것을 멈춰버렸죠. 지금에 와서는 그 후임병도 나름대로 힘들었을 것이란 생각이 들지만 그때는 제가 극도로 예민해져서 그런 여유가 없었던 것 같아요.

최현정 사실 저쪽에 내가 게이라는 것을 뻔히 아는 사람이 내 앞에서 동성애 혐오적인 농담을 하는 것을 지켜보는 건 쉽지 않은 일이겠죠. 사회에서도 그런 일이 적지 않게 일어나기는 하겠지만, 군대는 그런 환경을 피할 수 있는 선택 자체가 불가능한 공간이잖아요. 덕현 씨는 본인이 예민했다고 하지만, 제 생각엔 사회와 고립된 환경에서 그런 농담을 듣는 것은 정말 숨 막히는 경험이었을 것 같아요.

이덕현 특히 내무반에서 하루 일과가 끝나고 저녁 쉬는 시간에 애들이 텔레비전을 보면서 하는 이야기가 대부분 그런 내용

_____ 평생 몸에 남아 있는 '군대'라는 상처

이니 더 힘들었죠. 일과를 마치고 나만의 시간이 있다면 그래도 좀 나았을 텐데.

처음 훈련소에 들어가면 훈련병들에게 계속 겁을 주잖아요. 물론 훈련소에 들어가기 전부터 엄청난 공포가 있죠. 군대에서 복종하지 않으면 영창 갈 수 있다는 공포. 또 완전히 외떨어진 공간에서 머리도 짧게 깎고, 모든 개성들이 사라지고, 외부와 연결고리가 하나도 없다는 것. 훈련소에서 한 교관이 훈련병 40~50명을 모아놓고, 너희들이 다 덤벼도 내가 이긴다고 하는 거예요. 덤벼보라고. 그렇게 말하는 교관을 보면서 속으로는 '다 덤비면 네가 어떻게 이겨'라고 생각하지만, 실제로는 덤빌 수 없다는 것, 덤비면 안 된다는 것 또한 너무나 잘 알죠. 훈련병들이 교관에게 덤볐을 때 어떤 사태가 일어나리라는 것을 아니까요. 단순히 그 사람과 나의 문제가 아니라 국가 전체 시스템인 것이잖아요. 교관은 내가 바닥을 기게 만들 수도 있고, 엎드려뻗쳐를 하게 할 수도 있죠. 사회에서는 개인과 개인 사이에 결코 할 수 없는 일들을 마음껏 시킬 수 있는 관계, 그것이 군대라는 공간이라는 사실을 뼈저리게 느끼게 되었어요. 당시에는 그냥 할 수밖에 없었지만 제대하고 나서 훈련소에서 있었던 일을 생각하면 너무 끔찍했어요. 거의 쓰러질 정도로 가혹하게 몸을 혹사시키고, 견뎌야 할 이유가 없는 모욕들을 다 견딜 수밖에 없게 만드는 곳이죠. 바로 공포를 이용해서요. 그런 것들을 경험한다는 것이 무슨 의미일까 하는 생각을 많이 했죠. 다음번에 그런 위치에 다시 놓여도 그렇게밖에 못할 것 같아요. 그렇게 하면 안 된다는 것을 아는 사람들도 국가가 시키는 대로 이미 행동했기 때문에, 어디 가서든 시스템이 시키면 다 할지도 모른다는 생각이 들어요. 참 무서운 일이죠.

윤정화　저는 제대 후에 상당 기간 마음이 불편했습니다. 지금도 가끔 군대 시절의 후임병이 생각나면 미안한 마음이 들어요. 아마 '맞은 놈은 발 뻗고 자고 때린 놈은 오그리고 잔다'는 속담이 맞는 것 같습니다. 현역 복무를 한 대부분의 대한민국 남성들이 군대라는 제도의 피해자이면서 동시에 가해자인 것처럼 저도 마찬가지입니다. 그래도 저는 제 자신이 가해자의 성격이 더 크다고 고백하고 싶습니다.

제가 근무했던 부대의 한 가지 모습을 묘사해볼까 합니다. 부대에 신병이 오면, 육군복무신조처럼 토씨 하나 틀리지 않고 외워야 하는 것이 대여섯 가지 있고, 또 무조건 외우게 하는 군가가 열 곡 정도 있습니다. 대개는 신병 바로 위에 있는 일병이 신병에게 외우게 하죠. 잘 외우는 사람도 있고 잘 외우지 못하는 사람도 있는데, 신병이 일주일 동안 노래 가사, 무슨 사명, 무슨 역할 등을 다 외우지 못하면, 그것을 가르친 일병은 자기 선임인 병사에게 욕을 먹거나 기합을 받아요. 그럴 때면 아주 가끔 손찌검도 일어나는데, 지금 돌이켜보면 사실 그중 가장 큰 폭력은 개인의 자존감을 훼손하는 폭언이 아닐까 싶습니다. 즉욕을 먹는다는 것인데, 정신적으로 상당한 스트레스를 받다보니 필연적으로 신병에게 화풀이를 하게 됩니다.

제가 신병을 가르칠 때를 떠올려보면, 신병을 휴게실로 데리고 가서 외우게 시켰어요. 그리고 저는 옆에서 사과를 깎아 먹었죠. 그런데 신병이 제가 원하는 속도를 따라오지 못하고 자꾸 틀리니까 제가 폭언과 욕설을 하면서 사과 깎던 칼을 집어던졌어요. 물론 신병에게 던진 것이 아니라 옆쪽 벽에다가 던졌죠. 신병에게 극도의 공포심을 심어줘서 얼른 외우게 만들겠다는 아주 악한 의도였습니다. 부끄럽지만 그런 어두운 마음이 저한테 있었던 거죠. 군생활에서 몹시 후회되는 행동 중 하나입니다.

부대에서 이런 비합리적인 것들, 노래를 부른다든가 뭘 외운다든가 하는 것들을 강요하는 것은 어처구니없는 짓입니다. 왜냐하면 그런 것들은 실제 전투 현장에서 불필요하거든요. 사격을 잘한다든가, 적의 움직임을 기민하게 파악한다든가, 방향을 잘 잡는다든가 하는 것이 중요하죠. 그런데 왜 불필요한 것들로 사람을 괴롭힐까? 그 이유는 결국 상명하복의 구조, 엄격한 위계질서를 견고하게 하려는 데 있는 것 같아요. '나보다 한 단계 위에 있는 사람은 나보다 우월하다'는 느낌을 조직이 개인에게 심어주려는 것입니다. 그리고 나보다 아래에 있는 사람에 대해서는 우월감을 가지라고 유혹하는 것입니다. 즉, 위에서 아래를 봤을 때, 내 아랫사람이 내 말에 복종하게끔 만들려고 하는 거예요. 이런 구조로 조직에 사람을 밀어넣는 것이 군대죠. 그리고 그것을 실현하기 위해 군대는 공포를 정말 잘 이용합니다. 제가 과도를 집어던진 것처럼요.

인간의 공포심으로
유지되는 시스템

최현정　　저는 군대 경험도 없고 감옥 경험도 없지만, 군대나 감옥에 다녀온 분들의 말씀을 들으면 학교, 학창 시절이 떠올라요. 어떤 단일한 목적 안에서, 정말 잘 짜인 시스템 안에서 개인이 누구이고 어떤 사람인지는 다 필요 없고 그 목적에 잘 따르도록 만드는 것이 얼마나 무서운 일인지 생각하게 돼요. 게다가 사람의 가장 큰 약점인 공포심을 이용하는 것이 얼마나 잔인한 것인지.

　윤정화 씨가 스스로 '어두운 마음'이란 표현을 썼는데 사람이 자신에게 어두운 마음이 있다는 것을 알게 되는 것만으로도 저는 트라우마라고 생각해요. 우리는 일상에서 아주 고상한 존재, 바람직하고 올바른 존재이고자 하고, 자기에게 어떤 동물적인 측면이나 어두운 부분이 있는지 잘 보려 하지 않잖아요. 그런데 군대는 그것을 보게 하죠. 사람들은 누구나 어두운 마음을 갖고 있지만 그것을 조절하면서 '나는 선한 사람이야'라고 하는 정체성을 가지고 살아가는 것인데, 어떤 시스템 안에 몰아넣고 사람에게 있는 어두운 측면을 시스템 유지에 쓴다는 것, 그것은 본인의 정체성을 변화시키는 것이죠. 신병이 노래를 잘 외우도록 하게 하기 위해 칼까지 던질 수 있는 사람이라는 것을 평소에는 스스로 몰랐을 수도 있는데 어떤 상황, 시스템 안에서는 내가 그렇게까지 할 수 있는 사람이구나, 이렇게 깨닫는 것 자체도 큰 충격이었을 것 같아요. 그런데 어떤 사람들은 자기의 어두운 측면을 보면 그것을 정당화하기 위해서 그 어두운 면을 자신의 정체성으로 만들기도 하죠. 시스템에 잘 적응하기 위해서 그 편이 오히려 손쉬운 일이 될 수도 있으니까요.

이덕현　　군대에서는 시스템이 강요하는 일이 제일 많죠. 한번은 후임병들이 선임병들이 자꾸 부당한 일을 시킨다고 상부에 고발한 적이 있었어요. 그것 때문에 외부에서 와서 조사를 했죠. 저는 그때 부대 내에서 위치가 중간쯤이었는데 제 위의 선임병들이 그 사건을 빌미로 후임병들을 괴롭히려고 작당을 했어요. 그럴 때에는 거기에 동조하지 않는 개인, 착한 사람 한 명이 존재할 수 없는 상황이 돼요. 후임병에게 잘 대해주는 것이 혼나는 이유가 되고, 인간적인 관계가 잘못된 것으로 비난받게 되죠. 간부들도 군기 잡는 것에 대해서 암묵적으로 동의를 하고 있어요. 간부들도 시스템의 한 부분이니까요.

　충격을 받은 것은, 그런 시스템에 끌려가는 것이 아니라 적극적으로 시스템을 이용하는 사람들을 만났을 때였어요. 자기보다 약한 위치에 있는 사람을 괴롭히면서, 문제가 될 수 있는 선을 교묘하게 넘지 않는 사람이 있었죠. 악질적인 간부였는데 자기 병사들을 다루는 방식이 너무 끔찍했어요. 괴롭히고, 폭언을 일삼고, 그러면서도 그 선을 간당간당하게 지키는데, 악마를 본 느낌…… 정말 세상에는 악한 사람이 있구나 싶었죠. 자칫하면 한 사람의 인생을 파괴할 수도 있는데 말이죠. 그런데 그런 사람이 존재할 수 있는 것 또한 바로 시스템 때문이라는 생각, 그런 사람을 어떻게 하지 못하는 것이 바로 시스템이란 생각을 하니 정말 무서웠어요.

윤정화   시스템이라고 하니 떠오르는 일이 있습니다. 제가 신병이었을 때 있었던 일이에요. 완전히 새로운 공간, 새로운 사회에 내던져지다보니 신병 때는 정말 정신이 없죠. 부대에 취약기간(달빛이 없는 삭朔 전후로 약 2주간) 동안 야간 해안경계 임무가 있을 때는 근무 투입 전후에 먹으라고 초코파이가 보급됩니다. 그러다보니 초코파이가 비교적 풍족하고 이등병을 포함해서 다들 야간 근무와 상관없이 자유롭게 먹는 것이 부대의 문화처럼 되어 있었어요. 그런데 어느 날 분대장이 취약기간이 되기 전에는 초코파이를 먹지 말라고 명령을 했어요. 제가 정신도 없고 배도 고파서 그만 그 명령을 잊고 꺼내 먹었습니다. 그리고 제가 낮에 탄약고에서 보초를 서고 있는데 선임병이 오더니 "너, 초코파이 먹었냐?"라고 묻더군요. "분대장이 먹지 말라고 했잖아." "까먹었습니다." 그날 밤 점호를 하는데 군기 잡기가 시작됐어요. 내무반 부대원을 꼼짝도 못하게 해놓고 분대장이 엄청나게 화를 냈어요. 한참 화를 내던 분대장이 야전삽으로 저를 찍으려고 했습니다. 하여튼 그렇게 점호가 끝나고 잠자리에 들었는데 상병 아래로 다 창고에 모이라고 해서 창고로 갔죠. 창고에서 상병들이 일병들의 턱을 한 대씩 때리며 다시 군기를 잡았습니다. 그러다가 상병이 내무반으로 들어가고 일병 한 명이 저와 제 바로 위의 선임병에게 담배 한 대씩을 건네면서 똑바로 좀 하라고 하는 걸로 일이 마무리되었죠.

최현정　초코파이를 먼저 먹은 것이 부대 안에서 그렇게 문제가 됐던 것은, 분대장의 명령을 위반했기 때문인가요?

윤정화　네. 초코파이 수가 줄어드는 건 전혀 중요한 게 아니에요. 그냥 군기 잡으려는 분대장의 계획에 걸려든 거라고 볼 수 있어요.

이덕현　사실 어떤 이유도 필요 없죠. 애초에 신병은 말할 수 있는 권리가 없어요. 신병은 말대답을 해서는 안 된다는 원칙, 규칙이 있어요. 특히 혼날 때는요. 그런데 간부가 고민을 이야기하라면서 한 명씩 상담을 해요. 이해하기 쉽지 않은 일이죠. 평소에는 말을 하지 않고 묵묵히 제 할 일을 다 하는 병사가 가장 훌륭한 병사라고 항상 얘기하면서 동시에 말을 하라고 하는 거예요. 그런데 말을 하면 소문이 나고 힘들어지죠. 정말 이 사람은 내게 무슨 말을 듣고 싶은 건가, 아니면 그냥 형식적으로만 물어보는 건가, 알 수가 없죠. 저는 군대 자체가 분열적이라는 느낌을 많이 받았어요. 사고도 안 나야 하지만 시스템도 계속 유지해야 하니까요.

윤정화　제가 있던 부대는 연대 직할의 전투지원중대였습니다. 바로 옆에 연대 직할의 본부중대가 있었고 다시 그 옆에는 연대 예하의 대대가 있었어요. 어느 날 그 대대에 적응을 잘 못하는 병사가 들어왔는데, 대대에서 잘 지내지 못하자 상급부대인 연대 직할의 본부중대로 보내졌어요. 그런데 본부중대에서도 적응을 잘 못했던지, 그 병사가 더 상급부대인 사단에 쪽지를 적어서 보냈죠. 군대에서는 '소원 수리'라고 하는 겁니다. 그런일이 있자 연대장이 덜컥 겁을 먹었어요. 사단장이나 군단장에게 자신이 병사 관리나 부대 관리를 못하는 사람으로 보일까봐 노심초사하다가 결국 그 병사를 저희 중대로 보냈어요. 그때 제가 병장으로 분대장을 맡고 있었는데 내무생활을 꽉 잡고 있었거든요. 부대원들이 숨소리 하나 못 낼 정도의 분위기를 만들어 놨죠. 그러니까 장교들이 저희 중대의 겉모습만 보고는 '저기가 잘 돌아가고 있구나' 싶어서 보낸 겁니다.

그 병사가 저희 부대로 오기로 결정되었을 때, 저희 중대원들은 걱정을 많이 했어요. 왜냐하면 당시까지 저희 부대는 후임병들이 선임병의 빨래를 다 해줄 정도로 내무 부조리가 유지되고 있었는데, 그 병사가 오면 자칫 우리가 지금까지 해왔던 그런 체계가 위에 보고되고 붕괴되지 않을까 하는 우려였어요. 그 상황에서 저는 다른 중대원들에게 '내가 전담 마크를 할 테니 아무 걱정하지 말라'고 했어요. 즉, 그 병사가 내무반 사정을 잘 모르도록 둘만의 시간을 많이 보내는 겁니다. 그 병사랑 단둘이 이야기도 많이 하고 바람 쐬러 나가고 그랬는데, 그 병사에게는 제가 자기 말을 들어주는 어떤 해소의 창구가 된 것 같아요.

저도 함께 지내다보니 그 친구가 참 순수하고 착한 사람이라는 걸 느끼겠더라고요. 그때 저는 양가적인 감정을 느꼈어요. 나중에 제대한 후 몇 번 연락이 오기도 했는데, 제 입장에서는 이 친구를 진심으로 대한 것은 아니었죠. 부대 관리 차원에서 윗사람들 보기에 잘 돌아가는 것으로 비쳐지기 위해서였으니까요. 지금 생각해보면 그 친구가 그렇게 문제 있는 병사로 취급받을 사람은 결코 아니었습니다. 어쨌든 그 병사도 무사히 전역을 하고 부대도 별 탈이 없었습니다.

최현정 　군대라는 공간이 선택해서가 아니라 갈 수밖에 없어서 간 곳인데, 그 안에서 무기력함을 느끼고 군대의 시스템이 잘못됐다는 것을 알면서도 아무런 저항도 할 수 없다면 많은 상처가 남았을 것 같은데요? 표현할 수 없는 분노는 결국 무기력으로 남겨지니까요.

이덕현 　군생활 당시 저는 혼자 책 읽고 글을 썼던 것이 어떻게 보면 나름의 저항이었던 것 같아요. 그러면서 계속 냉소적이 되어갔죠. 처음에는 내가 계급이 높아져서 후임병들에게 잘 대해주면 약간 바뀔 것이란 생각도 했는데, 후임병들이 더 낮은 계급의 병사들에게 하는 것을 보게 되면서 다 필요 없다는 생각이 들었죠. 그냥 주변에 신경 쓰지 말고 나만 살아야겠다는 생각. 그러다보니 우울하고 무기력감이 컸던 것 같아요.

　어느 날은 다른 부대에서 성폭력 사건이 발생해서 저희 부대도 성폭력 교육을 했어요. 교육이 끝나고 화장실에 갔을 때 어떤 사람들이 이렇게 이야기하는 것을 들었어요. 혐오스러운 게이, 고추를 다 잘라버려야 한다. 이야기를 들으면서 공포감보다 그냥 내가 벽이 된 느낌이었어요. 분노가 생기는 것이 아니라 그저 내가 아무런 존재도 아닌 느낌. 답답함과 함께 무기력감이 계속 쌓였던 것 같아요. 한번은 너무 답답해서 몸이 아프더라고요. 숨 쉬는 게 너무 힘들어서 바깥 창고 옆에 혼자 앉아서 숨 쉬고 그런 적도 있었죠.

윤정화   저도 부대에서 최고 선임병이 되었을 때 극도로 무기력한 애들을 보고 짜증내면서 왜 그렇게 메아리가 없냐고, 힘이 없냐고 그랬죠. 극도의 무력감을 호소하는 병사가 둘 있었어요. 그런데 사실 돌이켜보면 그게 저 때문이었죠. 야, 이 돌대가리들아, 병신아, 대가리에 똥만 찬 놈아······ 그들의 자존심을 상하게 하는 말을 제가 너무 많이 했으니까요. 저는 부사관이나 장교들이 저에게 바라는 바가 있고 그것을 충족시켜야 한다는 강박관념이 있었어요. 지금 생각하면 하나같이 개성 있고 맡은 바 역할을 잘하는 사람들인데. 또 심지어 전투 현장에서는 나보다 능력이 뛰어나서 나를 살려줄 수도 있는 사람들이 아닐까 하는 생각도 하는데. 저로 인해 그렇게 무기력감을 느꼈을 걸 생각하니 너무너무 미안하더라고요.

열등감을 강한 남성성으로
단련시키는 곳

이덕현　군대는 강한 것, 강하게 될 것을 요구하죠. 그게 싫었어요. 나를 위해준다고 하는 사람들도 군대에서는 강해져야 살아남을 수 있다는 이야기를 항상 했어요. 여기서 네가 약한 모습을 보이면 안 된다고 말했죠. 군대에서는 어떤 사람을 위로하거나 힘을 줄 수 있는 방법 자체가 없는 것이 아닐까요? 그저 견디고 버텨야 한다는 이야기만이 끊임없이 반복될 뿐이죠. 나약해서도 안 되고, 무기력해서도 안 되고. 큰 목소리로 대답하고 활발한 행동을 해야 하고 적극적으로 어울려야 하고, 그렇지 못하면 추궁당하고 뭔가 안 좋은 것으로 치부되는 거죠.

후임병 한 명이 어떤 일 때문에 힘들다며 울면서 호소를 한 적이 있어요. 너무 힘들어서 자해하고 싶은 생각도 든다고. 그랬더니 저랑 친한 병사가 갑자기 화를 내며 "너, 그런 생각은 하지도 마"라고 다그치는 거예요. 저는 그 반응이 끔찍하게 느껴졌어요. 힘들다는 이야기조차 하지 못하면 어떻게 하란 말인가. 그런데 그게 군대 시스템이 가진 남성 문화라고 할 수 있어요. 군대에서 죽어간 수많은 사람들, 훈련소에서 목매달은 사람들, 그런 사람들이 스스로의 나약함 때문에 죽었다고, 부적응 때문에 벌어진 일이라고 치부되곤 하죠.

윤정화　군대에서 휴가 나와서 자신이 고생하는 것을 포장해서 이야기하는 것도 일종의 거짓말이면서, 남성 문화의 한 부분인 것 같습니다. 군대 안에서 자존감을 느끼지 못하니까 역으로 그러는 것 같기도 하고요.

저는 행정병을 하다가 병장이 되어서 무반동총을 다루는 분대의 분대장으로 갔어요. 그때 논산훈련소에서 무반동총 주특기 교육을 받고 온 애들이 있었는데 이론적으로는 그 아이들이 저보다 훨씬 더 잘 알고 있었죠. 그렇지만 저는 2년 가까이 군수 행정병을 하면서 부품이나 수리법에 대해 더 잘 알고 있었어요. 제가 그 애들을 엄청나게 다그쳤어요. 약간의 실수라도 있으면 막 굴리고 그랬죠. 아마도 내가 정식으로 교육을 받지 못했다는 열등감이 그런 가혹함으로 바뀌었던 것 같아요. 제가 인격적으로 부족하고 내면이 약해서 그런 것일지도 모르죠.

이덕현　휴가 나와서 저는 계속 힘들다고 이야기를 했는데 그러면 먼저 군대 갔다 온 친구들은, 그래도 요즘은 많이 좋아지지 않았냐, 그냥 버티면 된다, 하고 너무 쉽게 이야기를 했어요. 대체로 보통 남자들은 다 그렇게 반응하죠. 그러면서 군대의 문제, 군생활의 어려움을 진지하게 바라보지 않는 것 같습니다. 반면 윤정화 씨는 어떤 계기로 자신의 군 생활을 반성적으로 되돌아보게 되었나요?

윤정화　군대를 제대하고 학교를 졸업한 뒤에 2년 동안 직장 생활을 하다가 사업을 시작했어요. 2년 정도 사업을 했는데 잘 안 되어서 정리하고 재취업을 해야 했죠. 그때 나이가 서른두 살이었는데 취업이 너무 안 되는 거예요. 저는 무슨 일이든 시키면 다 잘할 수 있고, 나름 서울에서 4년제 대학도 나왔고, 조직에 부적응하는 사람도 아니고. 그런데 인사담당자들이 저를 안 뽑는 거예요. 보통 한 직장에 3년 정도 있어야 경력으로 쳐주는데, 그런 인사담당자들이 보기에 저는 조직 부적응자일 가능성이 아주 높은 사람이었던 것 같아요. 신입으로 뽑기에 부담스러운 나이이기도 했고요.

그때 가서야 40대 중반에 정리해고를 당하는 분들이 어떤 참담한 심정일까, 그들이 느낄 좌절감이 확 와 닿았어요. 당시 결혼도 한 상태였는데, 저는 완전히 무능력한 사람이 되어서 아내를 볼 낯이 없었어요. 그러면서 경쟁에서 탈락할 수밖에 없는 사람들이 눈에 들어오게 되었습니다. 그 와중에 함석헌 선생의 책을 읽게 되었어요. 그러니까 자연스럽게 반전, 비폭력, 이런 것에 마음이 열려버린 겁니다. 그게 계기였어요.

원래 저는 군대를 그렇게 나쁘게 생각하지 않았어요. 부끄럽지만 저는 기독교인입니다. 〈라이언 일병 구하기〉라는 영화를 보면 신앙심이 투철하다는 저격수가 나와요. 그 저격수가 첨탑에서 적군 한 명, 한 명을 조준사격하면서 입으로 중얼거리는 게 성서의 시편 23편이에요. "여호와는 나의 목자이시니 내가 부족함이 없으리로다." 나를 죽이려고 하는 적을 내가 먼저 죽일 수 있도록 도와주는 신으로 하느님을 격하시키는 것이죠. 그 적군도 동일한 시편 구절을 외우며 오고 있었을 수도 있잖아요? 그

_____ 최현정 + 윤정화 + 이덕헌

렇다면 하느님은 누구 편일까? 그런 의심을 한 번도 해보지 않았던 것이 제 신앙의 수준이었어요.

과거에는 군대의 구조, 더 나아가 경쟁으로 몰아가는 사회구조의 문제점을 인식하지 못하는 사람이었는데, 저 스스로 경쟁에서 밀리는 사람이 되고 보니까 그때서야 시야가 열려서 양심적 병역거부나 반전운동의 의미를 알게 되었어요. 과거의 군생활도 객관적으로 돌이켜보게 되었고, 천성적으로 군대에 안 맞는 사람도 있겠구나 하는 생각을 하게 되었어요.

최현정　자신의 약함에 대해 직면하면서 오히려 마음이 더 크게 열린 거군요. 많은 남성들에게 군대는 그냥 잘 적응하고 건강하게 탈 없이 갔다 와야 하는 곳이죠. 약하지 않다는 증명을 해야 하는 곳. 그래서 군대에서 탈락하면 뭔가 문제가 있는 사람, 문제가 있는 남성이 되고, 그렇기 때문에 어떻게든 거기서 적응하려고 애쓰고, 적응을 잘하면 훈장이 되는 것이 아닌가 싶습니다.

이덕현　훈장이 안 되는데, 훈장이 안 되니까 훈장처럼 만들고 싶어서 안달하는 느낌이에요. 본인들 생각에도 군생활이 너무 억울한 거죠. 아무리 군대에서 잘 적응했다고 하는 사람들도, 군생활을 미화하고 재미있었다고 말하지만 만약 다시 군대에 가라고 하면 가겠다는 사람은 아무도 없습니다. 그때의 기억, 그 공포가 다 남아 있으니까요. 그래서 아름다웠던 추억으로 해소하면서 한편으로는 군대를 아직 안 간 애들에게 전가시키는 것이죠. 정말 훈장이라고 생각한다면 군가산점 제도 문제로 그렇게 발끈하지 않을 겁니다. 군대를 가지 않아도 되는 여성들에게 적개심을 보이거나, 나이 어린 사람에게 군대 갔다 와야 철든다고 이야기하는 것은 훈장처럼 자랑스러운 기억 때문이 아니라 오히려 억울함에서 오는 불만 때문이지 않을까요? 잘나가는 연예인이나 운동선수가 군대를 면제받는 것에 엄청난 분노를 느끼는 것도 마찬가지고요. 그 에너지가 왜 다 같이 군대를 안 가는 방향으로 모아지지 않고 다 같이 가는 방향으로 분출될까, 참 안타깝죠.

최현정　그런 분위기를 군대나 국가가 조장하는 측면이 분명히 있죠.

이덕현　그 조장하는 방식에 남성성과 이성애 중심주의가 있다고 생각해요. 훈련소에서 여자친구가 보내는 영상편지를 보여줍니다. 다들 그것을 보며 위로받는 거죠. 일종의 보상이기도 한데, 군대는 남성성과 자존심, 개인의 열등감을 계속 결합시키는 것 같아요. 기합을 줄 때도 "네가 팔굽혀펴기를 이것밖에 못해서 여자친구를 제대로 지킬 수 있겠냐?"라고 합니다. 저야 동성애자니까 그렇다 쳐도, 이성애자들은 그런 이야기를 들으면 힘이 나는 것일까요? 애인이 나오는 영상편지를 보면서 여기에 애인이 있는 애들이 몇이나 될까, 애인이 없는 애들은 무슨 생각을 하며 보고 있을까 궁금하더라고요. 남의 애인을 보며 걸그룹처럼 이상화된 여성이 나를 지지해준다는 느낌을 받을까, 아니면 애인이 없다는 게 짜증이 날까?

윤정화　제 경우엔, 훈장까지는 아니더라도 군생활을 잘했다고 인정받으니 우쭐해지는 마음은 있었어요.

　군대에서 제가 아주 열심히 읽었던 책이 있었어요.《도쿠가와 이에야스》라는 서른두 권짜리 일본 역사소설이죠. 그 책에는 리더십과 관련해서 사람의 심리가 엄청 치밀하게 묘사되어 있어요. 동양의 마키아벨리즘이 아닐까 하는 생각도 들고, 그러면서 내무반에 적용해보고 싶다는 생각이 들었죠. 지금 생각하면 엉뚱하죠. 그런데 정말 그렇게 했어요. 예를 들어 내가 일부러 하루 종일 말을 안 하면 애들이 '우리가 무슨 잘못을 했나'라고 생각하며 제 눈치를 봐요. 그럴 때 어떤 지시를 하면 효과 만점이죠. 또 누가 뭔가를 잘못했을 때 그 책임을 공동으로 느끼게끔 하면 실적 측면에서 훨씬 좋은 결과가 나오게 되죠. 그런 실험들을 해보고 제대를 하면서, 저는 군대에서 좋은 인생 경험을 했다는, 지금 생각하면 어리석기 그지없는 자위를 했어요. 왜냐하면 그때 제 세계관이라고 해봐야 '인생은 이 꽉 깨물고 살아야 한다'는 것이었으니까요.

　좀 다른 이야기인데, 군대에서 겪게 되는 정신적인 충격과 고통 외에 육체적인 부분도 있어요. 저는 입대 40일쯤 전에 막걸리를 마시고 겨울에 두 시간 내내 축구를 하다가 무릎에 탈이 났어요. 하지만 군 입대를 1년 늦추면 안 될 상황이어서 연기를 하

　　　_____ 평생 몸에 남아 있는 '군대'라는 상처

지 못했죠. 훈련소에서 훈련을 하니까 무릎 통증이 재발되어서 부대에 배치를 받고 난 뒤 군 병원에 한 달 동안 후송을 갔어요. 가보니 군대에서 제일 환자가 많은 곳이 정형외과더라고요. 무거운 것을 많이 들고 뛰어내리고 하다보니 어깨나 무릎을 많이 다칩니다. 한 병동 안에 50개의 침대가 있고, 한 침대에 두 명씩, 약 100여 명 정도가 같이 생활을 하는데 거기에도 상하관계가 있어요. 계급에 따라, 입원 개월 수를 따져서 말이죠. 다 같이 아파서 온 사람들인데 그런 모습을 보니 참 비인간적이란 생각이 들었어요.

최현정　　좁은 의미에서 트라우마는 명백한 신체적인 상해가 있거나 혹은 죽음이나 신체적 상해를 목격했거나 성적인 침해가 있을 때 겪게 되죠. 군대는 물리적인 폭력이 허용되는 곳이고, 전투 능력을 함양시킬 목적으로, 당연히 폭력에 덜 민감해지도록 훈련시키는 곳이니 실제로 물리적 상해를 입을 가능성이 높고 트라우마가 발생할 가능성이 큰 곳이라고 할 수 있겠네요. 그런데 좁은 의미의 트라우마가 아닌, 확장된 개념으로서 트라우마라면 군대라는 환경 자체가 트라우마를 제공한다고 할 수 있을 것 같습니다. 기존 사회에서 완전히 고립된 세계, 친밀감과 안전함이 중심이 아니라 시스템이 잘 굴러갈 수 있도록 한 사람을 시스템에 맞추는 세계, 시스템이 우선이고 개인이 말살되는 환경이니까요. 본인이 과거에 지녔던 정체성에 위배되거나 어울리지 않는다 하더라도, 본인의 정체성을 버리고 시스템의 정체성에 맞춰 살아가야 한다는 것, 본인이 원치 않는 자기 모습도 봐야 한다는 것, 군대에서 낙오되면 사회적으로 무능한 남성이 되어버리는 것, 그에 동의하는 사회적 인식 모두 말이죠.

트라우마는 물리적이고 신체적인 상해에 대하여 어떤 심리적 증상이 나타나는 것이기도 하지만 사실은 심리적 상해에 의한 후유증이 더 큽니다. 이를테면 고문 피해를 입은 분들의 경우, 이후에 심리적 후유증을 더 많이 유발하는 것은 강도 높은 신체적 고문이 아니라 그 안에서 자기가 인간에게 느꼈던 배신감, 거기서 굴복했던 자신의 모습, 개인의 정체성과 세상에 대한 인식이 뒤흔들렸던 경험이거든요. 그것들이 더 크고 장기적이고 만성적인 고통을 주지요. 앞에서 무력감 이야기도 나왔는데, 학교에서 학생들도 무력감을 많이 느끼죠. 어떻게 할 수 없는 너무나 큰 벽, 권력이 있을 때 그 앞에서 아무런 통제권도 없다는 사실을 느꼈을 때, 분노의 극단까지 갔는데 아무것도 바꿀 수 없을 때 그 뒤에 찾아오는 것이 무력감이죠. 폭력 피해를 겪은 분들 대부분이 무력감이 가장 큰 고통이라고 말씀하십니다. 어쩔 수 없이 굴복하거나 순응해야 했던 경험 속에서 느끼는 무력감. 군대는 그런 것을 야기하기에 굉장히 쉬운 시스템 같아요.

궁금한 점 하나는, 군생활을 하면서 내 몸이 효율적인 전투병기로 훈련되고 남을 해치는 것을 수행하기 위한 무기로 훈련받고 있다는 느낌이 실제로 들었나요?

이덕현 저는 취사병이었으니 그런 생각을 해본 적은 없죠. 그런데 훈련소에서 훈련을 받을 때도 그랬어요. 앉았다 일어났다 100번 하는 게 전투에 무슨 도움이 되는지 이해할 수 없더라고요. 사실 현대사회에서 개개인의 전투 능력이라는 것 자체가 그렇게 중요한 것은 아니잖아요.

저야 그렇다 치고 다른 친구들도 그냥 해야 하니까, 맡은 임무니까 하는 느낌이었어요. 지금 하고 있는 일을 실제로 전쟁이 났을 때 한다면 전혀 다른 느낌 아닐까요?

윤정화　저도 행정병이었을 때는 덕현 씨와 비슷한 생각이었는데 무반동총 분대장이 되고 나니까 좀 다른 느낌이었어요. 연병장에 나가서 무반동총을 분해하고 조립하는 일을 반복하고, 박격포 훈련을 하고, 그러다보면 단련된다는 느낌이 들죠. 아주 유치한 수준의 육군 보병도 이렇게 군인으로 만들어지는구나. 정해진 시간에 어느 방향에 어느 지점에 가로 세로 20미터 안에 포탄이 떨어지게끔 준비하라고 하면 몇 분 안에 박격포를 조립해서 임무를 완수하게 되고, 거기에서 오는 성취감도 있고요. 1년에 한 번 예비군 훈련이 있을 때 부대에 예비군들이 들어와요. 재미있는 건, 제대한 지 3~4년이 지난 사람인데 박격포 다루는 실력이 현역병들보다 더 좋아요. 그때는 군 복무 기간이 더 길었기 때문일 수도 있고, 몸에 밴 것이 아닌가 싶더라고요. 물론 덕현 씨의 말처럼 정말 전쟁이 나면 다르겠죠.

군대가 여성을
이야기하는 방식

최현정　　매우 조심스러운 이야기인데, 남자가 군대에 가서 여성을 지켜준다는 말이 있잖아요. 그런데 저는 여성으로서, 예비군 훈련을 받고 군복을 입고 껄렁대며 지나가는 남자들을 보면 저 사람들이 전쟁이 나면 나를 보호해줄까, 오히려 나를 강간할 것 같은데, 하고 두려운 생각이 들거든요. 군대에서 정말 엄격한 훈련을 받을 때, 어떤 심정이 드는지 궁금해요. 전쟁이 나면 우리 누이나 어머니를 지켜야겠다는 생각이 들게 되는지 말이에요.

이덕현　　저는 군대에서 여성을 말하는 방식 때문에 많이 힘들었어요. 텔레비전을 보면서 누구를 '따먹고 싶다'든가 하며 여성을 성적 대상화하는 이야기들이 정말 많죠. 또 나중에 결혼하면 딸을 낳고 싶다고 그러다가 요즘 세상이 무서워서 딸은 낳으면 안 될 것 같다고 해요. 분열되어 있는 것이죠.

　군대에서는 어머니 이야기를 참 많이 하죠. 어머니나 누이처럼 지켜야 할 여성이 있고 그렇지 않은 여성이 있어요. 연예인은 지켜야 할 여성이 아닌 성적 대상, 성적 도구이고 지켜야 할 여성은 따로 있죠. 그런데 지켜야 할 여성은 그냥 이상적으로만 존재한다는 느낌이 강했어요.

　　　　　____ 평생 몸에 남아 있는 '군대'라는 상처

윤정화　전쟁은 인간이 저지를 수 있는 모든 악의 총합이라고 할 수 있죠. 가난이나 기근, 굶주림, 인격 모독, 폭력, 거짓, 파괴, 아동학대, 강간과 매춘 등등. 거의 모든 나쁜 것이 전쟁 속에 들어 있습니다. 전쟁 때는 그런 것이 적나라하게 드러나고 평상시 군대에서는 변형된 형태로 드러나는 게 아닐까요? 인간을 인격으로 존중하지 못하는 공간에서 나도 모르게 내 말이나 행동에서 그런 악함이 나타나게 되는 것은 아닐까요? 실제로 제 주변에서 군대 가기 직전 친구들이랑 술을 마시다가, 아니면 군대에가서 처음 성경험을 하게 되는 경우를 많이 봐요. 후자가 접니다. 군대 전후로 성 관념이 왜곡되는 것이죠.

　덕현 씨의 말이 참 맞는 것 같아요. 훈련받을 때 어머니와 관련된 이야기가 나오면 울게 되는데, 사실은 교육훈련 프로그램에 다 짜여져 있는 겁니다. 그렇게 어머니 이야기를 들으며 울지만, 다른 곳에서는 듣기 거북할 정도로 여성의 성기를 비하하는 말을 잘해야 입담 좋다는 소리를 듣습니다. 엄마, 이모, 누이 지키겠다고 전쟁에 나가지만, 실제 전장에서는 다른 사람의 엄마, 이모, 누이를 강간하는 것이 군대니까요. 정신의 분열입니다.

이덕현　저는 분명히 군대가 여성을 성적 대상화하도록 요구한다고 생각해요. 사실 동성애자인데 부대 내에서는 자기가 만났던 남자를 모두 여자로 바꿔서 이야기했던 친구도 있어요. 군 생활에서 반드시 이야기해야만 하는 레퍼토리로 남녀의 섹스 경험 같은 것이 자리 잡고 있기 때문에 거짓말이라도 해야 하는 것이죠.

최현정   군대는 예외적인 존재로 정체성을 분리시키는 곳인 것 같네요. 군복을 입으면 시민이 아니라 예외적인 존재가 되어 일탈의 권한이 부여되고, 그런 점에서 성매매도 더 쉽게 할 수 있겠죠.

윤정화   한 사람이 가족을 대할 때, 직장 상사를 대할 때, 친구를 대할 때 그 말과 행동에 일관성이 있고 정체성과 일치가 되어야 하는데 우리 사회는 그렇지 못하죠. 그러다보니 어느 순간 나도 한번 흐트러지고 싶다는 생각이 드는데, 여기서는 흐트러져도 괜찮아, 여기서는 이래도 집이나 직장에서는 모를 테니까, 하는 생각이 팽배한 곳이 군대가 아닌가 싶어요. 군대라면 이 정도까지는 망가져도 괜찮겠지 하는 생각이 드는 거죠. 또 하나는 군대가 군인들로 하여금 범죄라고 할 수 있는 것들을 공유하게 만들어서 자기들끼리 결속력을 공고히 하는 메커니즘이 있어요. 전쟁과 관련해서 그런 기록이나 연구가 많이 있다고 알고 있습니다.

이덕현   군대에서 허용되는 몇 안 되는 쾌락 중에 하나가 여자를 성적으로 대상화하는 것이죠. 훈련소에서 걸그룹 뮤직비디오를 보여준다든가, 간부가 발언할 때 여성을 성적으로 소비하는 언어를 쓰는 일도 많죠. 군인들에게 유일하게 허용되는 것,

열광해도 되는 영역이 바로 성적인 부분이고, 그래서 그것을 군대가 조장하고 이용한다고 생각합니다. 또 여자를 '지켜줘야 한다'는 생각도 양면적이죠. 어떤 사람을 인격적으로 대한다면 얼굴을 마주 봐야 한다고 생각하는데, 군대라는 공간에서는 여성을 동등한 관계로 보지 않게 되죠. 여성 간부가 오게 되면 전 부대원이 한마디씩 그 여성 간부에 대해 성적 발언을 해요. 억압된 걸 분출할 수 있는 통로를 그쪽으로 열어준다고 생각해요.

무용담이 아닌
진실한 군대 이야기를

최현정　　사실은 대부분의 남성들이 일반적인 학교를 다니다가 처음으로 성인으로서 경험을 시작하는 공간이 군대잖아요. 우리 사회에서는 군대를 꼭 갔다 와야 사람이 된다는 인식이 있고, 거기서 남성들이 사회의 관계 양식이나 사회를 보는 관점에 대해 많이 배울 것이라고 생각해요. 물론 거기에 반대하고 자신의 관점을 지키면서 사회생활을 하는 사람도 있겠지만요. 또 사람 사이에서 관계를 설정하는 방식이랄까, 아랫사람을 굴복시키려면 어떻게 해야 하고, 내 의지를 관철하려면 무엇을 해야 하는지 배우는 곳이 군대이지 않을까 싶어요. 첫 번째 세상 경험이 군대라고 할 때 그 사람 앞으로의 인생에 그것이 어떤 영향을 미칠지 생각해보게 되네요.

이덕현　훈련소에서 끔찍했던 경험 중 하나가 있는데요. 훈련을 받을 때 다 똑같이 해야 하는데 한 명이 잘못하잖아요. 그러면 그 사람에게 교관이 병신이라고 하고, 우리도 그 사람 때문에 힘들어지니까 그 사람이 문제라고 생각하게 돼요. 또 '너희가 팔다리, 몸 건강한 것이 얼마나 감사한 일인지 알아야 한다'는 이야기도 많이 하죠. 만약 거기서 사회를 배우게 된다면 끔찍하다는 생각을 많이 했어요. 낙오되거나 떨어지는 사람들과 어떻게 하면 같이 갈 것인가에 대해 절대 가르치지 않아요. 계속 낙오되는 사람을 욕하고 때려서 하게 만드는 것만이 유일한 방식이에요.

　그리고 차별적이고 모욕적인 발언들이 너무 심해요. 혐오를 조장하는 이야기들. 군대가 정말 끔찍한 공간이구나 하는 생각을 훈련소에서 하게 돼요. 정확하게 누가 정상인지 규정하고 정상이 아닌 사람은 지켜야 할 대상도 아니라고 하는 것처럼 느껴져요. 우리보다 못한 사람이라는 느낌만 준다고 할까요. 특히 성폭력 가해자를 동성애자와 동일시하는 것이 너무 싫고 힘들었죠. 성폭력 사건이 일어나면 동성애자가 문제라고 해요. 남성에게 굉장히 큰 공포 가운데 하나가 자신이 성폭력 피해자가 될 수 있다는 것이라고 생각하고, 당연히 성폭력 가해자는 엄하게 처벌되어야 합니다. 하지만 사람들이 그것을 동성애자와 일치시켜 생각하는 순간 그 모든 혐오가 동성애자에게 가게 돼요. 교육 시간에 비디오를 보여주는데 동성 간 성폭력 가해자의 뒷모습이 나오면 어김없이 '나는 성소수자입니다'라는 발언이 따라

나와서 어이가 없죠. 교도관들 발언도 그렇고. 정말 차별이 어디서부터 오는지 알겠더라고요.

윤정화　남자들 중에 카투사에 가는 사람들은 흑인에게 성폭행당하지 않을까 하는 두려움이 실제로 있다고 해요. 전투 훈련 중에 같이 있게 될 때 갑자기 짐승 같은 흑인 미군 병사가 자기를 덮치지 않을까. 성소수자에 대한 혐오와 인종차별이 복합적으로 작용하는 것이죠.

　또 하나, 군대는 군대가 요구하는 남성상이 아니면 낙오자, 비정상으로 분류합니다. 그 이면에는 군대가 말하는 전우애의 허구성이 있습니다. 즉 교육훈련을 받다가 못 따라오는 사람도 있고, 군대가 주입하는 획일적인 방식이 맞지 않는 사람도 있고, 부대생활에 적응하지 못하는 사람도 있을 수 있는데, 그런 소수자들에 대해서는 혐오감을 갖고 배제하면서, 과연 포탄이 떨어지는 전투 현장에서 반쯤 죽어가는 다른 사람을 챙겨줄 수 있을까요? 전우애란 개념에는 분명히 기만적인 요소가 들어 있습니다.

이덕현　제가 분명히 깨닫게 된 것은 군대 내에서 바꾸려고 노력하고, 실제로 바꾼 사람들이 있다는 거예요. 변화는 그 내부에서 터져나오지 않으면 불가능하다고 생각해요. 지휘관이 바꿔야겠다고 해서 바뀌지 않는다는 것이죠. 어떤 사람이 힘들어서 터뜨리건, 계획적으로 찔러서 터뜨리건 어떤 식으로든 사건이 터져야 바뀐다고 생각해요. 문제라고 이야기를 했기 때문에 바뀌었고, 실제로 선임이 된 뒤에 동기들과 바꾸자고 진지하게 토론하면서 바꾼 경우도 있다고 하더라고요. 저는 내부에서 작은 것도 큰 것이라고 느껴야 한다고 생각해요. 왜냐하면 작은 것 하나 바꾸기도 너무 어려워서 무기력감을 많이 느끼니까요. 하나의 작은 변화도 성과로 여겼으면 좋겠어요. 실제로 그런 작은 변화가 모여서 큰 변화를 일으키는 것이니까요. 또 자기가 부당하다고 생각하는 것, 부당한 위치에서 느꼈던 것을 잊지 않았으면 좋겠어요. 그것만 돼도 정말 많이 바뀔 거예요. 다들 너무 쉽게 잊는 것 같고 계급사회에 쉽게 익숙해지는 것 같아요.

그리고 군대 갈 때의 공포를 없애야 한다는 생각도 했어요. 다들 군대 갈 때 잔뜩 겁을 먹고 가지만 예비군들은 별 두려움 없이 가죠. 자신들을 어떻게 하지 못한다는 것도 알고 시스템을 아니까요. 훈련소에서도 훈련병들이 과도하게 두려워하지 않으면 좀 더 변화가 앞당겨질 수 있겠다고 생각해요. 그런 두려움을 어떻게 줄일 수 있을까 고민해봐야겠죠.

그리고 군대에서 힘들었던 경험을 나누는 것, 군대 안에서 힘들어하는 사람들에게 마음을 전달하려고 노력하는 것도 변화의 일부인 것 같아요. 의사소통하는 방식을 바꾸는 것, 힘든 일이 있을 때 그것을 듣고 공감하고 지지할 수 있다는 것, 그런 식으로 대화할 수 있다는 것, 그런 것들이 군대에서 많이 필요한 것 같아요.

윤정화　　저는 병역거부자 분들, 전쟁없는세상의 활동이 군대를 개선하는 데 작지 않은 영향을 미치고 있다고 생각합니다. 지금 학생들이 다니는 초중고의 분위기는 제가 다니던 때와 완전히 다르잖아요. 물론 아쉬움도 분명히 있지만 훨씬 더 자율이 보장되는 것은 사실이죠. 그런 아이들이 군대에 가면 더 많이 바뀔 것이라고 생각해요. 비록 진행이 더디지만, 군대 내 인권은 개선되는 방향으로 갈 것이라고 믿어요.

최현정　작지만 소중한 변화들이 있다는 것에 대해 사회에서 생활하는 보통 사람들은 잘 모르잖아요. 작은 개개인이 어떤 노력을 해서 부대 안의 어떤 부분을 바꾸었는지, 이런 이야기들이 널리 알려졌으면 좋겠어요. 군대에 가는 남자들에게 그런 이야기들을 들려주었으면 좋겠어요.

　사실 어린아이 때부터 인권 교육이 가능하다고 하면, 나보다 힘이 약한 사람에게 어떻게 해야 하는지를 아이들이 알면, 그런 시민의식을 갖고 성장한다면, 자기가 처한 어떤 상황에서도 부당함에 저항하게 되고 거기에 동조하는 사람이 생길 것이란 희망이 있죠. 그런데 군대 내에서 부당한 명령이 들어왔을 때 그것에 따르는 군인이 무슨 책임이 있냐, 군대 시스템, 관료제 때문에 그 사람이 그럴 수밖에 없다고 이야기하잖아요. 그렇지만 어떤 사람, 소수의 사람은 부당한 명령에 반대하고 불복하죠. 그런 사람이 생기려면 어렸을 때부터 인권 교육이 있어야 하겠다, 그런 사람들이 모여서 작은 변화를 일으킬 수 있도록 해야겠다는 생각이 들어요.

심리치료를 하는 사람의 입장에서 이야기하자면, 지금까지 심리학은 어떤 측면에서는 군대를 유지하기 위한 도구였다고 볼 수 있어요. 전쟁터에서 어떻게 효과적으로 군인이 제 역할을 할 수 있게 만드는가, 그리고 전쟁에 대한 후유증을 어떻게 하면 빨리 회복시켜서 전쟁터로 복귀시킬 것인가 연구하면서 정신의학, 심리학이 발전했거든요. 전쟁과 함께 발전한 역사라고 할 수 있어요. 지금 한국 사회에서도, 적응하지 못할 만한 사람을 빨리 효과적으로 짚어내는 것에 연구가 투입돼요. 군대 안에서 어떤 상담이 이뤄지는지 잘 모르겠지만, 군대라는 시스템과 개인을 위로해주는 시스템이 같이 갈 수 있을 것인가에 대해서는 회의적이에요. 사실 불가능하죠. 개개인에게 심리적인 서비스가 제공됐을 때 어떤 빛을 볼 수 있을지, 전체적인 맥락에서 심리치료를 하는 사람들은 고민이 필요하겠죠.

월남전 참전 군인에게 제대로 된 치료 서비스는 없었을 거예요. 유일하게 위로받을 수 있는 방법은 '나라에 큰 공을 세웠다'는 영웅 대접을 받는 것이죠. 전쟁의 목적을 옹호하는 분위기 속에서 이분들에게는 그런 위안밖에 없었고, 실제로 전쟁이 나한테 어떤 상처를 남겼고 내가 베트남에서 누구를 죽였어야 했고, 이런 구체적인 기억들에 대해서는 전혀 드러내거나 인정받지 못하는 상황이었죠. 그런데 사실 후유증을 일으키는 것은, 그런 구체적 경험은 다 묵살되고 본인을 영웅이라고 생각해야만 자신의 상처에 위로가 된다는 데 있어요. 전쟁이 얼마나 고통스러운 것이었는가에 대한 이야기가 있어야 치유가 가능한데, 치유

하는 방식으로는 전쟁을 이야기하지 않아요.

외국에서는 베트남 참전 용사들끼리 자조 모임이 만들어졌고 그 안에서 전쟁은 더 이상 안 된다는 이야기가 나온 걸로 알고 있어요. 그런데 우리나라에서는 참전 군인들의 모임을 국가에서 지원하거나 허용하지도 않았다는 이야기를 들었어요. 오히려 전두환 정권에서 그런 모임을 만들지 못하게 했다고 해요. 구체적인 개인들의 경험이 공유되거나 치유되는 것이 아니라 아예 이야기도 못하게 하면서 끝까지 국가의 목적에 따르게 한 거죠. 베트남전에 참전하셨던 어느 어르신이, 당신과 당신 동료가 지금까지 월남의 기억으로 큰 후유증을 겪고 있는데 제대로 된 치료 지원을 안 한다고 언젠가 저에게 화를 내신 적이 있어요. 그거 맞는 말이거든요. 전쟁에 투입되었을 때도 국가를 위해서였는데, 이후에도 제대로 된 회복의 기회가 없었던 거예요.

결국 군대가 트라우마일 수밖에 없는 징후들이 사회에서 계속 보이는 것 같아요. 군대에서 죽어서 나오는 사람도 있고, 상처받는 사람도 있고, 군대 주변에 성 착취를 당하는 사람도 있고. 군대는 정말 힘없는 사람들을 어떻게 굴복시킬 수 있는지, 그 사람들을 어떻게 배제해도 되는지를 알려주는 곳이에요. 군대 내에서 최근 문제가 된 군형법 92조처럼, 군대에서는 동성애를 범죄로 규정하고 명백한 침해와 편견을 조장하는 내용이 아주 자연스러운 것이 돼요. 그런 군대를 거치고 나온 남성들이 사회에서 살아갈 때 사람을 대하는 방식에 영향을 미칠 테고, 그게 가족 안에서도, 그 남성의 자식에게도, 부인에게도, 애인에게도 나타날 수 있고…… 그런 징후들이 있지 않을까 싶습니다.

　무용담 식이 아니라 군대에서 정말 뭘 겪었고, 어떻게 지내왔는지, 구체적으로 무엇을 느꼈는지에 대해 더 많은 이야기가 나와야 한다고 생각해요.

—

후기

윤정화

처음 전쟁없는세상을 찾아가게 된 계기를 떠올린다. 회사에서
사회책임투자와 관련된 일을 하는데, 이 분야에서는 해외
연기금들이 무기제조업체의 주식을 보유하지 않는 흐름이
있다. 그와 관련된 동향을 조사하다가 전쟁없는세상이 확산탄
반대운동을 한다는 사실을 알게 되었고, 이후 회원 가입을 하게
되었다.
직장생활을 하면서 야간 대학원까지 다니다보니,
전쟁없는세상에서 주최하는 행사에 적극적으로 참여하진
못하지만, 그럼에도 불구하고 가끔씩 참여하는 행사에서 적지
않은 해방감과 희열, 동질감을 느낀다. 제주 강정마을 해군기지
반대 세미나, 병역거부 관련 인권 영화 시사회, 병역거부자의
날 기념 자전거 행진, 확산탄 반대 캠페인, 총회 모임, 평화캠프
등등에 참여했다. 그러다가 '전쟁없는세상 주변에는 군필자가
드무니까, 군대 폭력의 가해자로서 대담에 참여해보지
않겠느냐'는 권유로, 이 대담의 한 부분에 참여하게 되었다.
처음 권유를 받았을 때, 망설임보다는 하고 싶다는 욕구가

컸다. 내 속에 있는 후회와 생각들을 진실되게 고백하고 싶었기 때문이다.

그런데 대담의 내용이 인쇄되어 나온다고 생각하니, 이제 와서 다소 걱정도 된다. 너무 지나치게 솔직한 고백들을 하지 않았나 싶어서다. 그러나 다시 생각해보면, 역시 잘했다는 느낌이 든다. 대담을 통해서 내면을 정리할 수 있었고, 과거보다 조금은 더 나은 인간이 되었다고 스스로를 다독거려본다. 귀한 경험을 할 수 있도록 기회를 준 전쟁없는세상과 출판사 관계자 분들께 진심으로 감사드린다.

이덕현

군대를 제대한 지 4년째이다. 그때를 떠올리는 일은 없다. 가끔 군대 어디 갔다 왔느냐는 질문을 받으면 그냥 취사병이었다고 한다. 군대가 어땠냐고 물어보면 내 대답은 항상 같다. 끔찍했다. 잘 보여야 되는 사람이 내가 현역을 다녀왔다는 점을 좋게 봐줄 때는 나도 모르게 우쭐해진다. 사촌 동생이 군대를 가려고 하는데, 지원 경쟁률이 센지 자꾸 미뤄진다. 나는 안 가는 게 최선이라고 말한다. 병무청이 병역면제 판정을 받은 트랜스젠더에게 최근 병역면제 취소를 통보했다는 소식도 들린다. 병역기피혐의 표적수사를 한다고 한다.

예비군 훈련에 가야 한다. 또 나에게 소리를 지르고 막

대할까봐 두려웠지만, 막상 가보니 그냥 지루하고 짜증이 났다.
대학생들은 하루만 받는데, 나는 2박 3일이나 동원훈련을 가야
하는 게 억울해서 어디 진정이라도 해볼까 했다가, 괜히 다
같이 2박 3일 가게 될까봐 관뒀다.

TV에서 군대 리얼리티 프로그램을 한다. 재미없는 오락
프로그램이다. 여전히 군형법은 군대 내 (합의된) 동성 간
성행위도 처벌할 수 있다. 동성애 혐오 세력들은 "나라 지키러
군대 간 내 아들, 동성애자 되고 에이즈 걸려 돌아오나"라고
신문광고를 낸다. 사회는 노동자, 학생, 국민들에게 군대와
같은 복종을 원한다. 군대를 갔다 온 이들은 억울해하며,
보상을 받지 못한다면 비난이라도 할 수 있기를 원한다.
전 세계 양심적 병역거부 수감자 중 90퍼센트가 한국인이라고
한다.

군대를 제대하면서 '군대에 꼭 복수해야지'라고 다짐했었는데,
그래도 이 대담에 참여한 게 가장 뿌듯한 일이다.

1 〔청년〕 서바이벌이 된 일상, 군대가 차라리 편하다?

엄기호   성장이 불가능한 시대의 페다고지pedagogy를 만드는
         것을 삶의 화두로 삼고 있다. 현재 덕성여대 겸임교수,
         '교육공동체 벗'에서 발간하는《오늘의 교육》편집위
         원을 하고 있다. 저서로《닥쳐라, 세계화!》《아무도 남
         을 돌보지 마라》《이것은 왜 청춘이 아니란 말인가》
         《우리가 잘못 산 게 아니었어》《교사도 학교가 두렵
         다》《단속 사회》가 있고, 이 외 다수의 공저가 있다.

여옥   대학 시절 반전운동을 하다가 병역거부를 알게 되었
         고, 2006년부터 본격적으로 전쟁없는세상에서 활동을
         시작했다. 현재 전쟁없는세상에서 상근을 하며 병역
         거부 팀을 담당하고 있고, 비폭력 직접행동과 무기거
         래 문제에 관심이 많다. 제주해군기지 건설 저지를 위
         한 전국대책회의 집행위, 군 안보교육 대응 모임, 열린
         군대를 위한 시민연대 운영위, 무기제로, 비폭력 트레
         이너 네트워크 망치 등에도 참여하고 있다.

2 〔징병제〕 '덜' 가혹한 군대는 가능할까?

김종대 〈디펜스21+〉 편집장이며, 국방 평론가로 활동 중이다.
14~16대 국회에서 국방 비서관과 보좌관을 지냈다.
노무현 대통령의 대통령직 인수위원회에서 국방전문
위원, 이후 청와대 국방보좌관실에서 유일한 민간인
행정관으로 근무했다. 이어 국무총리실 산하 비상기
획위원회 혁신기획관, 국방부 장관 정책보좌관 등을
지냈다. 저서로는《노무현, 시대의 문턱을 넘다》《서해
전쟁》《진짜 안보》등이 있다.

임재성 전쟁없는세상에서 활동하면서 평화운동가들, 병역거
부자들과 새로운 생각을 나눌 수 있었다. 그 생각을 바
탕으로 병역거부를 선택했으며, 2006년 5월 수감생활
을 마쳤다. 출소 이후 평화 연구를 해보겠다는 마음에
사회학과 대학원에 진학했다. '폭력의 사회학'이란 화
두를 가지고 군사주의, 평화운동, 법과 폭력 등을 연구
하면서 박사과정을 수료했다. 저서로는《삼켜야 했던
평화의 언어》가 있고, 논문으로는 〈군사주의에 갇힌
헌법재판소〉〈평화권을 통해서 본 한국 인권 담론 확
장과정 연구〉 등이 있다.

3 〔종교〕 정의로운 전쟁 vs 정의로운 평화

강인철 한신대학교 종교문화학과 교수. '종교에 대한 역사사

회학'과 '사회·문화에 대한 종교사회학'을 지향하면서, 주로 한국의 종교정치, 종교사회운동, 종교권력, 개신교 보수주의, 북한 종교, 지구화와 종교, 종교와 전쟁, 양심적 병역거부 등에 대한 탐구를 시도해왔다.

박정경수   평화 활동가. 기독교인으로 신앙생활을 하고 있으며 2006년 양심적 병역거부를 했다. 환경과 평화에 관심이 많다. 지금은 군대와 군사주의라는 주제를 가지고, 군사기지에 대해 고민하며 활동가로 살고 있다.

4 〔젠더〕 '거부'와 '기피'를 넘어 '탈주'하라

정희진   여성학·평화학 연구자. 여성학은 하나의 분과가 아니라 인간과 사회를 多학제적, 間학문적으로 접근하는 인식론이라고 생각한다.《저는 오늘 꽃을 받았어요 - 가정폭력과 여성인권》과《페미니즘의 도전》을 썼고, 《한국여성인권운동사》《성폭력을 다시 쓴다》의 편저자이며 20여 권의 공저서가 있다.

샤샤   병역거부자. 성소수자. 현재 대학원에서 철학을 전공하며, 혐오 발언Hate speech에 관한 석사학위 논문을 준비하고 있다.

이길준 〔가리〕 병역거부자. 현역의경으로 복무하다 2008년 7월 병역거부를 했다. 2009년 11월 출소했다. 소설가이자 음악가.

5 〔국민국가〕군대를 안 가면 국민이 아닐까?

서경식   1951년 일본 교토 출생으로 와세다대학 문학부 프랑
스문학과를 졸업했고, 현재 도쿄게이자이대학 현대법
학부 교수로 재직 중이다. 성공회대학교에서 2년간 연
구교수를 지냈다. 재일조선인들의 역사와 현실, 일본
의 우경화, 예술과 정치의 관계, 국민주의의 위험 등에
대해 열정적으로 기고하고 강연했다. 지은 책으로는
《소년의 눈물》《시대의 증언자 쁘리모 레비를 찾아서》
《나의 서양미술 순례》《나의 조선미술 순례》《사라지
지 않는 사람들》《청춘의 사신》《디아스포라 기행》
《난민과 국민 사이》《만남》(공저)《언어의 감옥에서》
《시대를 건너는 법》《디아스포라의 눈》《역사의 증인
재일조선인》《후쿠시마 이후의 삶》(공저) 등이 있다.

이용석   대학 때 학생운동을 하다가 병역거부운동을 만났다.
대학을 졸업하고 전쟁없는세상에서 활동하며 병역거
부를 했다. 2009년 이후로는 출판사에 취직해 출판 노
동자로 일하면서 전쟁없는세상 활동에 참여하고 있다.

6 〔교육〕폭력을 다스리는 더 큰 폭력의 울타리

조영선   고등학교 교사. 인권교육센터 '들'에서 활동하고 있다.

김훈태   평택에서 약 5년간 초등학교 아이들을 가르쳤다. 평화

주의 신념에 따라 병역거부를 한 뒤 1년 3개월의 수감 생활을 마치고, 출소 후 대전교육연구소에서 잠시 간사로 일했다. 6년 조금 넘게 청계자유발도르프학교에서 담임 교사로 일했으며, 현재는 서산에서 루돌프 슈타이너의 인지학과 발도르프교육학을 연구하고 있다. 슈타이너사상연구소 연구원.

7 〔비폭력운동〕 삶을 재구성하고 세상을 바꾸는 직접행동

하승우　　풀뿌리자치연구소 이음 운영위원이자 교육공동체 벗, 땡땡책협동조합의 조합원.《풀뿌리민주주의와 아나키즘》《공공성》《민주주의에 反하다》등을 썼다.

오리　　　전라도 출신의 아웃사이더 기질을 가진 부모 덕분에 일찍이 사회의 불평등에 눈을 떴다. 학생운동 시절을 거쳐, 지금은 사라진 평화인권연대라는 단체에서 병역거부 관련 활동을 했다. 현재 전쟁없는세상 파트타임 상근자(수, 목, 금)로 비폭력 프로그램을 담당하고 있으며 월요일, 화요일에는 의정부 두레방에서 이주여성 관련 프로그램에 참여하고 있다.

8 〔트라우마〕 평생 몸에 남아 있는 '군대'라는 상처

최현정　　대학 및 대학원에서 임상·상담 심리학을 공부했고, 대학병원 정신건강의학과에서 임상심리전문가 수련을 마쳤다. 국가 폭력, 성폭력, 조직적 성착취 체계에서 벗어나 삶을 회복하려는 사람들과 함께 일했으며, 이와 관련된 글을 쓰고 연구를 했다. 현재 트라우마 치유 센터 '사람 마음'의 상근 활동가로 일하며, 상담실 안에서는 심리 치료를, 상담실 밖에서는 공동체의 치유력을 발견해나가는 방법에 대해 고심하고 있다.

윤정화　　대학교에서 경영학을 공부하고 증권회사에서 파생금융상품 딜러로 일했다. 현재는 한국기업지배구조원에서 기업의 사회적 책임, 사회책임투자 분야의 연구원으로 근무하고 있다. 전쟁없는세상의 회원.

이덕현　　내가 동성애자라는 사실을 받아들이면서 소수자로 살아가는 것에 관심을 갖게 되었다. 군대에 가면서 평화는 무엇인지, 군대는 왜 유지되는지 궁금해졌다. 군대에서 힘들었지만 무기력했던 시간들을 잊지 않고 뭔가를 하고픈 마음에 전쟁없는세상에 가입했다. 동성애자인권연대에서 활동하고 있다.